AF371566

AFTERIMAGE

Edited by / A cura di
Bartolomeo Pietromarchi *and* / e Alessandro Rabottini

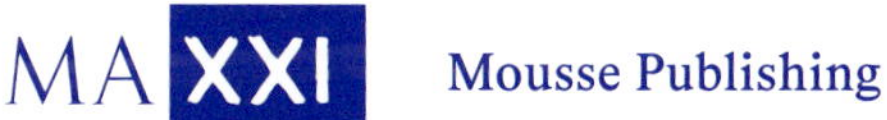

MA XXI   Mousse Publishing

With the Afterimage *exhibition, MAXXI L'Aquila, which was inaugurated in May 2021 in Palazzo Ardinghelli, reinforces its position on the international art scene. MAXXI L'Aquila's ambition is to stand as a landmark venue for contemporary creativity, with the objective of creating a laboratory devoted to artistic creation in the regional capital of Abruzzo.* Afterimage *confirms the efforts made by the curators, by the Fondazione MAXXI team, and by the selected artists who upon visiting the city and the museum venue, were profoundly inspired in the creation of their works. Palazzo Ardinghelli is in fact a Late Baroque building that has been restored to its original magnificence following an extensive restoration. Since its opening, MAXXI L'Aquila has involved in new productions some of the most important exponents of international contemporary art also relying on local craftsmanship and favoring the reinforcement of inter-institutional collaborations.*

L'Aquila is a city that has undergone radical transformations following the earthquake of 2009, and the reconstruction that is currently underway is revealing, through an accurate restoration, the beauty of the outstanding Renaissance palazzi in the old town center. The title of the exhibition, curated by the Director of MAXXI L'Aquila, Bartolomeo Pietromarchi and by curator Alessandro Rabottini, who is originally from Abruzzo, refers precisely to this sense of transformation: the term afterimage is a reference to the residual image that remains imprinted on the retina even after its passage. This occurrence unfolds in an elaboration of an image that is fruit of our personal perceptual experience that, in this context can reflect the change prompted by the reconstruction of the city and evoke the new meanings stemming from it.

The exhibition presents works by twenty-six artists of various generations and from different geographical areas, including important loans and selected works from the MAXXI collection, as well as site-specific works created by artists following their stay in L'Aquila and in dialogue with the elegant architecture of Palazzo Ardinghelli. In the words of the curators, Afterimage *is a visual poem in which the viewers can make their own free associations between the works. This capacity to create associations will lead to the creation of a new bright imagery that will hopefully also serve as a substratum for the rebirth of the city of L'Aquila.*

Alessandro Giuli
Fondazione MAXXI, President

Con la mostra *Afterimage* il MAXXI L'Aquila, inaugurato nel maggio 2021 nella sede di Palazzo Ardinghelli, rafforza la propria posizione nel panorama artistico internazionale. L'ambizione del MAXXI L'Aquila è diventare un punto di riferimento sul territorio per la creatività contemporanea con l'intento di creare nel capoluogo d'Abruzzo un laboratorio dedicato alla creazione artistica. La mostra *Afterimage* conferma l'impegno profuso dai curatori, dal team della Fondazione MAXXI e dagli artisti che, visitando la città e la sede del museo, hanno tratto profonda ispirazione per la realizzazione delle loro opere. Infatti, Palazzo Ardinghelli è un edificio tardo barocco riportato al suo antico splendore a seguito di ingenti interventi di restauro. Il museo aquilano fin dalla sua apertura ha coinvolto in nuove produzioni alcuni tra i più importanti esponenti dell'arte contemporanea globale, anche avvalendosi di maestranze locali e favorendo il rafforzamento di collaborazioni interistituzionali.

La città dell'Aquila ha subito profonde trasformazioni a seguito dell'evento sismico del 2009, e la ricostruzione in atto sta portando alla luce i magnifici palazzi rinascimentali del centro storico con accurata attenzione per il restauro. Il titolo della mostra, a cura del Direttore del MAXXI L'Aquila Bartolomeo Pietromarchi e del curatore, di origini abruzzesi, Alessandro Rabottini, rimanda proprio a questo senso di trasformazione: il termine *afterimage* si riferisce infatti all'immagine residua che resta impressa sulla retina anche dopo il proprio passaggio. Ne deriva una rielaborazione dell'immagine frutto della nostra personale esperienza percettiva che, in tale contesto, può riflettere il cambiamento sollecitato dalla ricostruzione della città ed evocare nuovi significati che ne conseguono.

I lavori in mostra di ventisei artisti, di varie generazioni e originari di aree geografiche diverse, includono sia importanti prestiti, sia opere provenienti dalla collezione del MAXXI, oltre che lavori site-specific realizzati a seguito del loro soggiorno all'Aquila e come risposta all'elegante struttura del Palazzo. Nelle parole dei curatori, *Afterimage* è un poema visivo in cui lo spettatore può creare delle libere associazioni tra le opere. La capacità associativa conduce alla creazione di un nuovo immaginario luminoso che ci si augura possa costituire anche il sostrato della rinascita della città dell'Aquila.

Alessandro Giuli
Presidente Fondazione MAXXI

This book looks at the experience of the exhibition Afterimage *through the works and voices that entered into a dialogue with Palazzo Ardinghelli and with the city of L'Aquila.*

The structure of the catalogue reflects the narrative of the exhibition, following its layout with a rich array of installation views. From one gallery to the next, starting from the entrance of the building, the artworks interacted with all the spaces in the Museum, taking the visitor on a non-hierarchical exploration. This story in images was entrusted to the eye of Andrea Rossetti, who interpreted the multiple narratives suggested by the dialogue between the works, the Late Baroque architecture of Palazzo Ardinghelli, and its history.

Each work is accompanied by an introduction by Bianca Stoppani, explaining how it is linked to the exhibition concept. This gradually builds up a non-linear journey, while also interpreting the multiple meanings of the concept of the "afterimage."

Designed by the creative minds of Lorenzo Mason Studio, the volume is enriched with a series of texts written by some of the artists who took part in the show. They did so with works commissioned or created for the occasion, thus contributing to the multiple voices that brought to life both the exhibition and its catalogue. For these contributions, our thanks go to Francesco Arena, Benni Bosetto, Oliver Laric, Hana Miletić, Luca Monterastelli, Danh Vo and Dominique White. Their words truly resonate with the dialogue we intended to establish with the concept of the exhibition.

Our gratitude goes to all the participating artists for accepting our invitation and achieving the exhibition's formal and artistic aims most imaginatively.

We would also like to thank the private and institutional lenders, as well as the galleries, whose collaboration made it possible to bring works to L'Aquila, enhancing the narrative of the exhibition.

Lastly, we would like to thank all the professionals of the MAXXI Foundation, who brought their passion and skill to bear in creating both the exhibition and its catalogue.

Bartolomeo Pietromarchi and Alessandro Rabottini

Questo libro raccoglie l'esperienza della mostra *Afterimage* attraverso le opere e le voci che hanno stabilito un dialogo con Palazzo Ardinghelli e la città dell'Aquila.

L'architettura del catalogo riflette la scrittura della mostra e, attraverso un ricco apparato di vedute allestitive, ne segue il percorso espositivo. Sala dopo sala, a partire dall'ingresso del palazzo fino ai passaggi tra una stanza all'altra, tutti i luoghi del Museo sono stati toccati dalle opere degli artisti che hanno esplorato l'architettura secondo un principio non gerarchico. Questo racconto per immagini è affidato agli scatti di Andrea Rossetti, che ha interpretato le molteplici narrazioni suggerite dal rapporto tra i lavori, l'architettura tardo barocca di Palazzo Ardinghelli e la sua storia.

Ciascuna opera è introdotta da una dettagliata scheda interpretativa – a cura di Bianca Stoppani – che suggerisce i suoi legami con il concept della mostra, definendo così la graduale costruzione di un percorso non lineare e che ha tentato di interpretare i molteplici significati del concetto di "immagine residua".

Il volume – per il cui progetto grafico ci siamo avvalsi della creatività di Lorenzo Mason Studio – è arricchito da testi scritti da alcuni degli artisti che hanno partecipato alla mostra attraverso opere appositamente commissionate e ideate, contribuendo in questo modo al principio di polifonia che ha animato l'esposizione e il suo catalogo. Per questi contributi testuali ringraziamo Francesco Arena, Benni Bosetto, Oliver Laric, Hana Miletić, Luca Monterastelli, Danh Vo e Dominique White, per aver contribuito, attraverso le loro parole, al dialogo che abbiamo desiderato stabilire con il contesto espositivo di *Afterimage*.

Il nostro ringraziamento va naturalmente a tutti gli artisti partecipanti, per aver accolto il nostro invito e aver interpretato con attenta immaginazione le intenzioni formali e poetiche della mostra.

Vorremmo inoltre ringraziare i prestatori, privati e istituzionali, e le gallerie, la cui disponibilità ha reso possibile portare all'Aquila opere che hanno reso ancora più complessa la narrazione della mostra.

La nostra gratitudine va, infine, a tutti i professionisti della Fondazione MAXXI che hanno messo la loro passione e le loro competenze nella realizzazione della mostra e del catalogo che la accompagna.

Bartolomeo Pietromarchi e Alessandro Rabottini

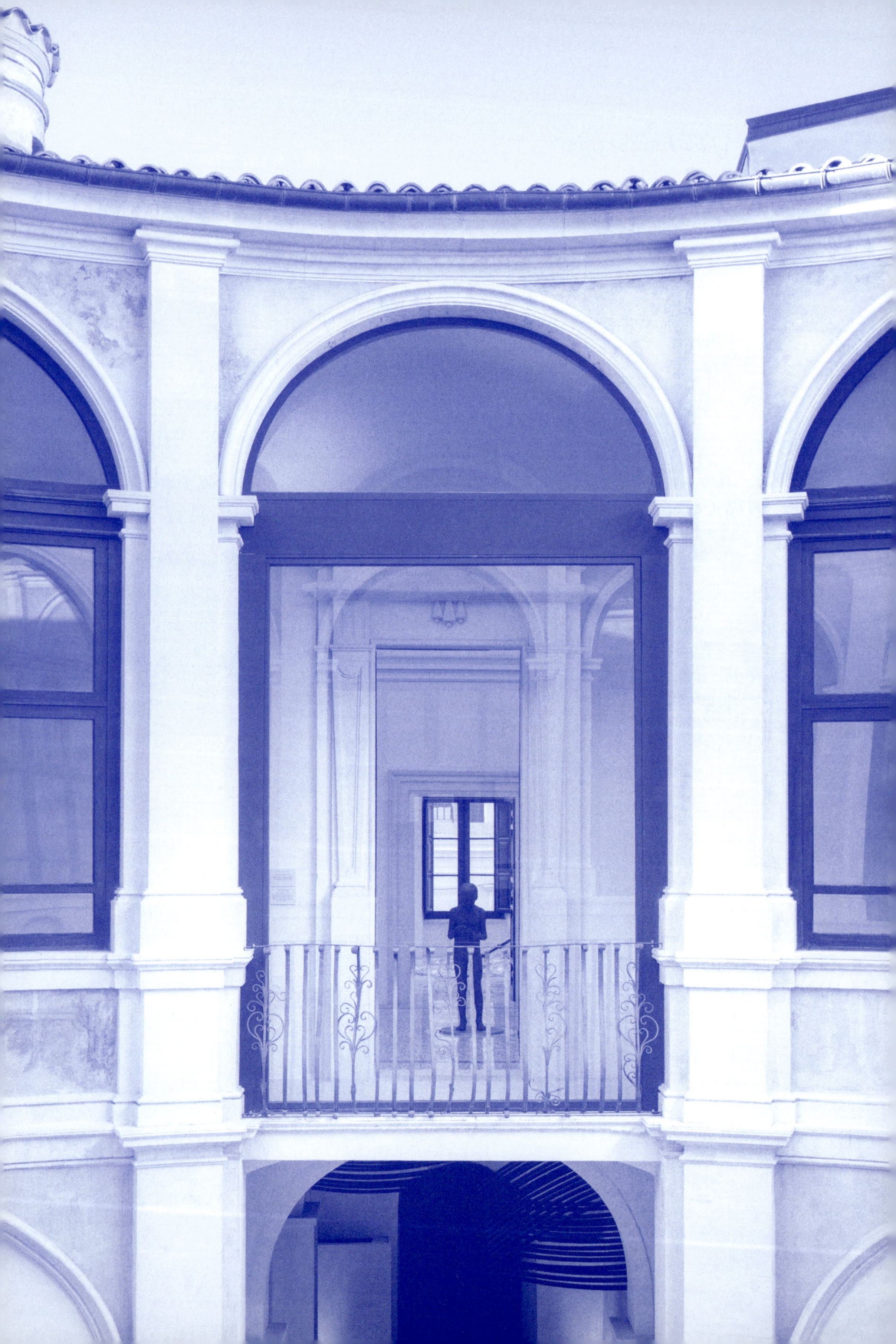

Afterimage (the Remains of the Day)

Observed from the embankment of the old church of San Berardo, above Pescina, the Fucino Valley appeared to us this morning entirely covered in a thick yellowish mist, recreating before our eyes the image of the ancient dried-up lake.—Ignazio Silone[1]

Almost fifteen years after the earthquake of April 6, 2009, L'Aquila is rising again.

A reconstruction that, although based on the "dov'era e com'era (as it was, where it was)" principle, is projecting an image of a city that while based on the value of its memory is regenerating and renewing itself with energy and determination. This level of devastation—which wounded not only the physical dimension of the city, but also, and most poignantly, its human and social fabric—could only lead to the resurrection of a new city rising in the name of a new beauty. What Ignazio Silone would have called a "silent revolution" is taking place here and now, under our own eyes. A deep-seated transformation mostly in the hands of the new generations.

In this context, MAXXI L'Aquila sets out be a part of the city's renewal, offering its contribution as one of the cultural cornerstones active in the area, with the ambition to build a new possible identity stemming from the encounter between what has been and what we can imagine will come. The museum itself is intended as a space to welcome the artists and their works, and with them explore, ask questions, make

1. *Ignazio Silone, Il pane di casa (Bergamo: Minerva Italica, 1971), n.p. Unless otherwise noted, the original texts are rendered in English by the translator.*

Afterimage (ciò che resta del giorno)

Osservata dal terrapieno della vecchia chiesa di San Berardo, sopra Pescina, la conca del Fucino ci è apparsa stamane interamente ricoperta di una fitta nebbia giallastra, in modo da riprodurre sotto i nostri occhi l'immagine dell'antico lago prosciugato. —Ignazio Silone[1]

A quasi quindici anni dal terremoto del 6 aprile 2009, L'Aquila sta risorgendo. Una ricostruzione che, seppure concepita sul principio del "dov'era e com'era", sta restituendo l'immagine di una città che, sul valore della propria memoria, si rigenera e rinnova con determinazione ed energia. A seguito di una devastazione di tale portata – che ha ferito non soltanto la forma fisica della città, ma anche, e soprattutto, il suo tessuto umano e sociale – non poteva che risorgere una nuova città all'insegna di una nuova bellezza. Quello che Ignazio Silone avrebbe chiamato una "rivoluzione silenziosa" sta avvenendo qui e ora, sotto i nostri occhi. Una trasformazione profonda e radicata, in mano soprattutto alle giovani generazioni.

In questo contesto, il MAXXI L'Aquila opera con il desiderio di partecipare al rinnovamento della città, offrendo il proprio contributo come uno dei perni culturali attivi sul territorio, con l'ambizione di costruire una nuova possibile identità che sia frutto dell'incontro tra ciò che è stato e ciò che possiamo immaginare sarà. Il museo stesso è un luogo pensato per poter accogliere gli artisti e le loro opere, provando insieme a loro a esplorare, formulare domande, fornire suggestioni e indicare possibili percorsi.

1. Ignazio Silone, *Il pane di casa*, Minerva Italica, Bergamo 1971, s.p.

suggestions, and indicate possible paths: envision tomorrow starting from the remains of the day.

Images—both visible and invisible— inhabit our imagery, that space where each one of us builds their own identity. And images, for them to be vital and capable of generating a sense of sharing must have a dynamic quality to them: they must hold what has remained around us, but also disclose a new and future scenario.

Afterimage is an exhibition that has gathered twenty-six artists of different generations, inviting them to reflect on the coexistence of permanence and transiency as universal conditions rooted in the very nature of human existence, in the destiny of artifacts, and in places, meanings, and images.

This is an exhibition that presents creations by great masters of the MAXXI collection establishing a dialogue with works by artists of different generations and provenances. Works that are in some cases site-specific and made especially for this occasion, creating connections and possible pathways freely crossing the exhibition's temporal and spatial dimension.

Leaving to Alessandro Rabottini and to his text in this publication the task to elaborate on the themes that have led us in the construction of this display, I will expand on some specific pieces that were inspired by a direct interaction with the local territory, its landscape, and its identity. An interaction that manifests one of art's particular capacities, that is of being able to connect with the surrounding reality and elevate it in an artwork, in a new image that has an evocative power, just as the fleeting apparition of the mist in the Fucino Valley in Silone's text is capable of recalling the image of the no longer existing lake.

We hear the echo of the geological time of the massifs surrounding L'Aquila's plain in Masso con gli ultimi 5 giorni [Boulder with the Last 5 Days] *(2022) by Francesco Arena, an installation that welcomes visitors as they approach the museum, on the margins of the square at the entrance; an artwork that tells us of how geological time also retains the everyday time of human activities,*

Immaginare il domani a partire da quel che resta del giorno.

Le immagini – tanto quelle visibili quanto quelle invisibili – abitano il nostro immaginario, quello spazio all'interno del quale ognuno di noi costruisce la propria identità. E le immagini, perché siano vitali e perché generino condivisione, devono avere una natura dinamica: contenere in sé ciò che è rimasto intorno a noi, ma anche offrire uno scenario inedito e futuro.

La mostra *Afterimage* ha chiamato a raccolta ventisei artisti di generazioni diverse, invitandoli a riflettere sul coesistere di permanenza e transitorietà come condizione universale, radicata nella natura stessa dell'esistenza umana, nel destino dei manufatti, dei luoghi, dei significati e delle immagini.

Opere di grandi maestri della collezione MAXXI dialogano con opere di artisti di età e nazionalità differenti, alcune delle quali site-specific, pensate e realizzate per questa occasione, creando connessioni e percorsi possibili che si snodano liberi nello spazio e nel tempo della mostra.

Lasciando ad Alessandro Rabottini e al suo testo in questa pubblicazione il compito di percorrere i temi che ci hanno guidato nella costruzione dell'esposizione, seguirò il filo di alcuni lavori che sono stati ispirati da un rapporto diretto con il territorio, il suo paesaggio e la sua identità. Questo rapporto manifesta una capacità peculiare dell'arte, quella di connettersi con la realtà circostante e sublimarla in un'opera, in una nuova immagine che ha un potere evocativo, come l'apparizione momentanea della nebbia sulla piana del Fucino nel racconto di Silone è in grado di richiamare l'immagine del lago che non c'è più.

Ecco, allora, che risuona il tempo geologico dei massicci montuosi che circondano la piana aquilana in *Masso con gli ultimi 5 giorni* (2022) di Francesco Arena, che ci accoglie ancora prima di entrare al museo, sul limitare dello spazio pubblico della piazza all'ingresso del palazzo. Quest'opera ci parla di come il tempo geologico comprenda al suo interno il tempo delle vicissitudini umane, quel tempo che scorre come il rumore di fondo delle notizie quotidiane.

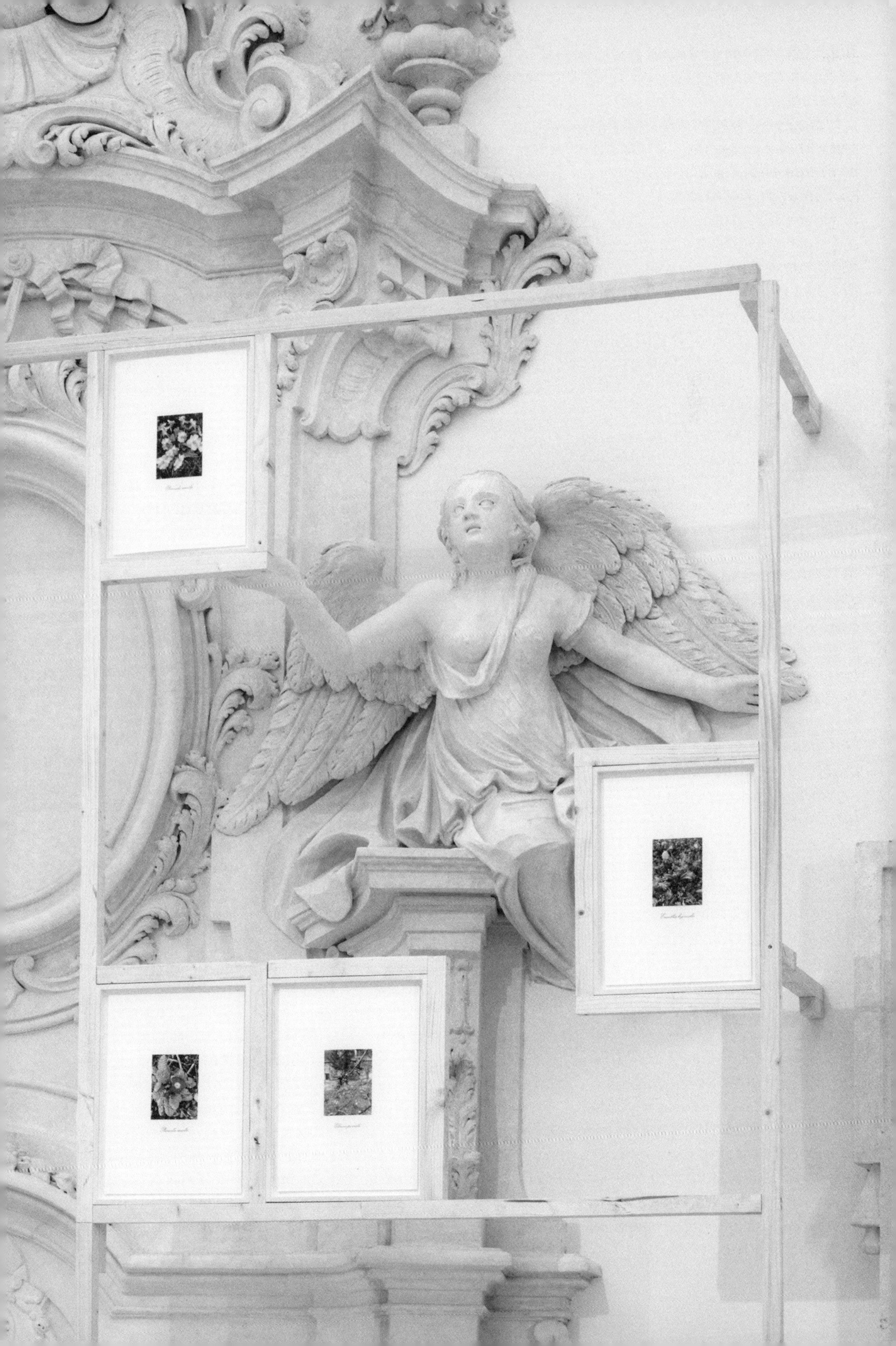

that time flowing like the background noise of everyday news. The passing of days is absorbed and numbed by the ancient genius loci *that despite containing the past also welcomes our present, while the layering of facts written in the newspapers quietly consumes the boulder.*

From the mountains of the Maiella also come the stones, in shapes in between the organic and the artificial, that observe us from behind the grating of Luca Monterastelli's Fiume buio [Dark River] *(2022). The soft stone carved with regular, mechanical cuts creates forms evoking a multitude of possible references, from artifacts we may find in natural history museums to those we admire in anthropological or archaeological museums. The installation is a partial viewing space suggesting how blurred is the divide between what remains and what is transient.*

In the works of Arena and Monterastelli, we observe a quantum leap of a geological time resurfacing in the present, set in a metamorphosis of forms emerging from a mythical and primordial time and as if surfacing from a buried memory. A memory that the eyes of contemporary artists reinterpret in the light of the relationships between the animal, plant, mineral, and human kingdoms.

This is also the case with Saturniidae *(2022), the installation Benni Bosetto conceived for the spaces of Palazzo Ardinghelli, whose title refers to a family of butterflies whose wings have circular marks that look like Saturn's rings. Starting from this idea, the artist created large iron ring necklaces suspended in the spaces of the corridor surrounding the courtyard on the first floor of the museum building. These works recall Abruzzo's centuries-old goldsmith's tradition of highly symbolic jewelry gifted to newborn babies for their protection, health, and prosperity.*

Following other routes through the rooms of the museum, the works unfold and intertwine with each other, generating a reflection on the possibility that time gives us to mend and heal both personal wounds and the material and collective traumas that

L'avvicendarsi dei giorni è assorbito e assopito dal *genius loci* di un tempo che, pur contenendo in sé il passato, accoglie il nostro presente, mentre lo stratificarsi delle notizie riportate sui giornali, silenziosamente, consuma il masso.

Dalle montagne della Maiella provengono anche le pietre, dalle forme sospese tra l'organico e l'artificiale, che ci osservano da dietro le grate nell'opera di Luca Monterastelli *Fiume buio* (2022). La morbida pietra incisa con tagli regolari e meccanici è usata per scolpire forme che evocano una molteplicità di riferimenti possibili, dai reperti che troviamo nei musei di storia naturale a quelli che ammiriamo nei musei antropologici o archeologici. L'installazione è uno spazio di visione parziale che suggerisce quanto sfumata sia la distinzione tra ciò che resta e ciò che trascorre.

Nelle opere di Arena e di Monterastelli assistiamo al salto quantico di un tempo geologico che riaffiora nella presenza attuale, all'interno di una metamorfosi di forme che provengono da un tempo mitico e primordiale e che sembrano riemergere da una memoria sepolta. Una memoria che gli occhi degli artisti contemporanei rileggono alla luce delle relazioni tra i regni animale, vegetale, minerale e umano.

Così come accade in *Saturniidae* (2022), titolo dell'installazione concepita per gli spazi di Palazzo Ardinghelli da Benni Bosetto e che prende in prestito il nome da una famiglia di lepidotteri le cui ali presentano macchie circolari, che richiamano gli anelli di Saturno. A partire da questa suggestione, l'artista ha realizzato grandi collane di ferro ad anelli sospese negli spazi del corridoio che cinge la corte al primo piano del palazzo. Le opere richiamano una tradizione orafa centenaria dell'Abruzzo, quella dei monili ricchi di simboli che sono destinati ai neonati al fine di proteggerli e assicurarne salute e prosperità.

Seguendo altri sentieri lungo le stanze del museo, le opere si snodano e s'intrecciano tra loro riflettendo sulla possibilità che il tempo ci dona di ricucire e rimarginare, tanto le ferite personali quanto i traumi materiali e collettivi che portiamo con noi. Siamo esseri fragili come i *Repairs* di

we carry with us. We are fragile beings like Hana Miletić's Repairs, *textile sculptures that the artist seeks in urban spaces as spontaneous gestures that temporarily try to repair a break or a crack, and which she reinterprets as woven fabrics, thus through the gesture of mending, creating abstract signs that, while coming from a specific context, conjure something profound and universal. One seems to find those same signs walking around the city, on wounded walls, in unfinished building sites, on thresholds, and on window frames. Signs like the great church of Santa Maria Paganica opposite the museum, waiting to be returned to the city in a new form and with a renewed function.*

And this is where image experimentations are grafted, changeable and restless images that try to go beyond a simply narrative or descriptive function to venture into the meanders of what is not in plain sight, of what manifests itself at the very moment it seems to be fading. In many of the works on display, images present themselves as unexpected and surprising apparitions, balancing between the information that matter absorbs and hides and the information that matter, on the contrary, reveals. Like in Stefano Arienti's tapestries, where the image is made lighter through an optical process depriving it of structure and weight. In these works, we find the very real and familiar landscape of the Campo Imperatore plateau or a cover with the traditional patterns made by the weavers of Santo Stefano di Sessanio. Familiar images that become contemporary in the process of a retinal reduction that recalls a pixel structure that are then knowingly woven in silk by the master craftsmen of the famous tapestry workshop in Penne.

These works are but a few examples of how Afterimage *is an exhibition that has stemmed from a reflection on L'Aquila's context, history, and present, and an attempt to pay homage to the memory of this city's past while participating in the vision of its future.*

Bartolomeo Pietromarchi
MAXXI Arte, Director

Hana Miletić, quelle sculture tessili che l'artista cerca nello spazio urbano in quanto gesti spontanei che, in modo provvisorio, tentano di riparare una rottura o una crepa, riproponendoli in forma di tessitura, quindi attraverso il gesto del rammendare. Segni astratti che, pur provenendo da uno specifico contesto, evocano qualcosa di profondo e universale. Pare di ritrovare quegli stessi segni camminando per la città, sui muri ancora feriti, nei cantieri non terminati, sulle soglie o sugli infissi. Segni come la grande chiesa di Santa Maria Paganica che si erge di fronte al museo, in attesa di essere restituita alla città in una nuova forma e con una rinnovata funzione.

E su questo s'innestano le sperimentazioni sull'immagine, un'immagine mutevole e irrequieta che prova a oltrepassare la semplice funzione narrativa o descrittiva per avventurarsi nei meandri di ciò che è nascosto alla vista, di ciò che si mostra nel momento stesso in cui pare ritrarsi. In molte delle opere in mostra, infatti, le immagini acquistano lo statuto di apparizioni inattese e sorprendenti, all'interno di un equilibrio tra le informazioni che la materia assorbe e cela e le informazioni che la materia, al contrario, rivela. Come accade negli arazzi di Stefano Arienti, in cui l'immagine è alleggerita attraverso un processo ottico che la priva di struttura e peso. In questi lavori ritroviamo il paesaggio così familiare e reale dell'altopiano di Campo Imperatore o la trama di una coperta intessuta con motivi tradizionali dalle tessitrici di Santo Stefano di Sessanio. Un'immagine familiare che diventa contemporanea nel processo di riduzione retinica che ricorda la struttura dei pixel, per poi essere sapientemente tessuta in seta dai mastri artigiani della celebre arazzeria di Penne.

Queste opere sono solo alcuni esempi di come *Afterimage* sia stata una mostra nata da una riflessione sul contesto, la storia e il presente dell'Aquila, un tentativo di omaggiare la memoria partecipando alla visione sul suo futuro.

Bartolomeo Pietromarchi
Direttore MAXXI Arte

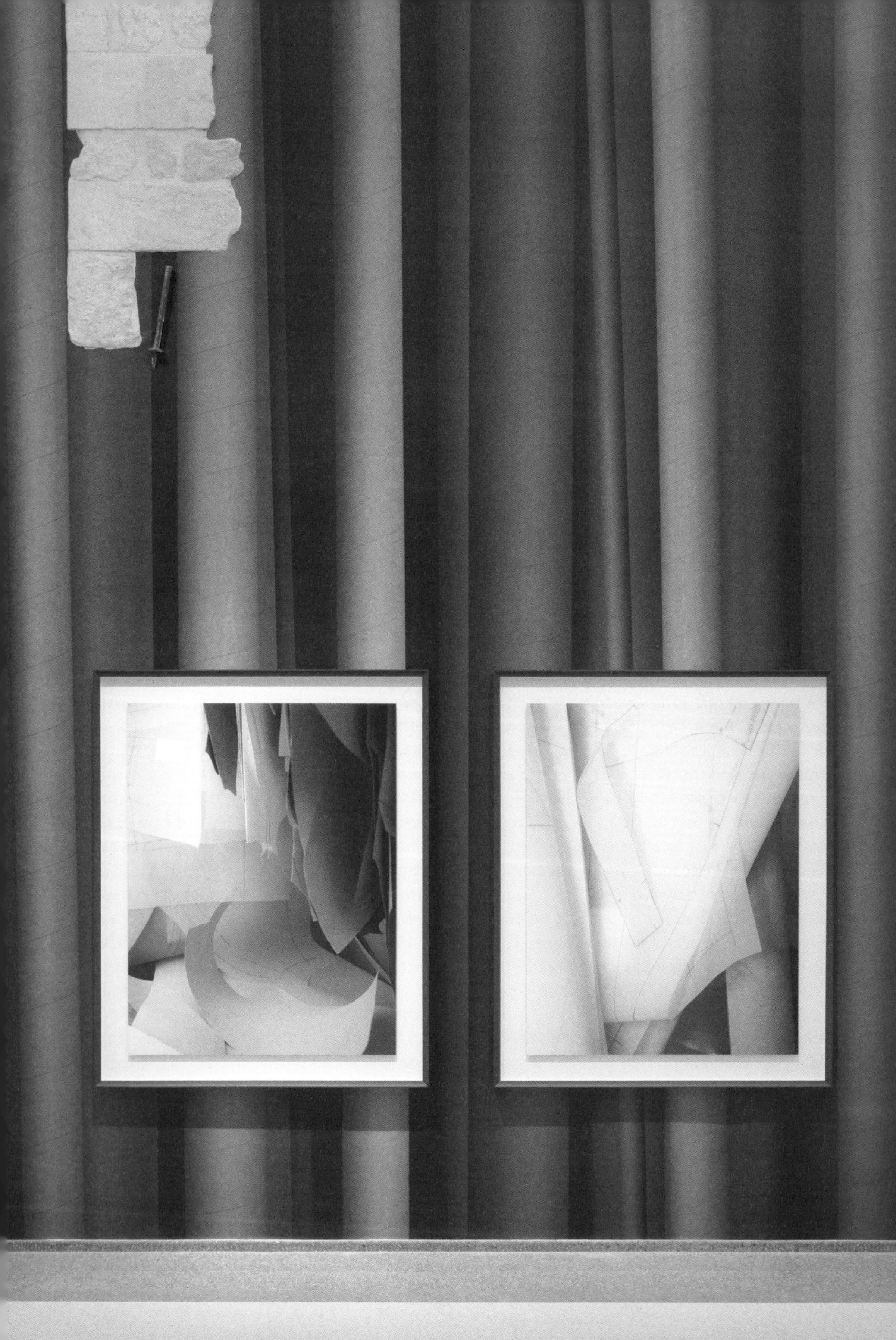

ALESSANDRO RABOTTINI

Vital Impermanence

Siamo spesso costretti a scegliere tra ciò che desideriamo e ciò che è necessario o opportuno fare. Di questa tensione, che per molti diventa un'opposizione irriducibile, ciascuno fa un'esperienza differente nel corso della propria vita, toccando con intensità variabili la forza con cui il desiderio e la necessità modellano l'esistenza di ognuno. Marguerite Yourcenar diceva che "il tempo è un grande scultore", e potremmo attribuire una simile, perentoria facoltà di scavare nella materia biografica di ciascuno a quell'avvicendarsi – che per alcuni è una dimora e per altri una prigione – tra l'auspicio e l'urgenza.

We often find ourselves having to choose between what we want to do and what we need or what is best to do. For many people, these conflicting choices may be irreconcilable. We all have different experiences during the course of our lives, and we respond in different ways to the power with which our desires and needs shape our existence. Marguerite Yourcenar used to say that "time is a great sculptor," and we might well believe that this alternation between our wishes and needs is what carves the biographical matter of each of us. This fluctuation is for some a safe haven while for others it is a prison.

We sometimes find—and when we do, it is a precious gift—that we are given the opportunity to contemplate both what we desire and what we consider necessary or appropriate. And gratitude for this is, I would like to think, what led to the creation of Afterimage, *an exhibition that is as much the outcome of a desire as of a necessity. The desire was to accompany the artists and the works as they enter the galleries of Palazzo Ardinghelli in L'Aquila and to pay tribute to the rebirth of the city and, in so doing, honoring a building that is living a second life, now transformed into a contemporary art museum after the restoration work that was completed in 2020. One need was not to take its history and memory for granted and also not to turn the recent history and memory of L'Aquila into no more than a temporary narrative backdrop. Another desire was to reach out to the stories and memories that neither Bartolomeo Pietromarchi nor I, nor even the artists with us, experienced first-hand and in that respect we felt the need to understand*

Vitale impermanenza

Può accadere, ed è allora un dono prezioso, che ci sia data l'occasione di contemplare ciò che desideriamo *insieme* a qualcosa che riteniamo necessario o opportuno. A questa forma di gratitudine io vorrei attribuire la genesi di *Afterimage*, una mostra nata tanto da un desiderio, quanto da una necessità. Il desiderio era quello di entrare – insieme con gli artisti e le opere – nelle sale di Palazzo Ardinghelli a L'Aquila per omaggiarne la rinascita, rendere un tributo a un edificio che vive una seconda vita, trasformato in un museo d'arte contemporanea in seguito al restauro completato nel 2020. La necessità era quella di non darne per scontata la storia e la memoria e, con essa, di non fare della storia e della memoria recenti della città un fondale narrativo e occasionale. Il desiderio era toccare storie e memorie che Bartolomeo Pietromarchi e io, e gli artisti con noi, non hanno vissuto in prima persona e la necessità era comprendere attraverso quali immagini e quali gesti cercare di accostarsi a quelle storie e a quelle memorie senza opportunismo.

which images and actions we could use in order to approach those stories and memories without being opportunistic.

Adopting this position of respect and imagination, we curators approached the project with the idea that it would be best to base the exhibition and its message not on a concept or a theoretical framework but rather, in the simplest possible way, on the place where it would be held. Afterimage is ultimately an exhibition that emerged from an interaction with Palazzo Ardinghelli and with the piazza it gives onto, which takes its name from the church of Santa Maria Paganica, the place of worship opposite MAXXI L'Aquila. We looked at Piazza Santa Maria Paganica and we lingered, for a while, in a place that is home as much to a splendidly restored building that has been returned to the people of L'Aquila as a center of art, as to the remains of a church that still bears the signs of the 2009 earthquake. This coexistence of what has been reborn and what remains as evidence of destruction and impermanence was the key to help us create our exhibition, which would not take for granted the spatial and human setting where it was to be held. This spatial and human setting would not, however, be used to convey a story of suffering, which has become timeworn, for we felt it would be inappropriate for it to be told by those who, like us, did not live through it.

Starting from this particular setting, and from how rebirth and past coexist within it, we conceived Afterimage *as a reflection on the multiple forms—whether material or metaphorical—in which the past continues to exist both in and around us. And this gave us the choice of the title, which is the optical illusion we experience when a visual stimulus remains briefly impressed on our retina even when it is no longer before our eyes. One of the most common examples of an afterimage is the persistence on the retina of the flash of a camera, long after the flash itself has ended. It also occurs when we pass from a sunny outside to somewhere dark and, as they adapt to a new dim light, our eyes retain a memory of the light we have just left behind.*

È a partire da questa posizione di attenzione e di immaginazione che come curatori ci siamo posti nei confronti di questo progetto, pensando che sarebbe stato bello e doveroso far scaturire il farsi della mostra e la sua scrittura non da un concetto o da una teoria ma, nel modo più semplice, dal luogo in cui la mostra si sarebbe svolta. *Afterimage*, in ultima analisi, è una mostra nata dal dialogo con Palazzo Ardinghelli e con la piazza su cui l'edificio si affaccia, che prende il nome dalla Chiesa di Santa Maria Paganica, l'edificio di culto che fronteggia il MAXXI L'Aquila. Con la semplicità che può scaturire dalla volontà di porre attenzione, abbiamo guardato a Piazza Santa Maria Paganica e indugiato, per un po', in un luogo che accoglie al suo interno, tanto un edificio splendidamente restaurato e restituito agli abitanti dell'Aquila come centro d'arte, quanto le vestigia di una chiesa che porta ancora i segni del sisma del 2009. Questa coesistenza tra ciò che rinasce e ciò che permane come testimonianza della distruzione e dell'impermanenza ci ha fornito la chiave interpretativa per sviluppare una mostra che non desse per scontato il contesto spaziale e umano in cui sarebbe stata allestita, senza però che di tale contesto spaziale e umano venisse affermata, ancora una volta, una narrazione della sofferenza che, oltre che logora, ci appariva inopportuna se svolta da chi, come noi, non ha condiviso quel vissuto.

Da questo specifico contesto, e dalla coesistenza di rinascita e passato che esso manifesta, abbiamo concepito *Afterimage* come una riflessione sulle molteplici forme – siano esse materiali o metaforiche – attraverso cui ciò che è trascorso persiste attorno a noi e in noi. Da qui la scelta del titolo, che in inglese indica quell'illusione ottica di cui facciamo esperienza quando nella nostra retina resta brevemente impresso uno stimolo visivo anche dopo che quest'ultimo è trascorso. Uno degli esempi più comuni di *afterimage* è la persistenza del flash della macchina fotografica sulla retina ben oltre il tempo in cui il bagliore si è esaurito. Oppure pensiamo a quando transitiamo da uno spazio assolato a uno

In Italian this phenomenon is known as "residual vision," a term that expresses much more than what the science of vision tells us about how our eyes register what is happening around us and in our lives. The idea of "residual" sight tells us of the tactile nature of vision and memory, of the fact that the eye is an organ that reacts not only to impressions but also to pressure. It is like when we press a finger on our skin for a long time, and the skin changes color for a few moments. The time of the afterimage is momentary, and it abandons us after a while. It is, however, a time in which the retina makes a mnemonic effort, attempting to keep in our senses something that is no longer there and that, sooner or later, we will have to let go. It is when our vision appears to be like skin, with its particular temperature and variegations, exposed to the possibility of laceration, but also with the ability to self-regenerate and heal.

The concept of the afterimage thus helped us enter into a dialogue with the artists, with the works, and with Palazzo Ardinghelli, preferring a metaphorical level on which we could explore the coexistence of permanence and transience that we experience when walking through the streets of L'Aquila. A metaphor is, in fact, a space that lets you approach something while leaving its essence intact. It is a space of evocation that is kept at a respectful distance from the epicenter of an unfathomable reality. Afterimage was intentionally conceived as a fragmented tale about how fragments may or may not come back together, as a visual poem of spontaneous associations involving both the forces that separate and the actions that reassemble. In this sense, we looked at pictures and materials that, like objects, buildings, and bodies, betray the effects of time, and that can change and share their ephemeral nature with us; images whose meaning changes not only over time, but also thanks to the spaces and lands they come into contact with when they are shown and recontextualized elsewhere. The Interni Mossi *made by Mario Cresci in a village in Lazio are an example of this; as are the metal springs of mattresses abandoned in*

spazio buio, e i nostri occhi, nell'adattarsi a una nuova condizione di penombra, trattengono la memoria della luce che ci siamo lasciati alle spalle.

L'espressione che in italiano utilizziamo per indicare questo fenomeno è "immagine residua", e in quel "residuo" c'è molto più di quello che la scienza della visione ci dice riguardo a come i nostri occhi registrano ciò che si muove intorno a noi e nelle nostre esistenze. In quel "residuo", infatti, c'è la natura tattile della visione e della memoria, c'è il fatto che l'occhio è un organo che reagisce non soltanto alle impressioni, ma anche alle pressioni, come quando teniamo premuto un dito sulla pelle a lungo e questa cambia colore per qualche istante. Il tempo dell'*afterimage* è un tempo istantaneo, che ci abbandona dopo poco, ma è un tempo in cui la retina compie uno sforzo mnemonico, cercando di trattenere nella nostra sensibilità qualcosa che ormai non c'è più e che dovremo, prima o poi, lasciar andare. È quel tempo in cui la visione si rivela come un'epidermide, con la sua temperatura e le sue screziature, esposta alla possibilità di lacerarsi, ma con la capacità di autorigenerarsi e guarire.

Il concetto di *afterimage* ci ha permesso, quindi, di entrare in dialogo con gli artisti, le opere e Palazzo Ardinghelli prediligendo un registro metaforico, attraverso il quale esplorare la coesistenza di permanenza e transitorietà di cui facciamo esperienza camminando per le strade dell'Aquila. Perché la metafora è quello spazio che ti permette di accostarti a qualcosa lasciandone intatto il nucleo, è uno spazio di evocazione che si tiene a una distanza rispettosa dall'epicentro di una realtà insondabile. Intenzionalmente, *Afterimage* è stata concepita come una narrazione frammentata su come i frammenti possano o meno tornare insieme, come un poema visivo di associazioni spontanee che coinvolgono, tanto le forze che separano quanto i gesti che ricompongono. In questo senso, abbiamo guardato a immagini e materiali che, come le cose, le case e i corpi, tradiscono l'effetto del tempo, che sono in grado di mutare e che condividono con noi una natura transitoria.

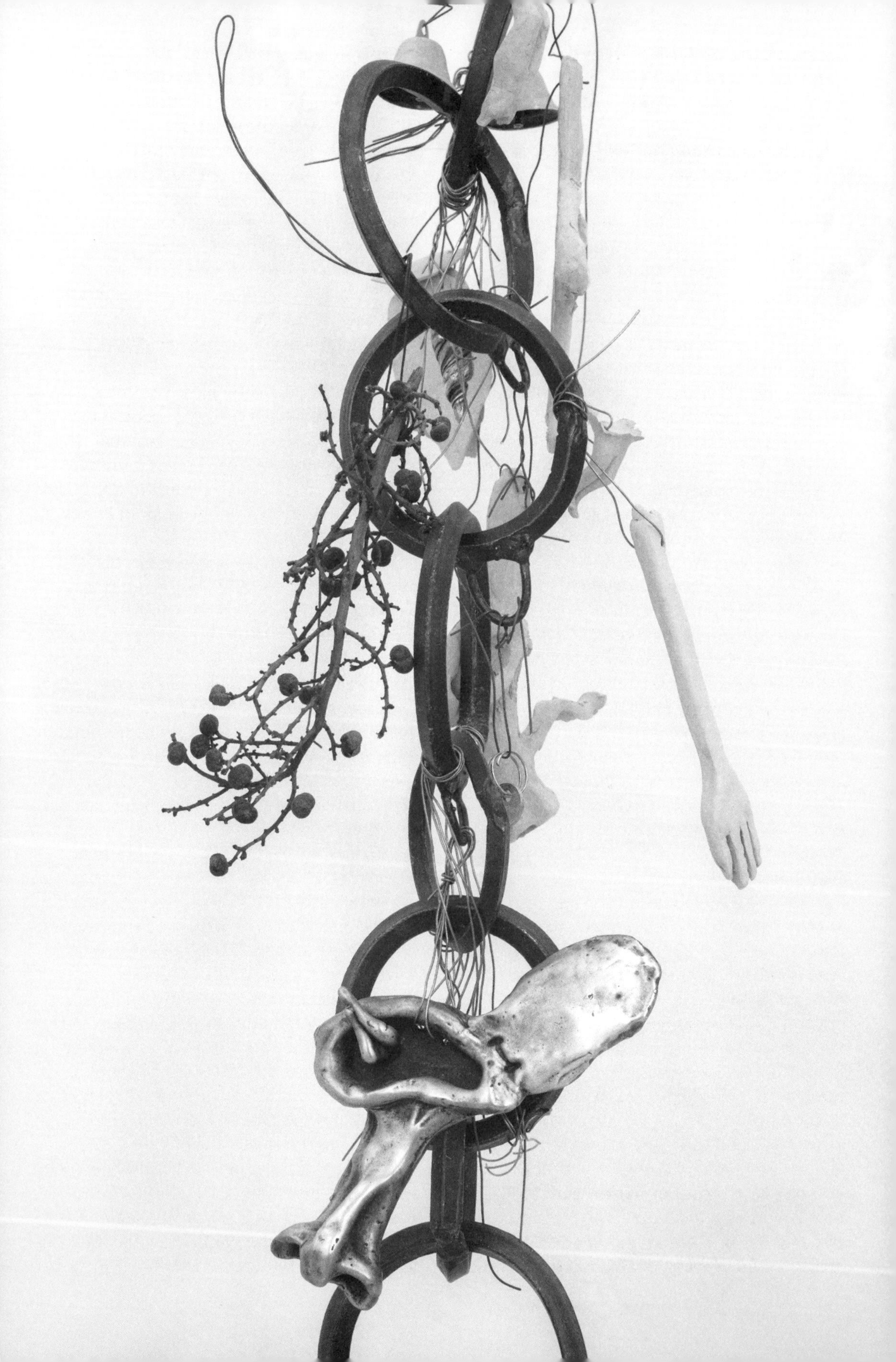

Johannesburg and salvaged by Bronwyn Katz; and June Crespo's compositions of reinforced concrete and shreds of clothing. These works contain different stories from places both near and far, and we hoped they would echo the memories that L'Aquila still houses within itself, like a beating heart; memories that have changed over the years and will continue to change as time goes by. We imagined the scenography for Afterimage—its spatial texture, we might say—as a progression of reverberations from one gallery to the next. This would suggest the possibility that the traumas and hopes of a place could be taken in and amplified by the traumas and hopes of another place. This can be seen in the delicate textile sculptures by Hana Miletić, shown in some passageways of Palazzo Ardinghelli, grafting onto them the discreet, almost abstract presence of another memory—that of the seismic events that, in 2020, hit the cities of Zagreb and Sisak in Croatia. Touching on the borderline between abstraction and representation, between something that looks familiar but then unexpectedly produces a different vibration, calls for a degree of discretion, almost a moderated imagination. A series of works illustrate this idea of an imagination that distills something very ordinary into something that appears quite new. These include the photos taken by Stefano Arienti on Campo Imperatore and in Santo Stefano di Sessanio and digitally processed before being woven into silk, as well as the little Maiella stone sculptures that Luca Monterastelli mysteriously keeps between layers of metal grids and the forest of symbols that welcomes visitors on the first floor of the museum, which Benni Bosetto has filled with references to the local tradition of goldsmithing.

In many of its narrative and spatial transitions, Afterimage was conceived by asking artists to respond to particular formal qualities of Palazzo Ardinghelli, thus magnifying its biographical implications. This can be seen in the central gallery, now known as the Sala della Voliera, where Thomas Demand has installed a series of photographic works from his research in the

E abbiamo guardato a certe immagini, per cominciare, il cui significato si trasforma non soltanto nel tempo, ma anche grazie agli spazi e ai territori con cui entrano in contatto quando vengono mostrate e ricontestualizzate altrove. Ne sono un esempio gli *Interni Mossi* realizzati da Mario Cresci in un paesino laziale; le reti metalliche dei materassi abbandonati a Johannesburg e recuperate da Bronwyn Katz; e le composizioni di cemento armato e brandelli di abito di June Crespo. Queste opere custodiscono narrazioni differenti che provengono da luoghi più o meno distanti, ma che a L'Aquila abbiamo sperato potessero fare da eco alle memorie che il capoluogo abruzzese ancora conserva in sé come un nucleo pulsante, che si è trasformato negli anni e che nel tempo continuerà a trasformarsi. Abbiamo immaginato che la "scrittura allestitiva" di *Afterimage* – potremmo dire la sua tessitura spaziale – funzionasse secondo una progressione di riverberi da una sala all'altra, suggerendo la possibilità che i traumi e le speranze di un luogo potessero essere accolti e amplificati dai traumi e dalle speranze di un altro luogo, come nel caso delle delicate sculture tessili di Hana Miletić che hanno adornato alcuni punti di passaggio di Palazzo Ardinghelli, innestando in essi la presenza discreta, ai limiti dell'astrazione, di un'altra memoria, quella degli eventi sismici che, nel 2020, hanno toccato le città croate di Zagabria e Sisak. Lambire il confine tra astrazione e rappresentazione, tra qualcosa che pur apparendo familiare produce all'improvviso una differente vibrazione, richiede una certa discrezione, quasi una misura dell'immaginazione. A questo principio di un'immaginazione che distilla qualcosa di molto vicino a qualcosa dalle rinnovate sembianze rispondono una serie di opere: le fotografie scattate da Stefano Arienti a Campo Imperatore e a Santo Stefano di Sessanio e processate digitalmente prima di essere tessute in seta; così come le piccole sculture in pietra della Maiella che Luca Monterastelli custodisce misteriosamente tra strati di griglie metalliche; o ancora la foresta di simboli che ha accolto gli spettatori

archive of the late French-Tunisian couturier Azzedine Alaïa. The almost clinical formalism through which Demand frames rows of paper patterns arranged by color emphasizes the architectural conception of the dress expressed by Alaïa throughout his career. Meanwhile, the image of the sewing pattern as a plan for a future construction is echoed in the vault of the room, which is the only one whose covering has not been reconstructed, thus leaving visible its white structure, which recalls the skeleton of a ship. The osmosis that this room suggests between its naked architecture and Demand's installation as a covering for an absent body, has something impalpable about it. It expresses a poetic drive to explore the potential and fragility of the very concept of built space and its impermanence and vitality.

We designed Afterimage *to tell a story that, contrary to what is normally the case in exhibitions, would quite simply ignore the succession of rooms. In fact, we were guided by the idea that architectural space is not just a spatial reality, but also a source of narrative and metaphorical possibilities. This led us to imagine an exhibition with not just one route through the various rooms but rather four possible journeys that could take place simultaneously. This would give visitors four separate but simultaneous ways to go through and retrace the exhibition. It would be almost as if the Late Baroque architecture of Palazzo Ardinghelli consisted of four plausible and immaterial narrative architectures. We gave them the titles* Material and Memory, The Mutable Image, The Disclosed Body, *and* Inner Architecture. *This way of building up the installation also led to the anti-hierarchical approach that we adopted with regard to the building, which we wanted to explore in its entirety, considering each part of it as a potential exhibition space. And indeed the works are not only in the rooms, but also in the transit areas such as corridors, extending all the way to one of the two entrances of the building—the one that gives onto Piazza Santa Maria Paganica—which houses a participatory sculpture by Francesco Arena. The work reflects on how the geological time*

al primo piano del museo in cui Benni Bosetto ha infuso riferimenti alla tradizione orafa locale.

In molti dei suoi passaggi, tanto narrativi quanto spaziali, *Afterimage* è stata concepita invitando gli artisti a rispondere a specifiche qualità formali di Palazzo Ardinghelli, magnificandone così le implicazioni biografiche. Questo è il caso della sala centrale, ora denominata Sala della Voliera, in cui Thomas Demand ha installato una serie di opere fotografiche frutto della sua ricerca nell'archivio del couturier franco-tunisino Azzedine Alaïa. Il formalismo quasi clinico con cui Demand inquadra file cromaticamente ordinate di cartamodelli enfatizza la concezione architettonica dell'abito che Alaïa ha espresso nella sua carriera, mentre l'immagine del cartamodello, come planimetria di una costruzione che verrà, echeggia la volta della sala, l'unica di cui la copertura non è stata ricostruita, lasciando invece in vista l'anima candida della struttura simile allo scheletro di una nave. Nell'osmosi che questa sala suggerisce tra l'abito come involucro, l'architettura e il corpo assente c'è qualcosa di impalpabile, una tensione poetica che spinge a esplorare nel concetto stesso di spazio costruito la dimensione di potenzialità e di fragilità, l'impermanenza e la vitalità.

L'idea che lo spazio architettonico non sia soltanto una realtà spaziale, ma anche una fonte di possibilità narrative e metaforiche, ci ha guidato nel concepire lo sviluppo di *Afterimage* secondo un racconto che prescindesse, contrariamente a come di norma si fa nelle mostre, dalla successione delle sale. Questo ci ha portato a immaginare non un percorso espositivo che fosse dettato dalla sequenza delle stanze, ma quattro possibili percorsi espositivi che potessero avvenire simultaneamente, suggerendo ai visitatori quattro concomitanti modi di percorrere e ripercorrere la mostra, quasi che l'architettura tardo barocca di Palazzo Ardinghelli potesse contenere quattro plausibili e immateriali architetture narrative che abbiamo intitolato *Materie e memoria, L'immagine mutevole, Il corpo dischiuso* e *L'architettura interiore.* Questa modalità di costruzione della scrittura

of stone takes in and goes beyond the human time of earthly events.

Material and Memory is the first narrative that conceptually runs through the rooms, suggesting links between the works by Arena, Crespo, Katz, Esther Kläs, Anna Maria Maiolino, Monterastelli, and Dominique White, all in various places around the museum. These works show how materials—whether durable, like stone and bronze, or perishable, like wool and paper—retain the traces of time and, with them, the memory's tactile and perceptive nature. The effects of stories and events that go beyond the timeline of individual existence survive in the materials of many of these works, which become silent witnesses that require us to be continually present, paying constant attention so that the traces they bear can be understood. Based on these considerations concerning the sensory properties of memory, the second narrative journey—The Mutable Image— explores the almost biological destiny of images. By becoming part of supports and materials that change over time, they show that they are not just vehicles for messages and meanings, but actual bodies in all respects. Like our bodies, images are born and mature, and they become corrupted as they pass through time and space, even though they retain their instinct to survive. Their material supports are destined to wrinkle and perish sooner or later, but their meanings survive in mutated form, and they are given new uses and flexible interpretations. We see this in action in the work of Oliver Laric, whose iconographies pass through the centuries in forms that waver between the archaeology's materiality and the digital space's immateriality. The Mutable Image is a journey that includes the works of Cresci, Paolo Gioli, and Luca Maria Patella, three pioneers of photographic and filmic experimentation who, starting in the 1960s, expanded the confines of representation, artistically exploring the potential and limitations of film, of the lens and of printing processes. These historical and analogical aspects are echoed in the contemporary digital experiments that

espositiva ha generato anche l'approccio anti-gerarchico che abbiamo tenuto nei confronti dell'edificio, che abbiamo voluto esplorare nella sua interezza, considerando ciascuna sua parte come territorio espositivo. Le opere, infatti, non occupano soltanto le sale, ma anche i passaggi funzionali come i corridoi, estendendosi fino a uno dei due ingressi del palazzo, quello che affaccia su Piazza Santa Maria Paganica e che ospita la scultura partecipativa di Francesco Arena, una riflessione su come il tempo geologico della pietra accolga e superi il tempo umano degli avvenimenti terreni.

Materie e memoria è il primo percorso narrativo ad attraversare idealmente le sale, suggerendo legami tra le opere di Arena, Crespo, Katz, Esther Kläs, Anna Maria Maiolino, Monterastelli e Dominique White, posizionate in punti diversi del museo. Questi lavori manifestano la capacità dei materiali – siano essi durevoli come la pietra e il bronzo o deperibili come la lana e la carta – di trattenere le tracce del tempo e, con esse, la natura tattile e percettiva della memoria. Nei materiali di molte di queste opere sopravvivono gli effetti di storie ed eventi che superano la scala cronologica dell'esistenza individuale, divenendo testimoni muti che esigono da parte nostra una continua presenza, una sempre rinnovata attenzione affinché le tracce che essi portano siano interpretabili. A partire da questa riflessione sulle proprietà sensoriali del ricordo, il secondo percorso narrativo – *L'immagine mutevole* – esplora il destino quasi biologico delle immagini che, incanalandosi in supporti e materiali che mutano nel tempo, si rivelano essere non soltanto veicolo di messaggi e significati, ma corpi a tutti gli effetti. Come i nostri corpi, le immagini nascono e maturano, attraversano il tempo e lo spazio corrompendosi, pur conservando in sé l'impulso a restare. Se i loro supporti materiali sono prima o poi destinati a incresparsi e deperire, i loro significati sopravvivono nella mutazione, nei riusi e nelle interpretazioni duttili, come accade nel lavoro di Oliver Laric, in cui le iconografie transitano tra i secoli e le forme

appear in the mutant physiognomies created by Massimo Grimaldi and in the ambiguity between the photographic image and its textile support that Elisa Sighicelli uses to turn vision into deception. In Tala Madani's and Mario Schifano's paintings, on the other hand, we see bodies and existences poised between the material world and evanescence, as if there were a gleaming, intermittent relationship between screens and individuals.

The Disclosed Body, *which is the third narrative of* Afterimage, *illustrates a line of research that runs through the entire exhibition. This is the study of human bodies, with their multiple identities and forms of representation. It may be the most evidently political aspect of the exhibition, for it explores the effects of events, both past and present, on bodies. In other words, the way historical, political, and economic forces can enter our DNA, as in the works of Francis Alÿs and Frida Orupabo, in which the ghosts of social inequity and colonialism are reflected in the never-ending mechanisms of fragmentation and recomposition of parts of the human body. The present-day interpretations of figurative sculpture are explored in the unstable, suspended body shown by Paloma Varga Weisz and in the portrait by He Xiangyu that depicts the moment of transition between childhood and adolescence—a moment of potential, solitude, and future. In the works of Marisa Merz and Pietro Roccasalva we also find constantly metamorphosing bodies, this time caught in an incessant dialogue between inner experience and references to the history of art.*

Lastly, the works of Arienti, Bosetto, Demand, Miletić, and Danh Vo form the fourth journey, Inner Architecture. *Here the considerations shift towards our relationships with built space, interpreting the idea of architecture—and not just that of Palazzo Ardinghelli—as the product of a series of almost geological concretions. It is seen as the outcome of an accumulation of meanings, memories, functions, and mutations that have stratified over time. This can be seen in the extremely fragile and yet monumental architecture erected by Vo, which interaction*

oscillano tra la materialità dell'archeologia e l'immaterialità dello spazio digitale. *L'immagine mutevole* è un percorso che include le opere di Cresci, Paolo Gioli e Luca Maria Patella, tre pionieri della sperimentazione fotografica e filmica che, a partire dagli anni Sessanta del secolo scorso, hanno ampliato i confini della rappresentazione, esplorando artisticamente limiti e possibilità della pellicola, dell'obiettivo e dei procedimenti di stampa. A questo versante storico e analogico, fanno eco le sperimentazioni digitali contemporanee che troviamo nelle fisionomie mutanti di Massimo Grimaldi e l'ambiguità tra immagine fotografica e supporto tessile con cui l'opera di Elisa Sighicelli fa della vista un fatto di inganno. Nelle opere pittoriche di Tala Madani e di Mario Schifano, invece, assistiamo a una sospensione dei corpi e delle esistenze tra la materialità e l'evanescenza, come se tra schermi e individui ci fosse un rapporto intermittente all'insegna del barlume.

Il corpo dischiuso è il terzo percorso narrativo di *Afterimage* e chiarisce una linea di ricerca che percorre l'intera mostra, quella relativa ai corpi umani, alle loro molteplici identità e forme di rappresentazione. È forse l'aspetto più manifestamente politico dell'esposizione, che esplora l'effetto degli eventi, sia passati che presenti, sulla realtà dei corpi, ovvero la capacità delle forze storiche, politiche ed economiche di penetrare il nostro DNA, come accade nelle opere di Francis Alÿs e di Frida Orupabo, in cui i fantasmi dell'iniquità sociale e del colonialismo si riflettono nella continua dinamica di scomposizione e ricomposizione dei lembi umani. Le attuali possibilità della scultura figurativa sono esplorate nel corpo instabile e sospeso messo in scena da Paloma Varga Weisz e nel ritratto che He Xiangyu ci offre del momento di passaggio tra l'infanzia e l'adolescenza, un momento di potenzialità, solitudine e futuro. Corpi in costante metamorfosi sono anche quelli che troviamo nelle opere di Marisa Merz e di Pietro Roccasalva, colti in un dialogo incessante tra esperienza interiore e riferimenti alla storia dell'arte.

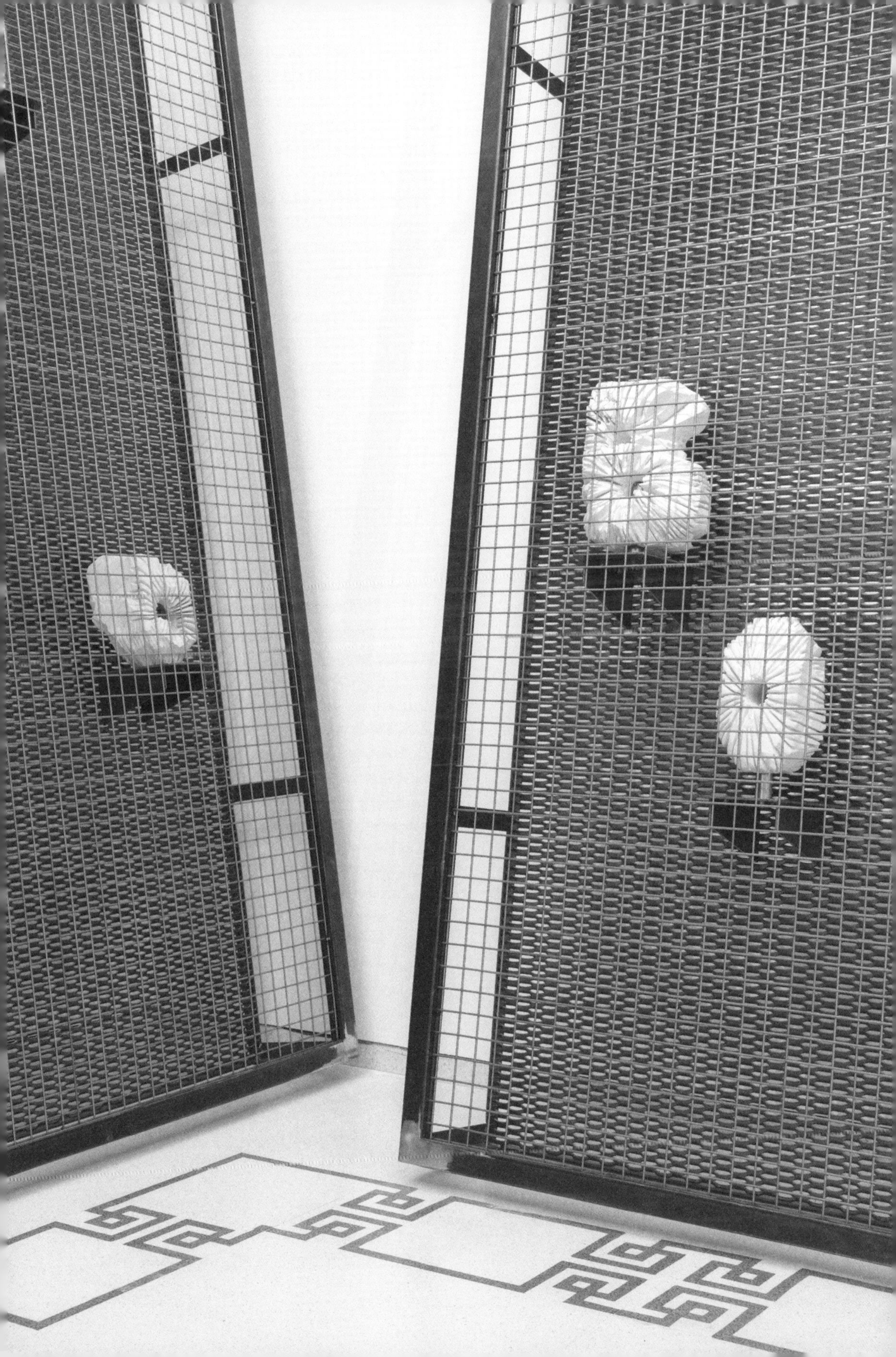

with one of the monumental fireplaces of the building. There is a degree of exuberance in the way the work rises up, but it also seems to betray a similar degree of awareness of its own impermanence. There is no reverence for the past, but rather a sitting next to it, in an almost conversational manner, without any affectation or pomposity. Starting from this scaffolding, which is as temporary as an exhibition or a life, Vo creates a dialogue between restoration and taxonomy, nature and autobiography, and between an ancient language like Latin and an unknown language like flowers. Within this criss-cross network of relationships between forms and knowledge, there are some things that will outlive us and others that we may leave behind, things we have created ourselves and others that will have no memory of us. It is this prolific, uncertain space that Afterimage *has attempted to explore.*

Alessandro Rabottini

Infine, i lavori di Arienti, Bosetto, Demand, Miletić e Danh Vo formano il quarto percorso, quello de *L'architettura interiore*. Qui la riflessione si sposta sulle nostre relazioni con lo spazio costruito, interpretando l'idea di architettura – e non soltanto quella di Palazzo Ardinghelli – come il prodotto di una serie di concrezioni quasi geologiche, il risultato di un accumulo di significati, memorie, funzioni e mutazioni che si sono stratificati nel tempo, come accade nell'architettura fragilissima, eppure monumentale, eretta da Vo in diretta relazione con uno dei camini monumentali del palazzo. Se c'è esuberanza nel modo con cui questa costruzione si erge, altrettanta consapevolezza della propria impermanenza essa sembra tradire. Nei confronti del passato non c'è reverenza, piuttosto un sedervisi accanto, in modo quasi colloquiale, senza preziosismi né prosopopea. A partire da questa impalcatura temporanea come una mostra e come una vita, Vo costruisce un dialogo tra restauro e tassonomia, tra natura e autobiografia, tra una lingua antica come il latino e una lingua sconosciuta come quella dei fiori. All'interno di questa rete incrociata di relazioni tra forme e saperi, esistono cose che sopravviveranno a noi e cose che forse lasceremo, cose che abbiamo generato e cose che si dimenticheranno di noi. Ed è questo spazio incerto e produttivo che *Afterimage* ha cercato di esplorare.

Alessandro Rabottini

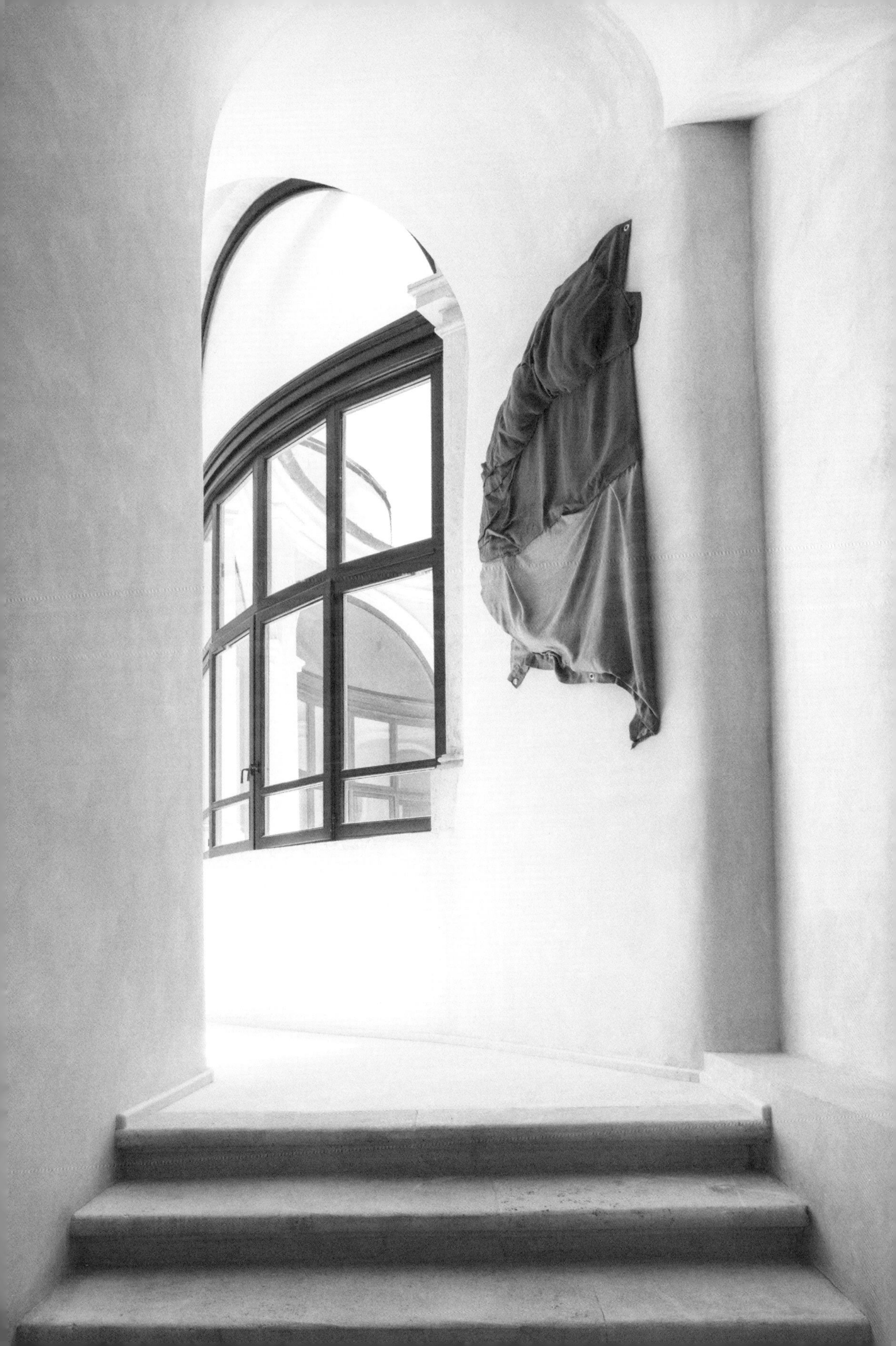

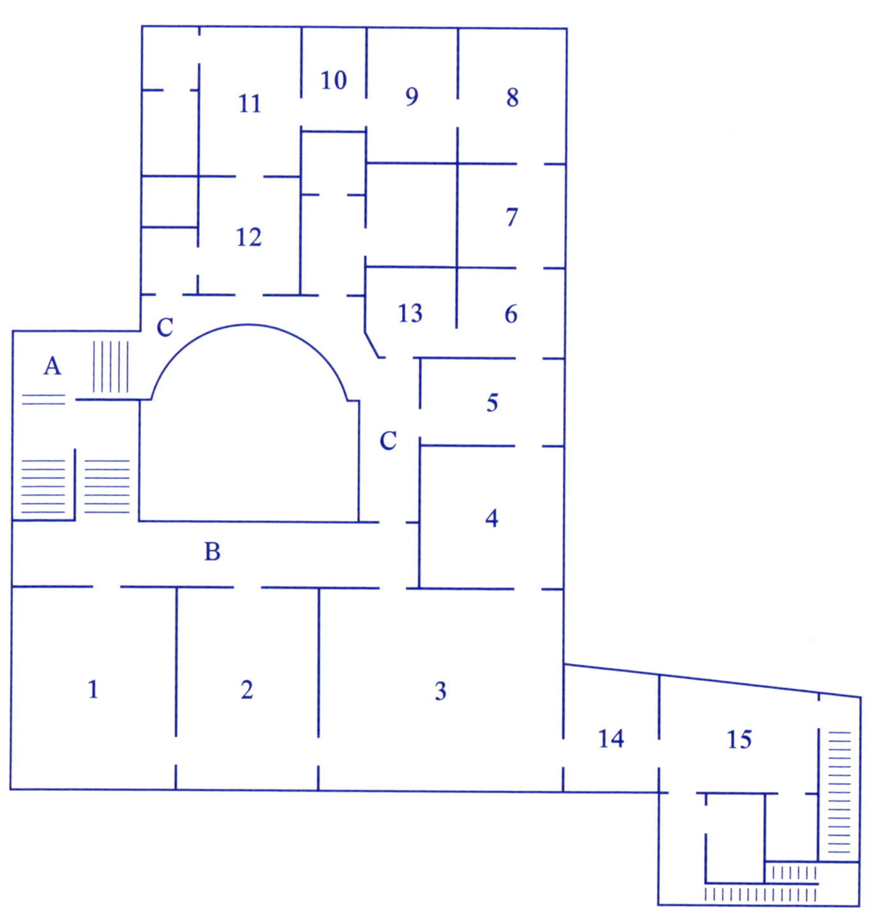

A
B
C
C
1
2
3
4
5
6
7
8
9
10
11
12
13
14
15

Entrance
Francesco Arena

Space A
Elisa Sighicelli

Space B
Benni Bosetto

Room 1
Mario Cresci
Oliver Laric
Tala Madani
Mario Schifano

Room 2
Paolo Gioli
Bronwyn Katz
Danh Vo

Room 3
Thomas Demand

Room 4
June Crespo
Luca Monterastelli

Room 5
Pietro Roccasalva

Room 6
Frida Orupabo

Room 7
Francis Alÿs

Room 8
Esther Kläs
Anna Maria Maiolino

Room 9
Stefano Arienti

Room 10
Massimo Grimaldi

Room 11
Dominique White

Room 12
Paolo Gioli
He Xiangyu

Space C
Hana Miletić

Room 13
Paloma Varga Weisz

Room 14
Marisa Merz

Room 15
Luca Maria Patella

Entrance
Francesco Arena

Space A
Elisa Sighicelli

Space B
Benni Bosetto

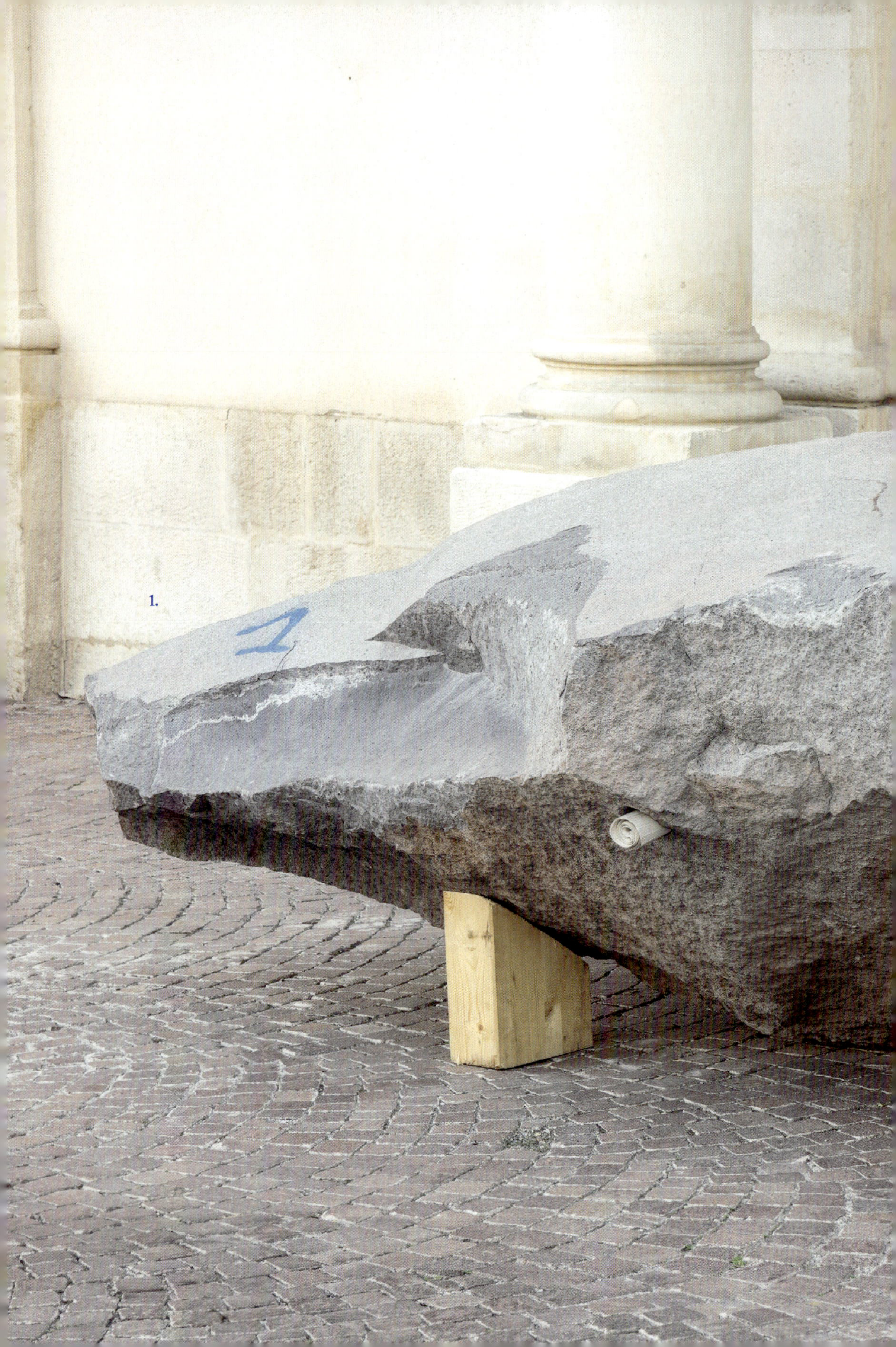
1.

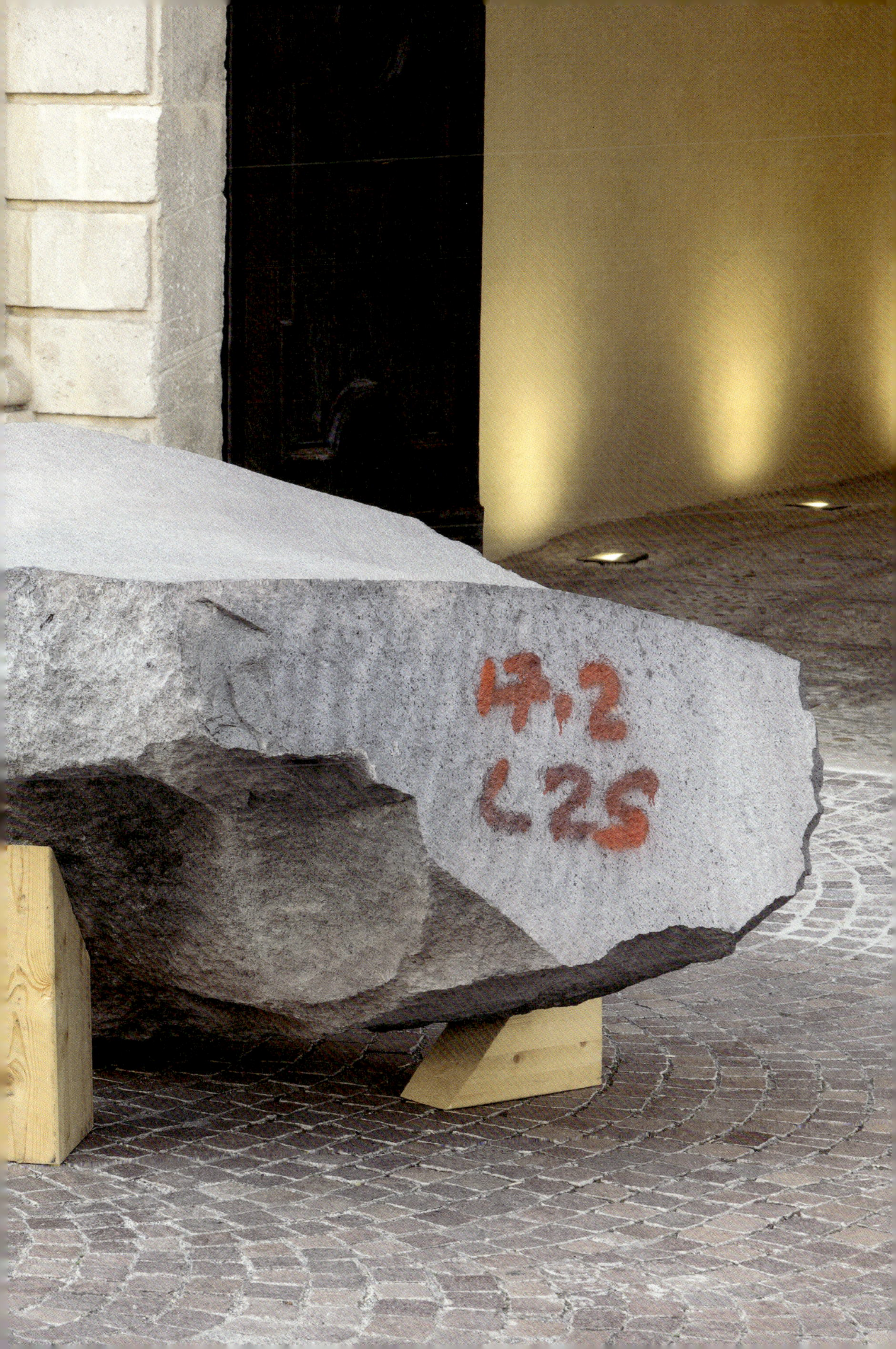

1.

Masso con gli ultimi 5 giorni, 2022

Stone, newspapers / Pietra, giornali
Courtesy: Francesco Arena

For this sculpture, Italian artist Francesco Arena took a boulder of more than five tonnes and drilled a six centimeters hole in diameter, which is the width of a rolled-up newspaper. Day after day, this hole is filled with as many newspapers as its width will permit. This action is performed by the museum staff who, on a daily basis, are in contact with the boulder and with Palazzo Ardinghelli. This sculpture, which combines a natural form of human intervention, is physically filled with the number of days it can contain, as the title explains: a handful of days past and the present day. What gives life to the piece is the tension between the geological time of the stone—a time indifferent to the events of humankind—and the stratification of the relentless flow of daily news that, albeit fleeting, silently continues to consume the boulder. Welcoming the visitors at the entrance of the museum, this work by Arena finds its ideal completion inside Palazzo Ardinghelli and, in particular, inside one of the few surviving fragments of what was the original Renaissance building, and that is now incorporated into its Baroque architecture. The newspapers that have been inserted into the Masso con gli ultimi 5 giorni *[Boulder with the Last 5 Days] and that have been discarded accumulate here in these tunnels, day after day. In this way, the time that has passed, marked by the daily stream of news, materially manifests itself through a progressive build-up of newspapers, translating into an ongoing sculptural volume that would otherwise disappear. Furthermore, the performative gesture of the museum staff who daily insert newspapers into the boulder expands into a daily care task that viewers can witness.*

L'opera dell'artista italiano Francesco Arena consiste in un masso di oltre cinque tonnellate attraversato da un carotaggio di sei centimetri di diametro, ovvero la misura di un quotidiano arrotolato su se stesso. Giorno dopo giorno, questo foro viene riempito da tanti quotidiani quanti ne occorrono per saturarlo. A questa azione partecipa il personale del museo, coloro che vivono quotidianamente a contatto con il masso e con Palazzo Ardinghelli. Questa scultura – frutto dell'incontro tra la forma naturale e l'intervento dell'artista – viene fisicamente riempita dal numero di giorni che essa può contenere: un pugno di giorni passati e il giorno presente. L'opera vive della tensione tra il tempo geologico della pietra – un tempo indifferente alle vicende umane – e lo stratificarsi delle notizie quotidiane che si susseguono incessantemente e che, pur nella loro transitorietà, silenziosamente continuano a consumare il masso.

L'opera trova il suo ideale completamento all'interno di Palazzo Ardinghelli, in un'area di passaggio che rivela uno dei pochi frammenti sopravvissuti di quello che era il sito di fondazione rinascimentale cui seguì, all'inizio del Settecento, l'edificio barocco attualmente visitabile. In questi cunicoli, giorno dopo giorno, vengono accumulati i quotidiani che hanno attraversato il *Masso con gli ultimi 5 giorni* e che ne sono stati espulsi. In questo modo, il tempo trascorso e scandito dal flusso giornaliero della comunicazione si manifesta materialmente attraverso un progressivo accumulo dei quotidiani, traducendo nella forma di un volume in divenire ciò che altrimenti scomparirebbe. Inoltre, il gesto performativo del personale del museo che giornalmente inserisce i quotidiani nel masso si espande in una quotidiana mansione di cura cui gli spettatori possono assistere.

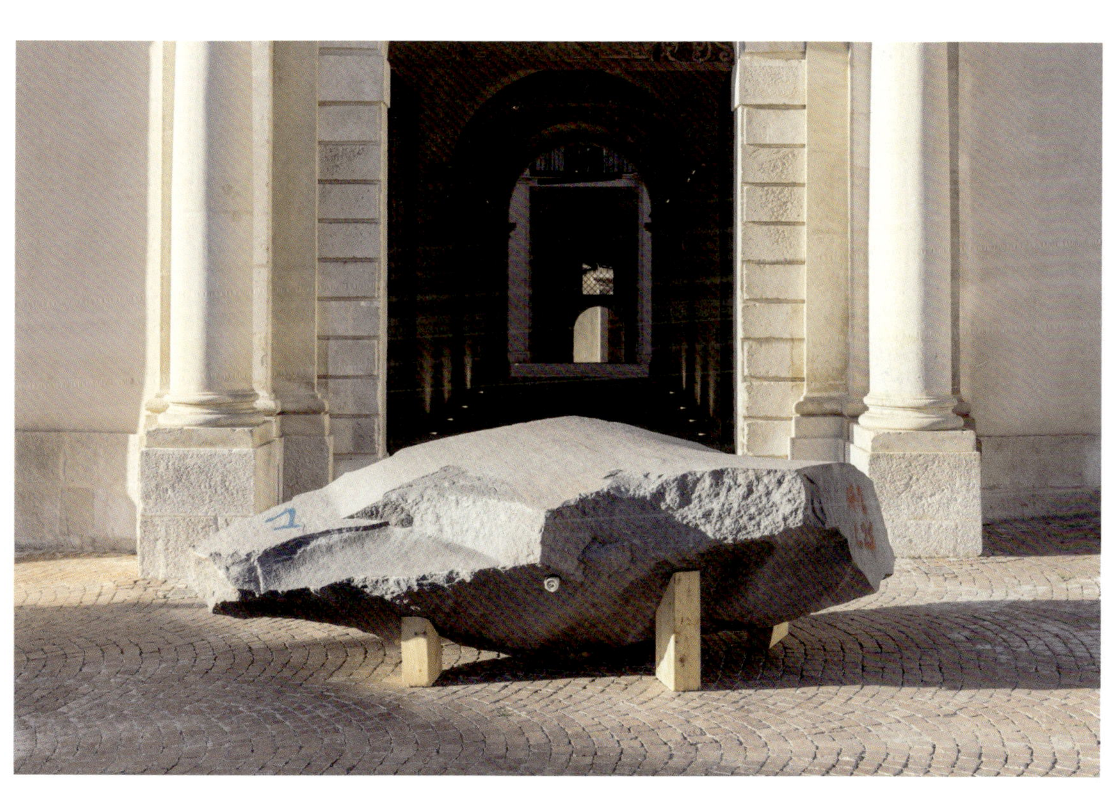

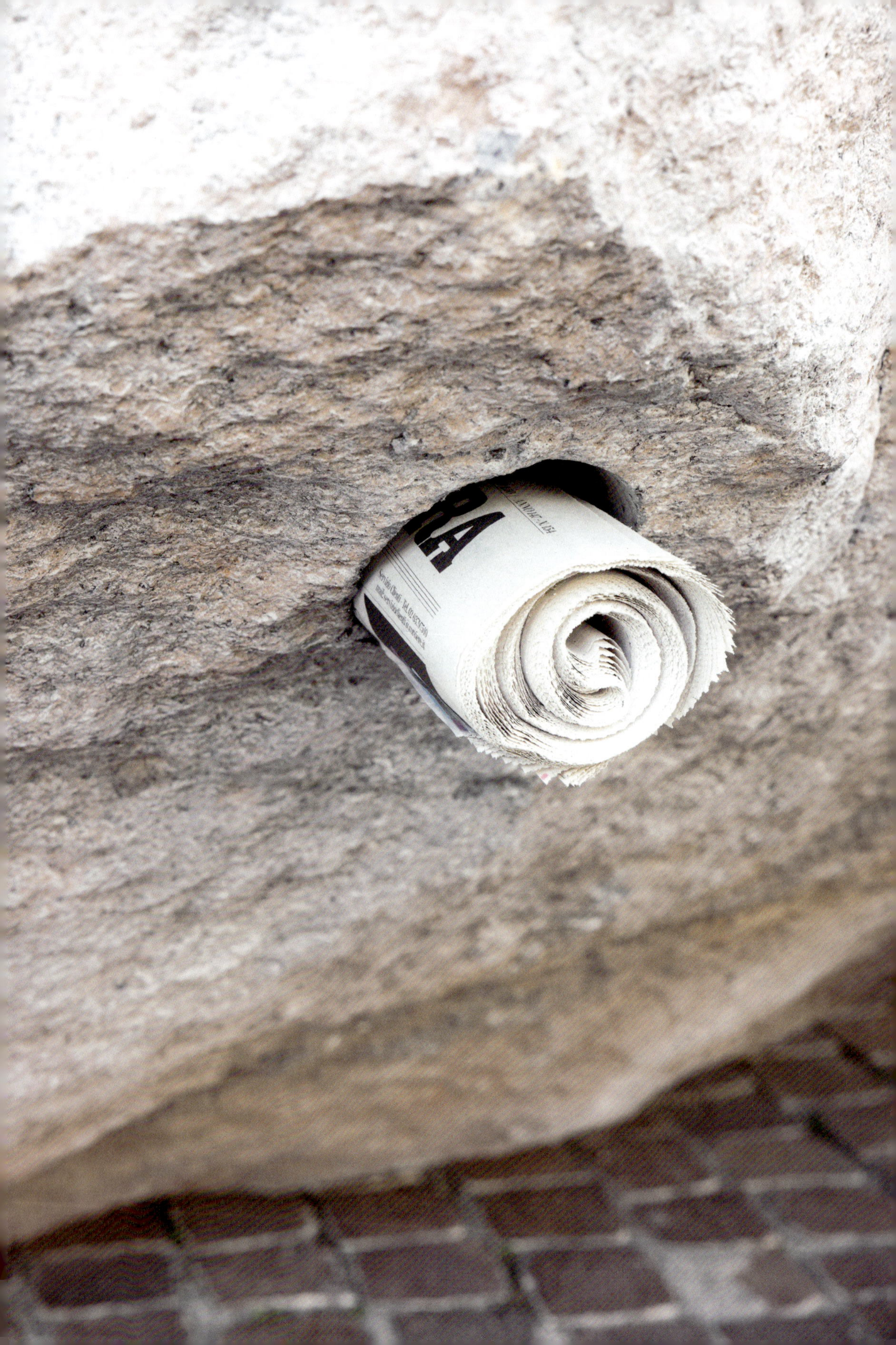

This large rock comes from Mount Etna. It was detached from the mountain to become a boulder, an independent potentially immovable body. From its quarry it was transferred to my house to understand what its final position could be, what it would take to make it neatly horizontal, and drill a hole through it. Then the boulder was taken to L'Aquila, across the city's historic center, with its five tons of weight suspended three meters off the ground passing over the parked cars. It was positioned horizontally in front of the museum and its hole filled with newspapers of the past five days. Since that day, every day, a new newspaper has been inserted into the hole pushing out the newspaper from six days before from the other end. Although appearing always the same, Masso con gli ultimi 5 giorni *is always different. The stillness of the stone and its time with no end and no beginning contain an opposite type of time: a quick handful of days, a few human events —insignificant facts for the stone, passing through it without affecting it. When there will be no newspapers, the boulder will go back to being what it was, a stone. Its current artwork state is temporary, a very short digression in its history. But in the meantime, this boulder must be taken care of daily. Every day a newspaper must be bought, and the oldest one replaced and collected, every day, just like washing your face in the morning.*

La grossa pietra arriva dall'Etna, è stata staccata dalla montagna di cui era parte per diventare masso, un corpo a sé stante, potenzialmente immobile. Dalla sua cava di estrazione è stato portato nella mia casa per capire quale sarebbe stata la posizione definitiva della sua massa, cosa sarebbe servito per renderlo ordinatamente orizzontale e per praticare un foro che lo attraversasse da parte a parte. Poi il masso è stato portato a L'Aquila, ha attraversato il centro storico, cinque tonnellate di peso, sospeso a tre metri di altezza per passare sulle auto parcheggiate. È stato posizionato in orizzontale davanti al museo, il foro passante è stato riempito con i giornali degli ultimi cinque giorni. Da quel momento, ogni giorno un nuovo giornale viene inserito nel foro spingendo via dall'altro lato il giornale di sei giorni prima. Apparentemente sempre uguale, *Masso con gli ultimi 5 giorni*, è ogni giorno diverso, l'immobilità della pietra e il suo tempo senza fine e senza inizio contengono un tempo opposto, rapido, un pugno di giorni, un po' di vicende umane, tutte cose trascurabili per la pietra, la attraversano senza intaccarla; quando non ci saranno più i giornali il masso tornerà a essere quello che era, una pietra, il suo stato attuale di opera è temporaneo, una parentesi brevissima nella sua storia. Nel frattempo occorre prendersene cura ogni giorno, comprare il giornale, sostituirlo, raccogliere quello più vecchio, ogni giorno, come lavarsi il viso la mattina.

FRANCESCO ARENA

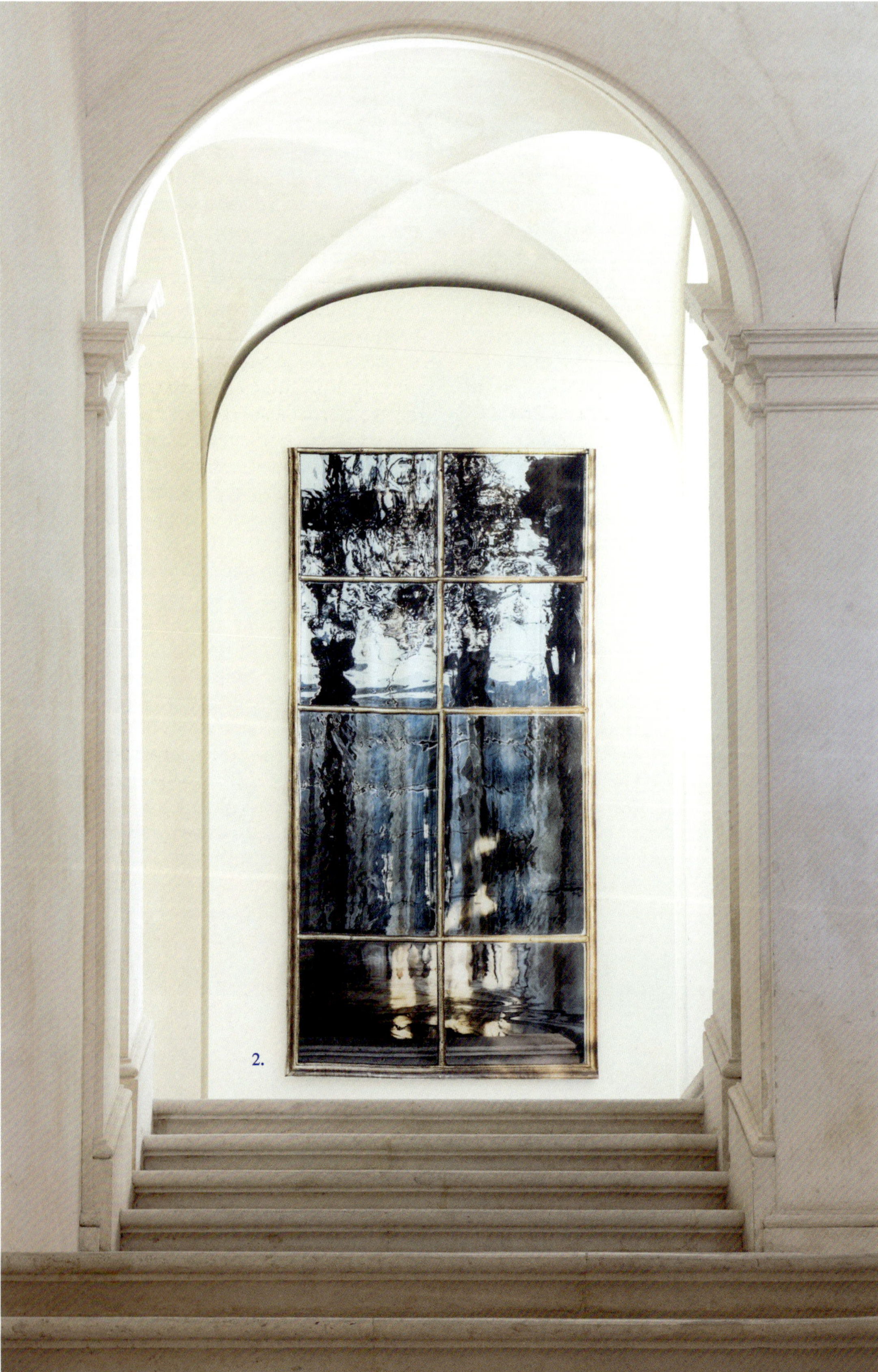
2.

ELISA SIGHICELLI

2.

Untitled (5016), 2018

Photographic print on satin / Stampa fotografica su raso

Italian artist Elisa Sighicelli uses photography to explore perceptual relationships between images, their supports, and the space in which they are exhibited, often printing her works on unusual materials such as silk, glass, and marble to magnify the sculptural nature of the photographic image. The work on view is part of a series of photographs taken by the artist at Palazzo Madama in Turin, the windows of which were shot at different times of the day. The light effects thus obtained, paired with the printing on fabric, locate the picture in a dimension where it is rather difficult to discern reality and abstraction or the representation of what is real and its simulation. The work opens the exhibition, becoming a portal, an invitation for the visitors to follow a route along which images and their meanings constantly change before our eyes.

L'artista italiana Elisa Sighicelli utilizza il mezzo fotografico per esplorare la relazione percettiva tra l'immagine, il suo supporto e l'ambiente circostante, stampando spesso le sue opere su materiali inusuali come la seta, il vetro e il marmo per esaltare la natura quasi scultorea dell'immagine fotografica. L'opera in mostra fa parte di una serie di fotografie realizzate dall'artista a Palazzo Madama a Torino, di cui sono state ritratte le finestre in diverse ore del giorno. Gli effetti luminosi così ottenuti, insieme con la stampa su tessuto, pongono l'immagine in un territorio in cui è difficile distinguere la realtà dall'astrazione, la registrazione del vero dalla sua simulazione. Posta all'inizio del percorso, l'opera diventa così una sorta di portale, un invito per lo spettatore ad addentrarsi in un itinerario in cui le immagini e i loro significati mutano costantemente sotto i nostri occhi.

BENNI BOSETTO

3.

Saturniidae, 2022

Iron, bronze, ceramic, organic materials / Ferro, bronzo, ceramica, elementi naturali
Courtesy: Benni Bosetto; Campoli Presti, Paris

Through sculpture, installation, drawing, and performance, Italian artist Benni Bosetto has developed a visual language in which human, animal, and plant forms are bound in a relationship of mutual exchange and transformation. Saturniidae *is the title of an installation conceived for Palazzo Ardinghelli and named after a family of lepidoptera whose wings present round spots that recall the rings of Saturn. The work takes the shape of large iron necklaces inspired by a centuries-old goldsmith tradition in Abruzzo, which is the production of highly symbolic ornaments, usually gifted to newborn, to offer newborns protection and ensure health and prosperity. By referring to the circular shape of the necklaces and the rings of Saturn, the work evokes the principle of metamorphosis as a life cycle, while the pendants suggest the image of a dismembered human body that merges as much with the animal realm as with the symbols of the local culture and heritage.*

Attraverso scultura, installazione, disegno e performance, l'artista italiana Benni Bosetto elabora un immaginario fantastico in cui le forme umane, animali e vegetali sono colte in un reciproco rapporto di relazione e metamorfosi. *Saturniidae* è il titolo dell'installazione concepita per gli spazi di Palazzo Ardinghelli e che prende in prestito il nome da una famiglia di lepidotteri le cui ali presentano macchie circolari che richiamano gli anelli di Saturno. A partire da questa suggestione, l'artista ha creato grandi collane di ferro ad anelli che si rifanno a una tradizione orafa centenaria presente in Abruzzo, che prevede la produzione di monili ricchi di simboli e destinati ai neonati al fine di proteggerli e assicurarne salute e prosperità. Il riferimento alla forma circolare delle collane e agli anelli di Saturno evoca il principio della metamorfosi in quanto ciclo vitale, mentre i monili che pendono da questi gioielli sovradimensionati suggeriscono l'immagine di un corpo umano smembrato, in grado di fondersi tanto con il regno animale quanto con i simboli della cultura e della tradizione locali.

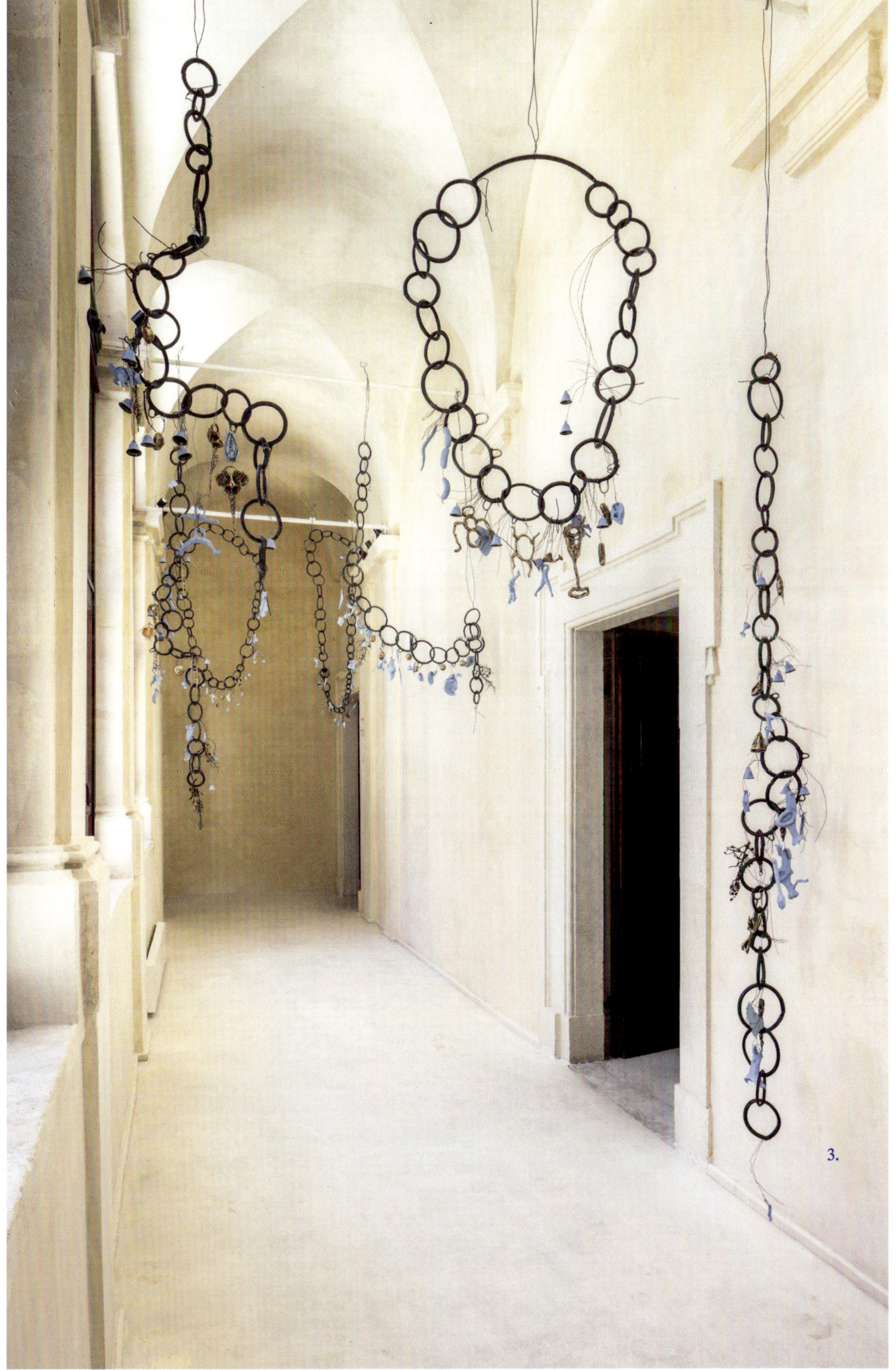

3.

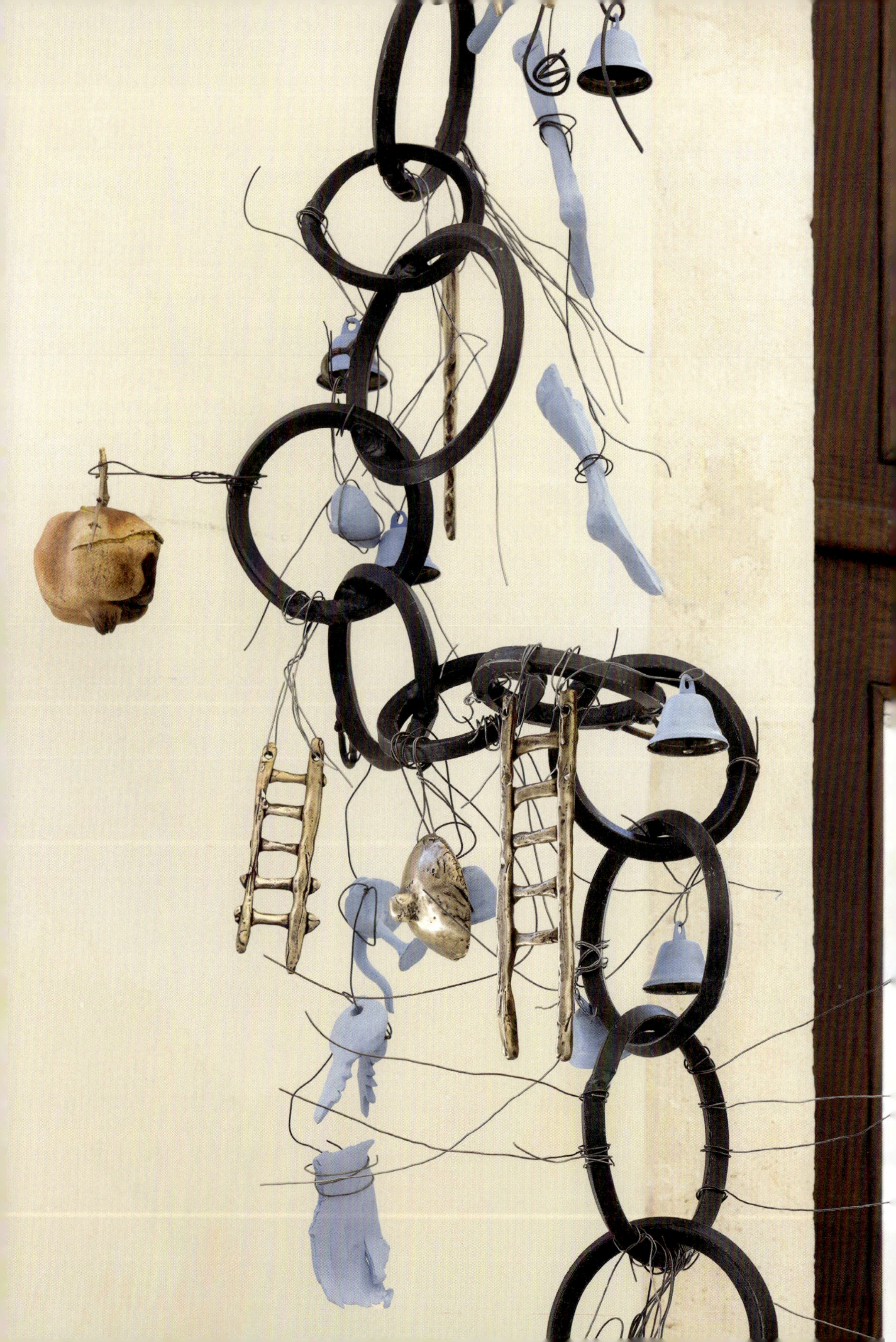

Saturniidae

We are children over a fire,
transmuted divinities, we love
to lose the sense of things to be
able to find what we want.
Small souls under water we blow
to prove our capacity to fly
The room prepares for the dance,
wearing its necklaces and rings.

Cuttlebones with the impressed
outline of amulets
Gold horn on waistcoat
Ciambelle, badger hair and cannella
campanella / bell cinnamon.
Wedded gypsies, stylized foxes
Children of emigrants, gen z children with
forelocks hanging on their waistcoats
The imaginary heals and
has no hierarchies

Some mistake them for the
luminous trails of orbits
Or inebriated particles of water and air
Some pray to them, others
would like to wear them.
A lady of Via Sallustio sees the
Saturniid moth wings fly. The ones
that fly through you when you
pass there under the currents.

Don't worry, he tells her
whispering in her ear,
They protect you, they have
built them for this purpose.
Otherwise, the souls might
not even open their eyes.
That is how things must go!

Saturniidae

Siamo bambini sopra un fuoco,
divinità trasmutate amiamo
perdere il senso delle cose per poter
trovare quello che vogliamo.
Animelle sott'acqua soffiamo per
provare la nostra capacità di volare
La stanza si prepara alla danza,
indossa le sue collane ad anelli.

Ossa di seppia con sagome
di amuleti impresse
Cornetto d'oro sul panciotto
Ciambelle, pelo di tasso e
cannella campanella
Zingare maritate, volpi stilizzate
Figli di emigrati, bambini gen
z con ciuffi appesi al gilet
Il fantastico cura e non ha gerarchie.

Qualcuno le confonde per le scie
luminose delle orbite o particelle
d'acqua e aria festeggianti
inebriate qualcuno le prega,
altri vorrebbero indossarle.
Una signora di via Sallustio
le vede volare
le ali falene di Saturno. Quelle
che quando passi lì sotto le
correnti ti attraversano.

Non ti preoccupare, le dice
sussurrando all'orecchio,
guarda che ti proteggono,
le hanno costruite apposta.
Altrimenti rischi che le anime
non aprono nemmeno gli occhi.
È cosi che deve funzionare!

BENNI BOSETTO

Room 1

Mario Cresci
Oliver Laric
Tala Madani
Mario Schifano

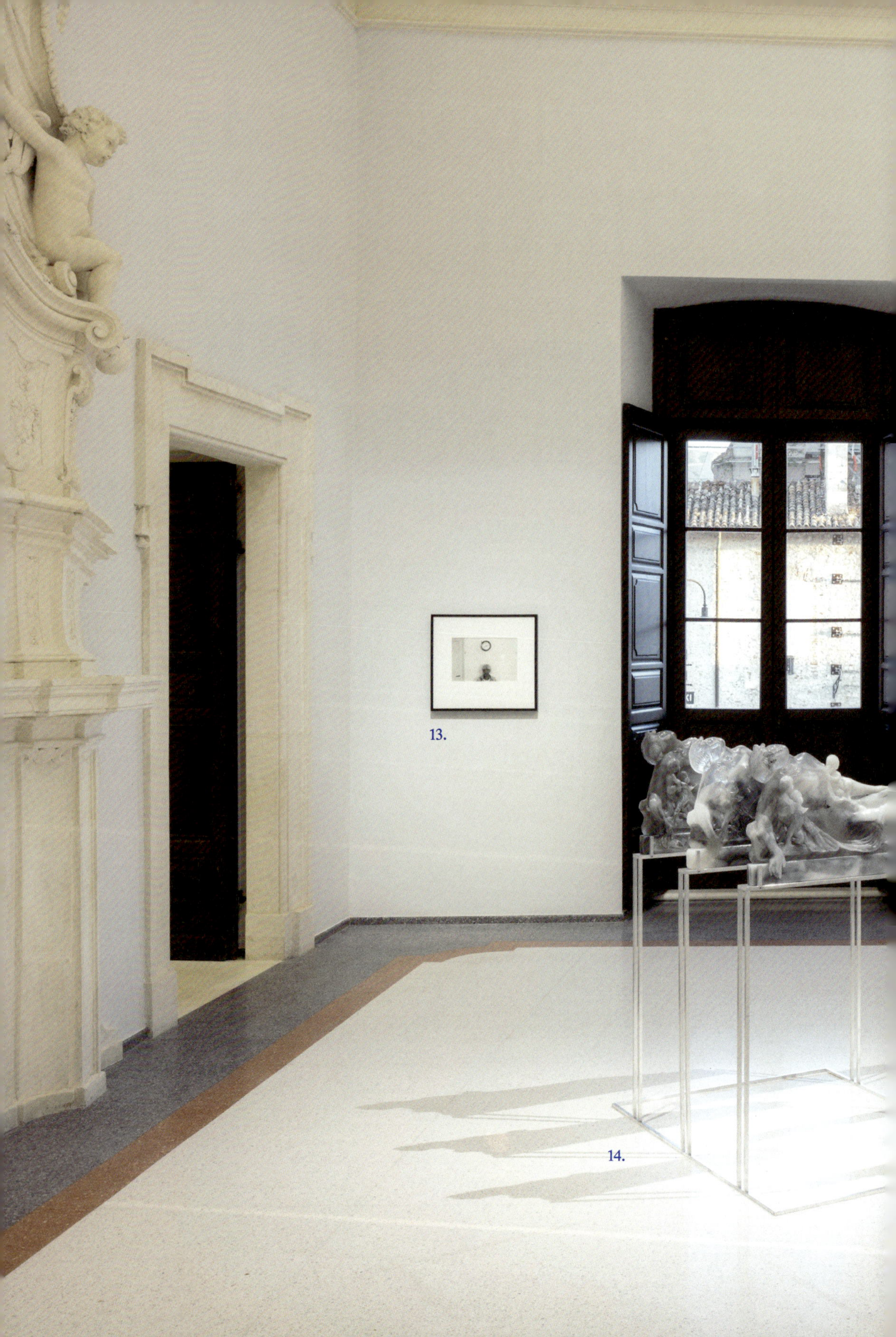

13.
14.

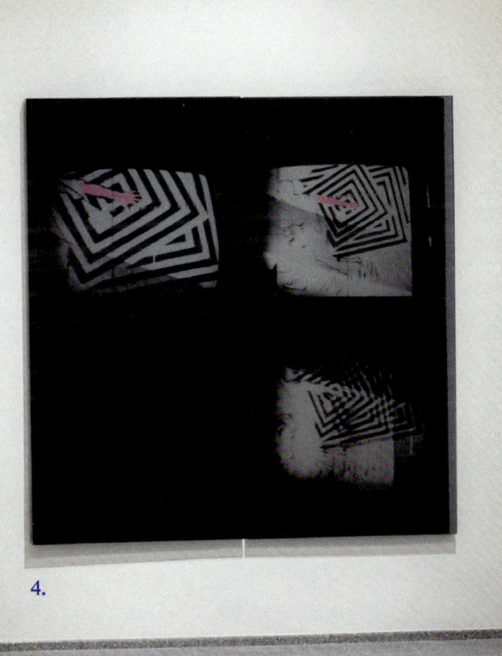

4.

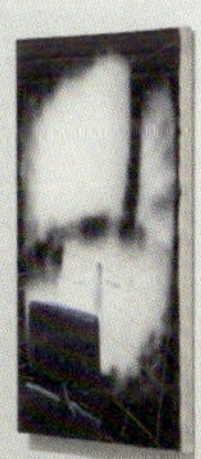

7.

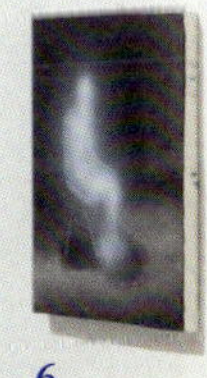

6.

MARIO SCHIFANO

4.

Inventario, 1973–74

Enamel on emulsioned canvas and Perspex / Smalto su tela emulsionata e Perspex
MAXXI Collection / Collezione MAXXI

A leading figure of Pop Art in Italy, Mario Schifano used painting, collage, and video to observe the effects of modernity and mass communication on contemporary society and its visual codes. Following his fascination with the incessant, frantic flow of images across TV screens and on city streets, in 1970, Schifano began using TV images to renovate the traditional language of painting. Inventario is one of the largest works from this period and consists of a diptych realized in emulsion paint on canvas and Perspex, showing three smaller screens with a hypnotic black-and-white pattern. The mutable, evanescent nature of the TV image is highlighted here, as also how it both emerges progressively from the cathodic tube and suddenly disappears. Although his pictorial interventions are limited to dabs of industrially produced color—another reference to modernity and its effects on the painting tradition— the overall kaleidoscope effect includes portions of human figures that seem to flow together with the electronic images.

Principale esponente della corrente della pop art in Italia, Mario Schifano ha utilizzato la pittura, il collage e il video per osservare gli effetti della modernità e della comunicazione di massa sulla società contemporanea e sui suoi codici visivi. Spinto dalla fascinazione per il fluire costante e frenetico delle immagini sugli schermi televisivi e nelle strade delle metropoli, dal 1970 Schifano introduce l'immagine televisiva come elemento di rinnovamento del linguaggio pittorico tradizionale. *Inventario* è una delle opere più grandi di questo periodo e consiste in un dittico su tela emulsionata con Perspex definito da tre schermi più piccoli in cui compare un gioco ipnotico in bianco e nero. Dell'immagine televisiva è qui sottolineata la natura dinamica ed evanescente, la sua progressiva emersione dal tubo catodico e, insieme, l'immediata sparizione. Se gli interventi pittorici sono limitati a qualche macchia di smalto industriale – un altro riferimento alla modernità e ai suoi effetti sulla tradizione della pittura – l'effetto caleidoscopico dell'insieme include porzioni di figure umane che sembrano fluire insieme alle immagini elettroniche.

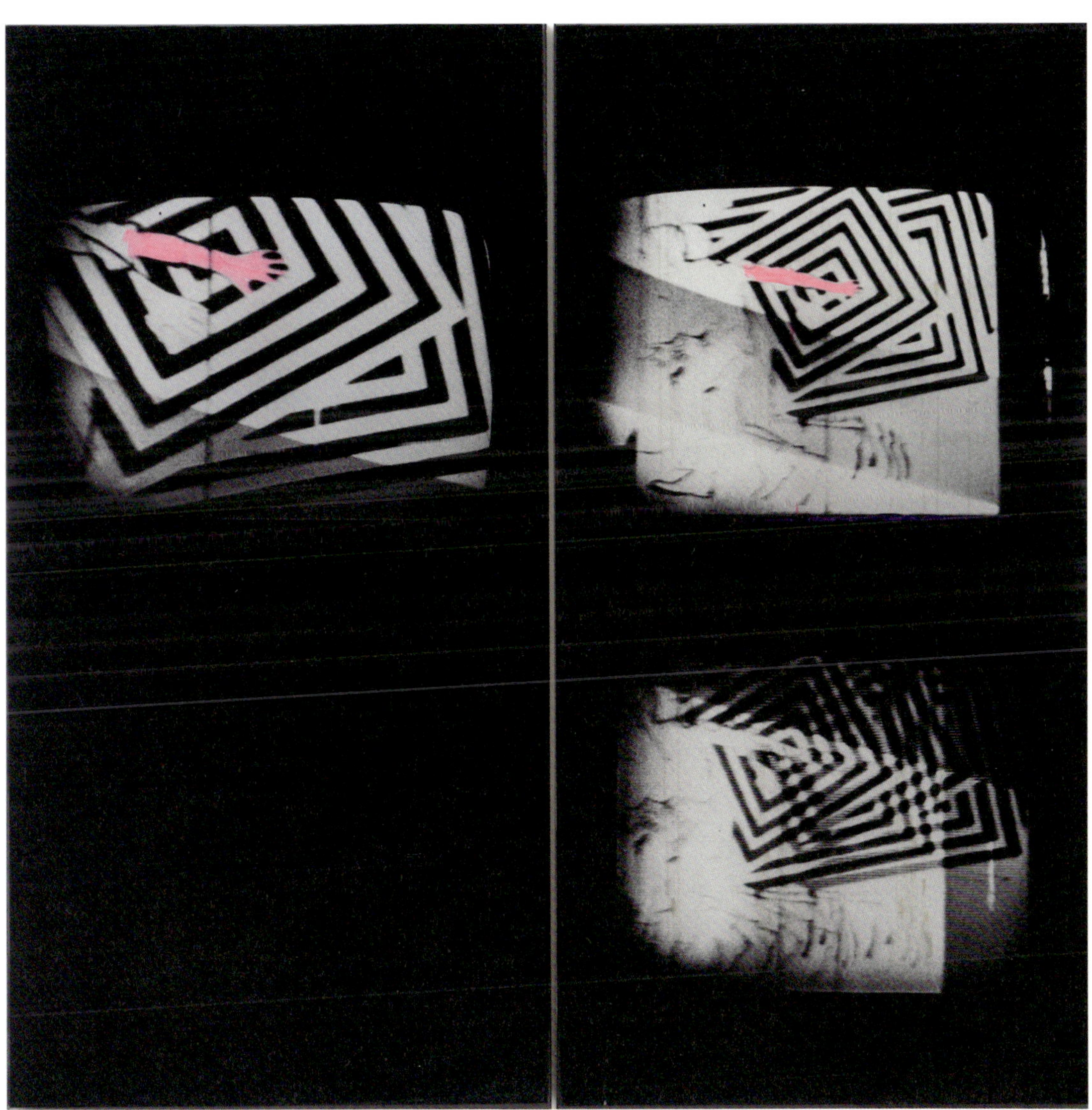

4.

5.

Corner Projection (Dog), 2019

Oil on linen / Olio su lino
Courtesy: Tala Madani; Pilar Corrias Gallery

6.

Ghost Sitter (Blue Chair), 2020

Oil on linen / Olio su lino
Philip Barker Collection / Collezione Philip Barker

7.

Screen Ghost, 2021

Oil on linen / Olio su lino
Courtesy: Tala Madani; Pilar Corrias Gallery

The tragicomic paintings of Iranian artist Tala Madani conjure up enigmatic scenes intending to explore power structures and the construction of male identity. In the paintings Ghost Sitter (Blue Chair) *and* Screen Ghost, *phantasmagorical and ghostly figures are pictured as profoundly isolated and vulnerable: they seem at the same time present and absent, as well as transparent and opaque. A reflection on evanescent lights recurs in the* Corner Paintings *series, often depicting spotlights or projectors beaming their light onto the adjacent panel. The projector's image in Madani's diptych symbolizes of those forces that, despite immaterial, affect our lives. In* Corner Projection (Dog), *a projector casts light onto a canvas, revealing a dog barking at the light while being supported by two anonymous male figures. The dog barks in an attempt to protect themselves from the artificial light while the men seem to try to escape it. Despite the animal's aggressive stance, its reaction is reduced to a grotesque, helpless howl, revealing a limited scope for the response against the media-generated projected light.*

I dipinti tragicomici dell'artista iraniana Tala Madani evocano scene enigmatiche ed esplorano le strutture di potere e la costruzione dell'identità maschile. Nei dipinti in mostra *Ghost Sitter (Blue Chair)* e *Screen Ghost*, figure fantasmagoriche e spettrali sono ritratte come isolate e vulnerabili: sembrano allo stesso tempo presenti e assenti, trasparenti e opache. Una riflessione sulle luci evanescenti ricorre nella serie *Corner Paintings*, che spesso raffigura faretti o proiettori che irradiano luce sul pannello adiacente. L'immagine del proiettore nei dittici di Madani diventa simbolo di quelle forze che, pur essendo immateriali, condizionano la nostra vita. In *Corner Projection (Dog)*, la luce di un proiettore illumina una tela in cui un cane abbaia alla fonte luminosa mentre è sostenuto da due figure maschili anonime. Il cane abbaia nel tentativo di proteggersi dalla luce artificiale, mentre gli uomini sembrano scappare da essa. Nonostante l'atteggiamento aggressivo dell'animale, tuttavia, la sua reazione si riduce a un ululato grottesco e inoffensivo, rivelando una replica di scarsa efficacia contro la luce generata dai media.

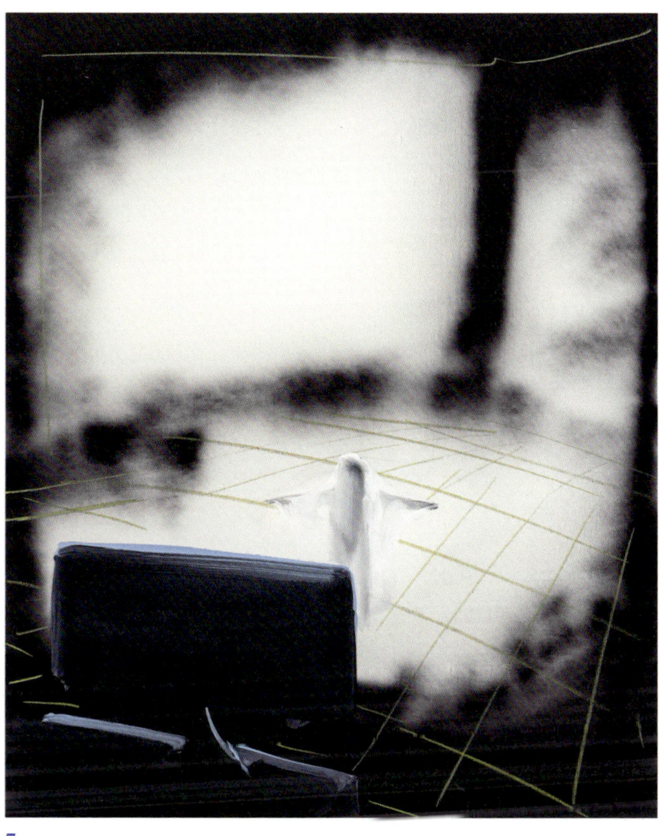

7.

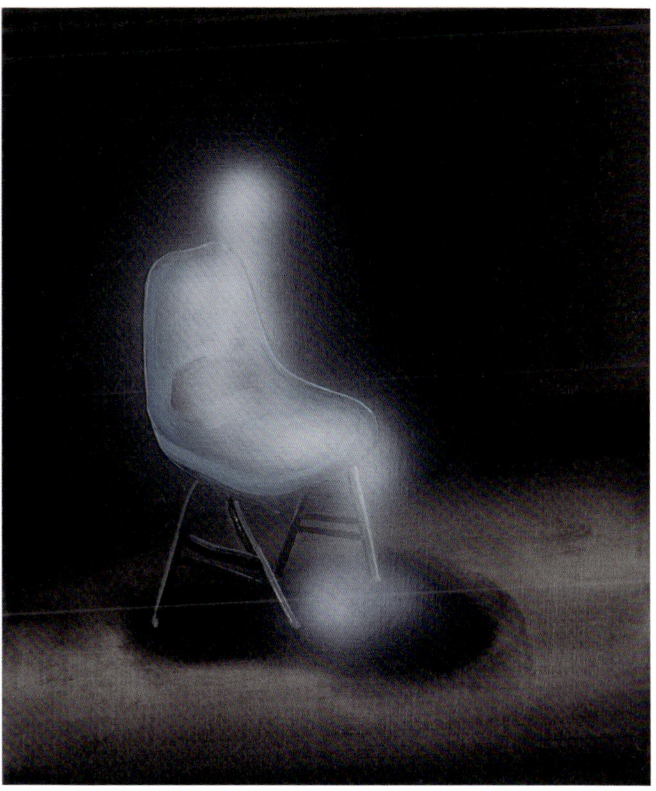

6.

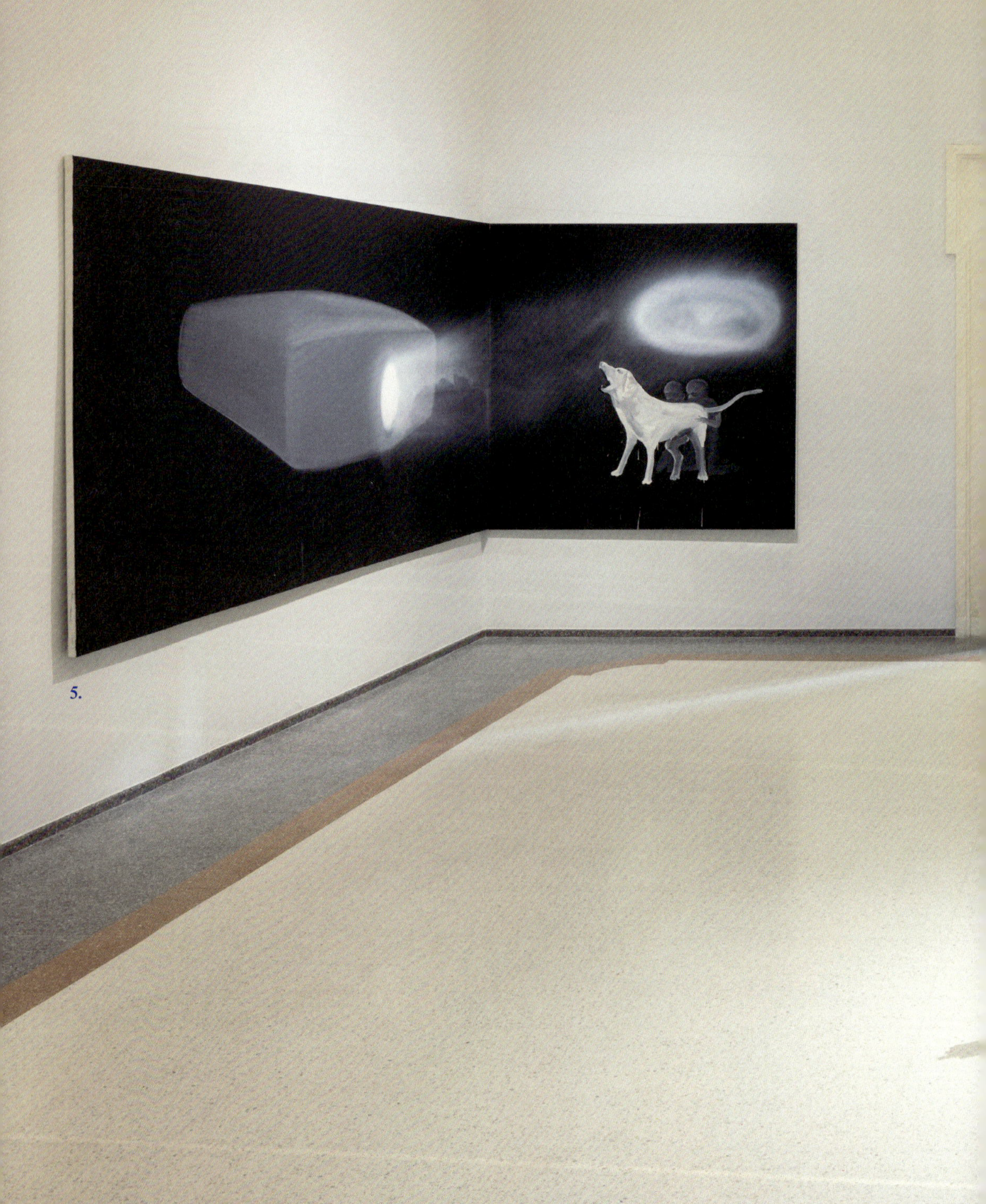

5.

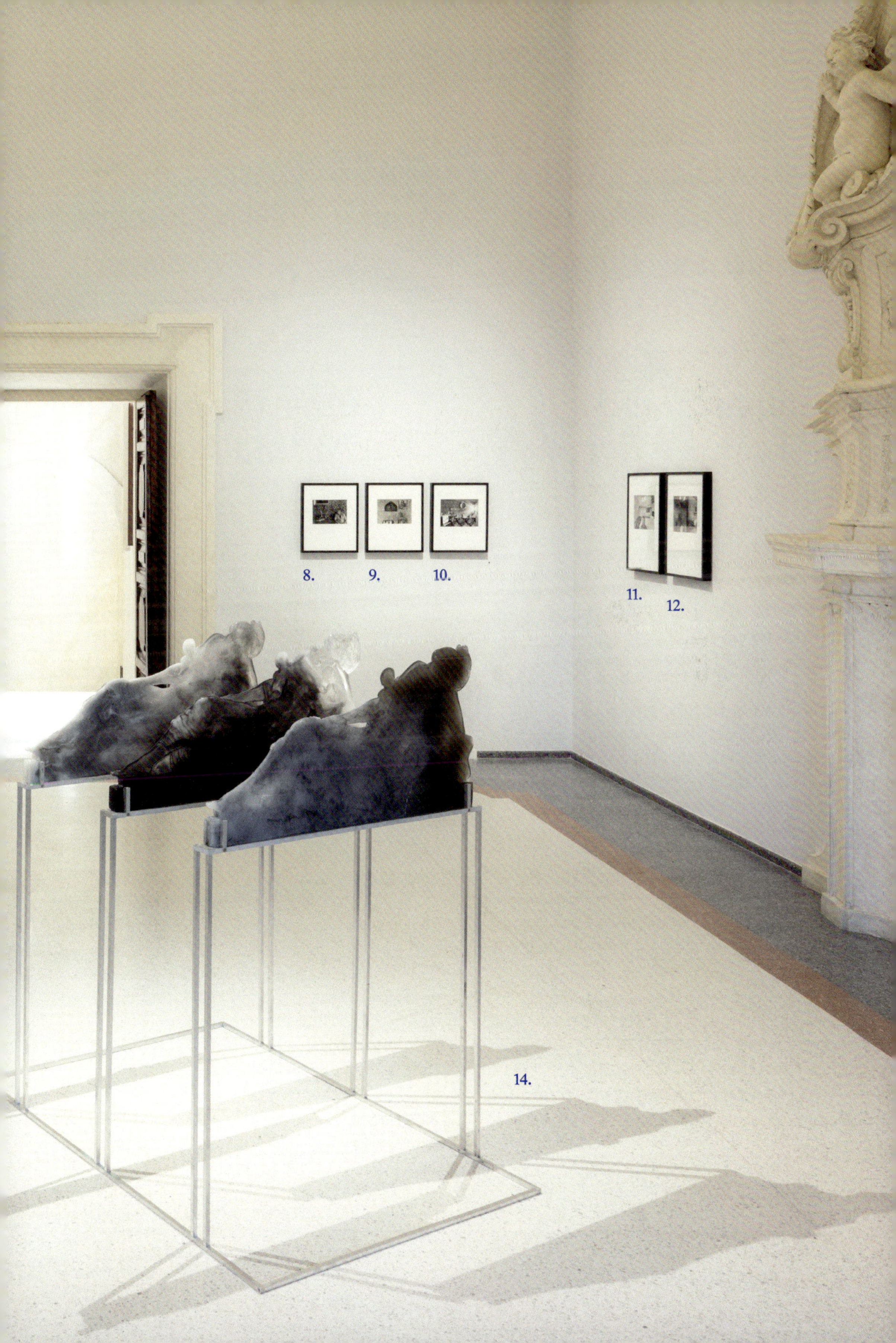

8.
9.
10.
11.
12.
14.

8.

Autoritratto, dalla serie *Interni mossi, Barbarano Romano,* 1978–79

9.

Autoritratto, dalla serie *Interni mossi, Barbarano Romano,* 1978

10.–11.

Interni mossi, Barbarano Romano, 1978–79

12.–13.

Interni mossi, Barbarano Romano, 1978

Silver salt print on baryta paper / Stampa ai sali d'argento su carta baritata
MAXXI Collection / Collezione MAXXI

Since the 1960s, Italian artist Mario Cresci has investigated the medium of photography in its formal and conceptual aspects, as well as its anthropological and social implications. The pictures on view are part of a series produced between 1967–79 at Barbarano Romano in the Lazio region. Together, they illustrate Cresci's research on the photographic representation of the daily relationships between individuals, objects, and living spaces. While domestic things and interiors are clearly distinguishable, individuals are depicted as mobile, transient, and almost evanescent subjects. This series reflects the artist's interest in pictures as a deposit for memory, manifesting an "... awareness of life and death as two indivisible scenarios, therefore images are nothing more than the transformation of events that linger on in the background of our ever-flowing lives." [1]

Sin dagli anni Sessanta, l'artista italiano Mario Cresci è impegnato in una pratica che del medium fotografico indaga tanto gli aspetti formali e concettuali, quanto le implicazioni antropologiche e sociali. Gli scatti in mostra fanno parte di un'ampia serie realizzata tra il 1967 e il 1979 a Barbarano Romano nel Lazio, e sono esemplificativi di una ricerca sulla rappresentazione fotografica del rapporto quotidiano tra individui, oggetti d'uso e spazi abitativi. Mentre gli oggetti e gli interni domestici sono perfettamente leggibili, gli individui sono ritratti come presenze mobili, transitorie e quasi evanescenti. Questa serie testimonia l'interesse di Cresci per l'immagine fotografica come deposito di memoria, manifestando "[...] la consapevolezza della vita e della morte come due eventi indissolubili, per cui le immagini non sono altro che la trasformazione di eventi che si trascinano dietro gli attimi della vita che scorre".[1]

1.   *Mario Cresci,* L'immagine effimera, *in* Mario Cresci. L'archivio della memoria. Fotografia nell'area meridionale 1967/1980 *(Torino 1980), n.p.*

1.   Mario Cresci, *L'immagine effimera,* in *Mario Cresci. L'archivio della memoria. Fotografia nell'area meridionale 1967/1980*, Torino 1980, s.p.

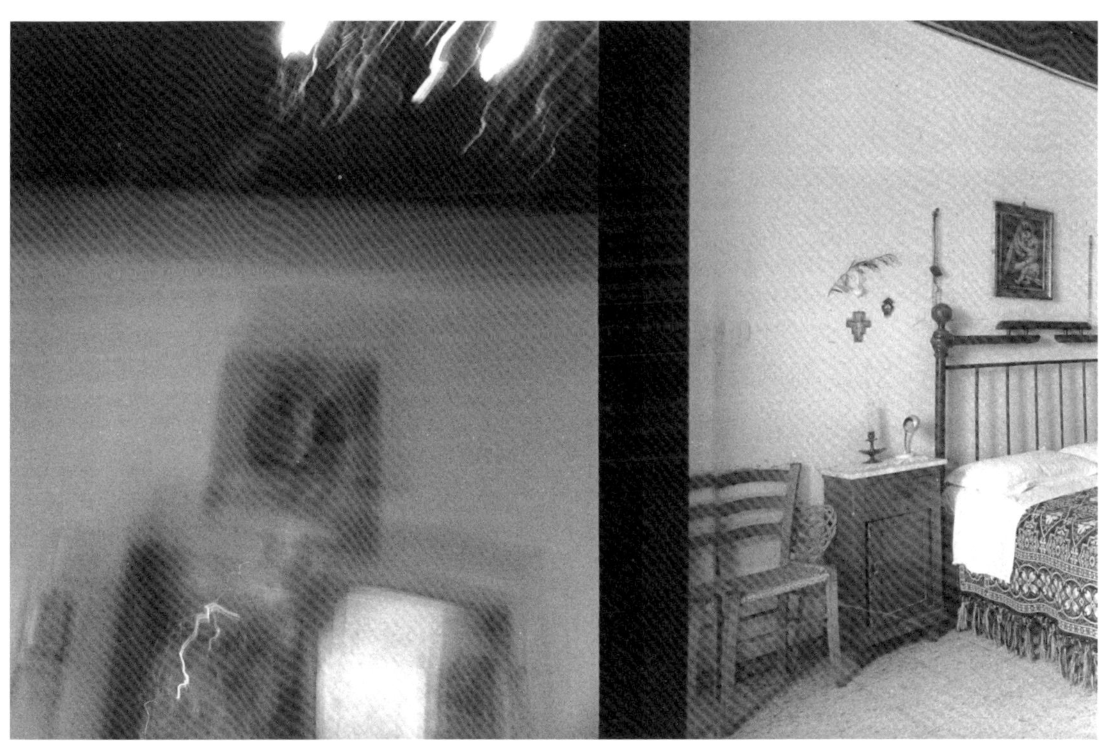

12.

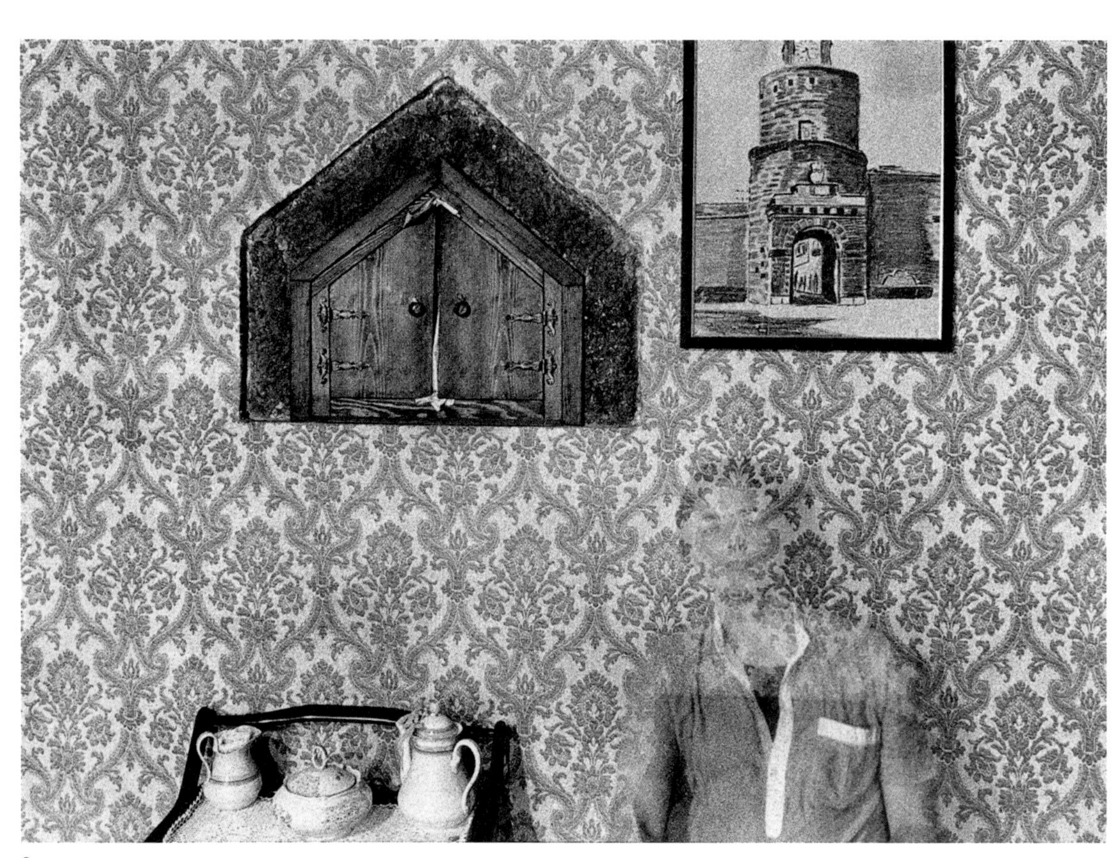

9.

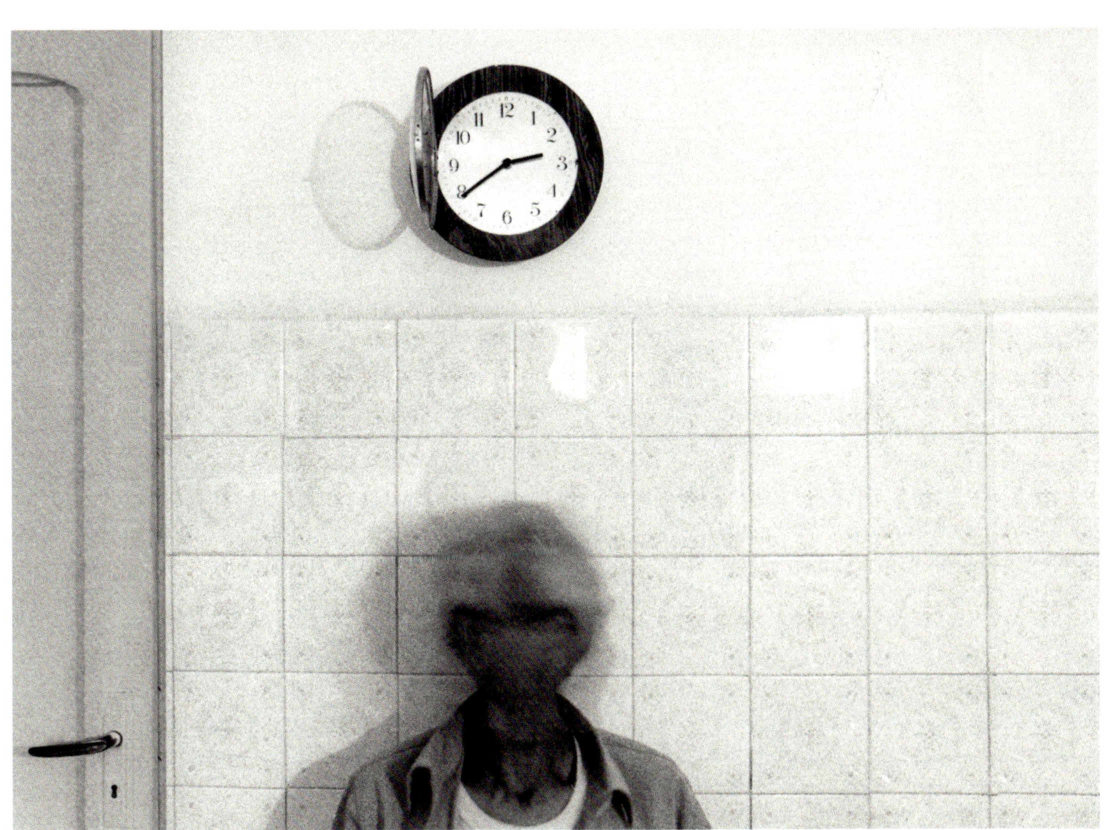

13.

OLIVER LARIC

14.

Sleeping Figure, 2022

Marble powder, granite powder, pigments, resin, aluminum /
Polvere di marmo, polvere di granito, pigmenti, resina, alluminio
Courtesy: Oliver Laric; Tanya Leighton, Berlin/Los Angeles; Pedro Cera, Lisboã

Since 2012, Austrian artist Oliver Laric has scanned and recreated sculptures from different eras via 3D technology. While the resulting casts and 3D prints are displayed as works of contemporary art, the files generated by scanning the original statues are available online with no copyright restrictions, establishing a relationship between the objects' material existence and their immaterial dissemination as information. The work on view is a cast of a Roman marble statue (I–II century B.C.) that portrays a sleeping Hermaphroditus (according to the mythic terminology) surrounded by cherubs. Preserved at the National Museums Liverpool, the statue was significantly modified in the early 1800s by English collector Henry Blundell, who removed the male genitals and cherubs, thereby transforming its meaning into that of Venus. Starting from a drawing at the British Museum in London, which shows the statue before it was altered, Laric reconstructed the statue's original features along with Ran Manolov, a digital sculptor who works in the area of video games and special effects. The sculpture—suspended between archaeological philology and technological imagination—is presented as a series of three copies, thus embodying the progressive metamorphosis of artifacts and meanings as they move through time and space.

Dal 2012, l'artista austriaco Oliver Laric porta avanti una serie di opere in cui sculture di differenti epoche sono scansionate e ricreate con una tecnologia 3D. Da una parte i calchi e le stampe 3D così ottenuti sono mostrati come opere d'arte contemporanea, dall'altra i file generati dalla scansione degli originali sono resi disponibili online dall'artista senza restrizioni di copyright, in una relazione tra l'esistenza materiale degli oggetti e la loro diffusione immateriale in quanto informazioni. L'opera in mostra deriva da un marmo romano (I-II sec. a. C.) raffigurante un Ermafrodito (secondo la terminologia del mito) che dorme circondato da putti. Conservata oggi presso il Museo Nazionale di Liverpool, la statua è stata manomessa nei primi anni del 1800 da parte del collezionista inglese Henry Blundell, che sottraendole l'organo genitale maschile e i putti ne ha trasformato iconografia e significato da Ermafrodito a Venere. A partire da un disegno conservato al British Museum di Londra che mostra la statua prima dell'alterazione, Laric ne ha ricostruito le sembianze originarie in collaborazione con Ran Manolov, uno scultore digitale attivo nel campo dei videogiochi e negli effetti speciali. Sospesa tra filologia archeologica e immaginazione tecnologica, la scultura si presenta come una serie di tre copie, incarnando così la continua metamorfosi di manufatti e significati nel loro attraversare il tempo e lo spazio.

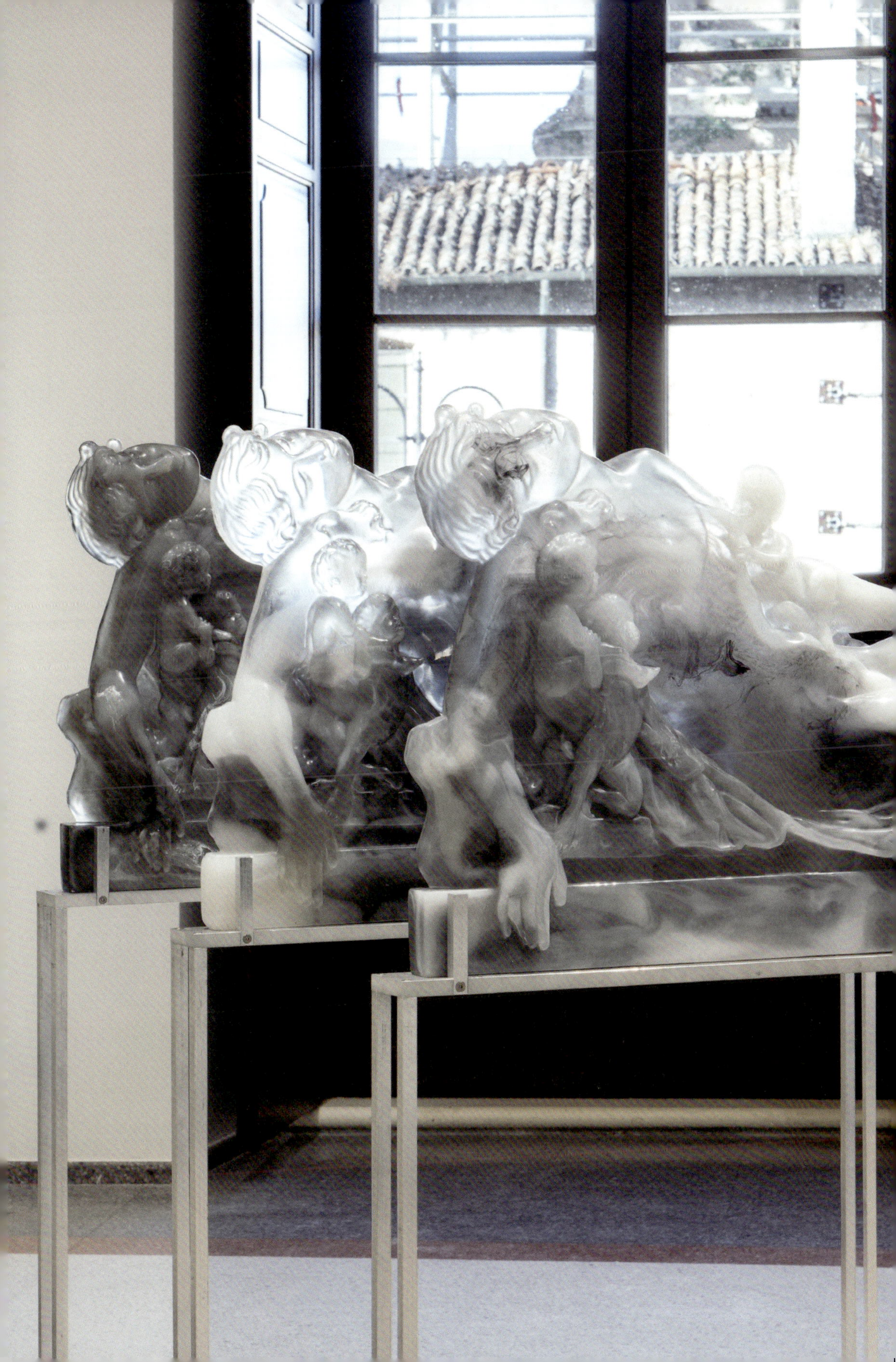

In the eighteenth century, the British art collector Henry Blundell altered a Roman copy of a Hellenistic Hermaphroditus (child of Hermes and Aphrodite). Blundell exclaimed that "[...] by means of a little castration and cutting away the little brats, it became a sleeping Venus and as pleasing a figure as any in this collection." A drawing in the Townley Collection (British Museum) shows the figure before Blundell's drastic modifications. Blundell's removal of the infants required some re-carving under the right armpit where new drapery is introduced. It's possible that some other restorations may have occurred before Blundell's purchase as is denoted by jagged lines that join the arms and left leg. In 2021, I approached the National Museums Liverpool which thankfully allowed me to make a 3D scan. I worked with the digital sculptor Ran Manolov who reimagined the missing elements and Nacho Riesco who flattened the full volume into a bas relief. The digital file was 3D printed in SLA resin from which a silicone mould was cast. A blend of powdered marble and granite with resin was then cast from this mould. The raw scan from Liverpool and digitally restored version are accessible for download and free use via threedscans.com.

Nell'Ottocento, il collezionista d'arte britannico Henry Blundell modificò una copia romana di un Ermafrodito (figlio di Ermes e Afrodite) di periodo ellenistico. Blundell sosteneva che "[...] è bastata una piccola castrazione e l'eliminazione dei bambini perché divenisse una Venere dormiente, una statua piacevolissima nella mia collezione". Un disegno della Townley Collection (al British Museum) mostra la figura prima che Blundell apportasse i suoi drastici interventi. La rimozione dei neonati richiese ulteriori lavori d'intaglio sotto l'ascella destra, dove venne introdotto un nuovo drappeggio. È possibile che fossero stati effettuati altri restauri prima che Blundell acquistasse la statua, come denotano le linee di congiunzione dentellate tra le braccia e la gamba sinistra. Nel 2021 ho contattato il National Museum di Liverpool, che fortunatamente mi ha permesso di realizzare una scansione 3D. Ho collaborato con lo scultore digitale Ran Manolov, che ha re-immaginato gli elementi mancanti, e con Nacho Riesco, che ha appiattito il volume pieno in un bassorilievo. Il file digitale è stato stampato in 3D con una resina stereolitografica, da cui è stato ricavato uno stampo in silicone. Quindi nello stampo è stata versata una miscela di marmo e granito polverizzato e resina. La scannerizzazione non modificata del museo di Liverpool e la versione digitalmente restaurata della statua sono disponibili gratuitamente per il download e l'utilizzo all'indirizzo threedscans.com.

OLIVER LARIC

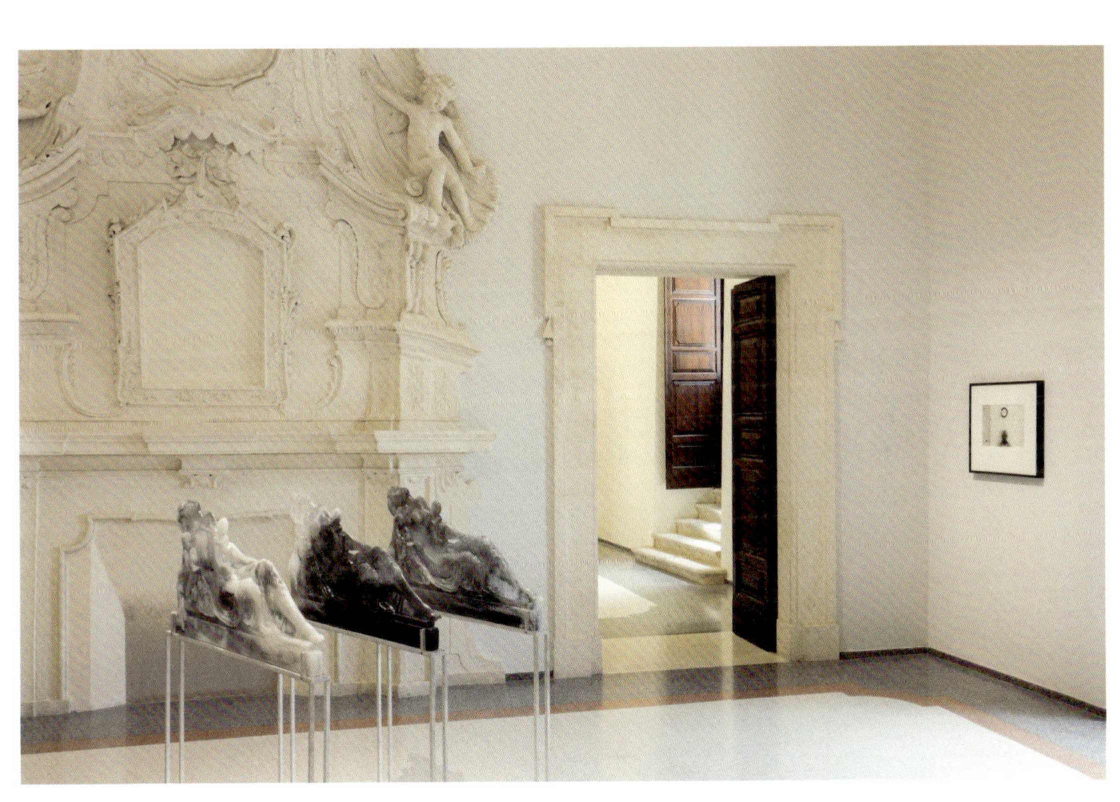

Room 2

Paolo Gioli
Bronwyn Katz
Danh Vo

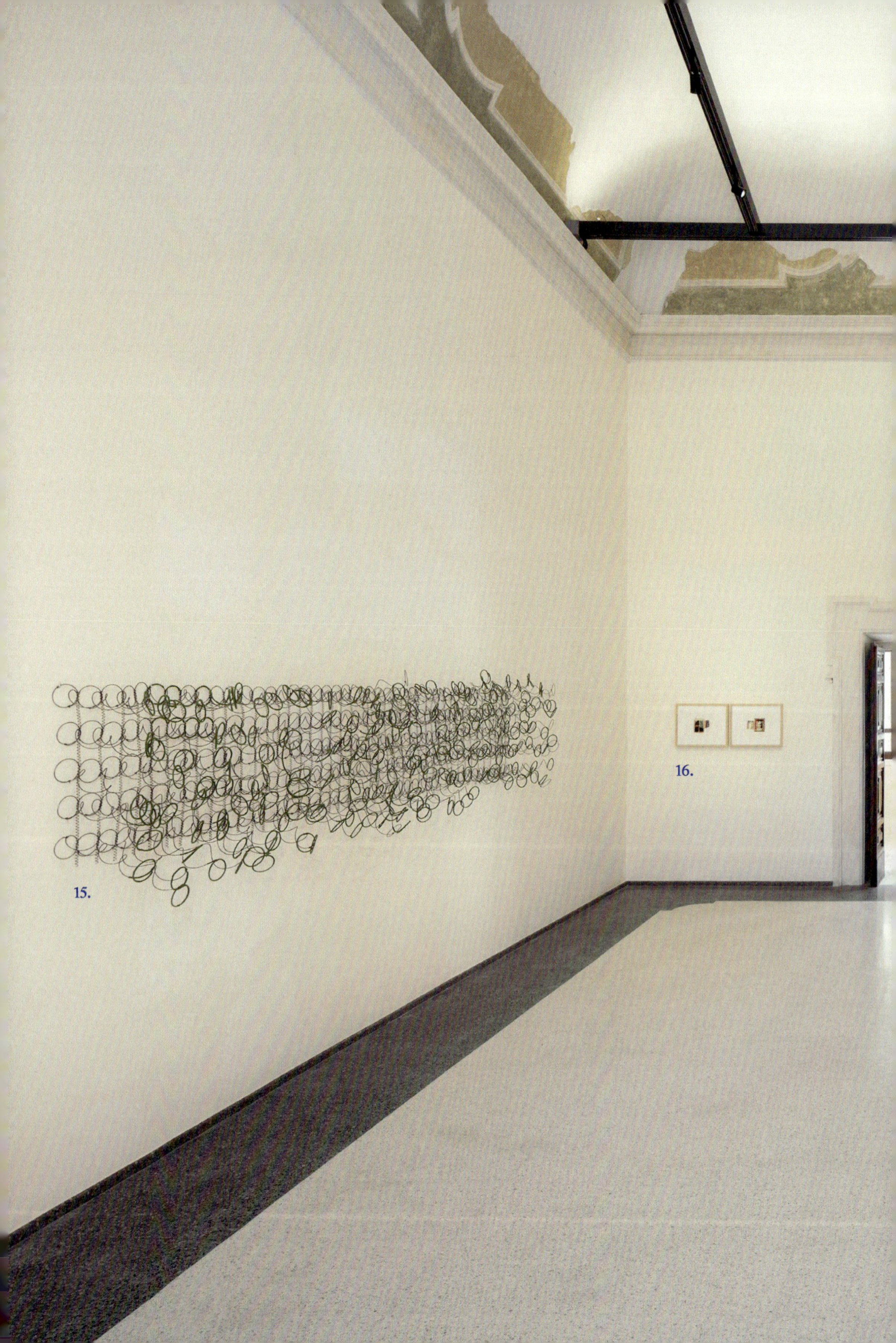

15.

16.

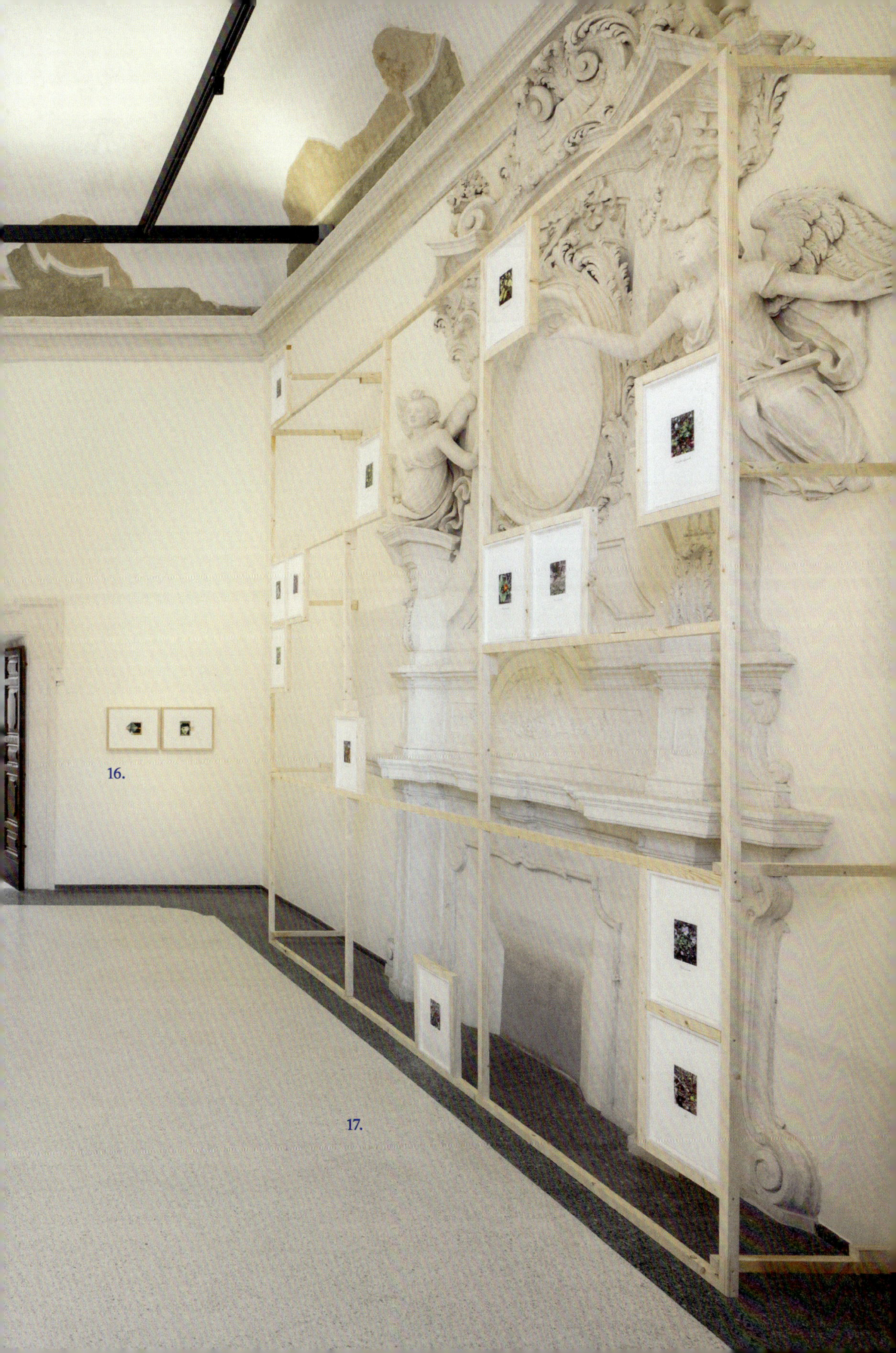

16.
17.

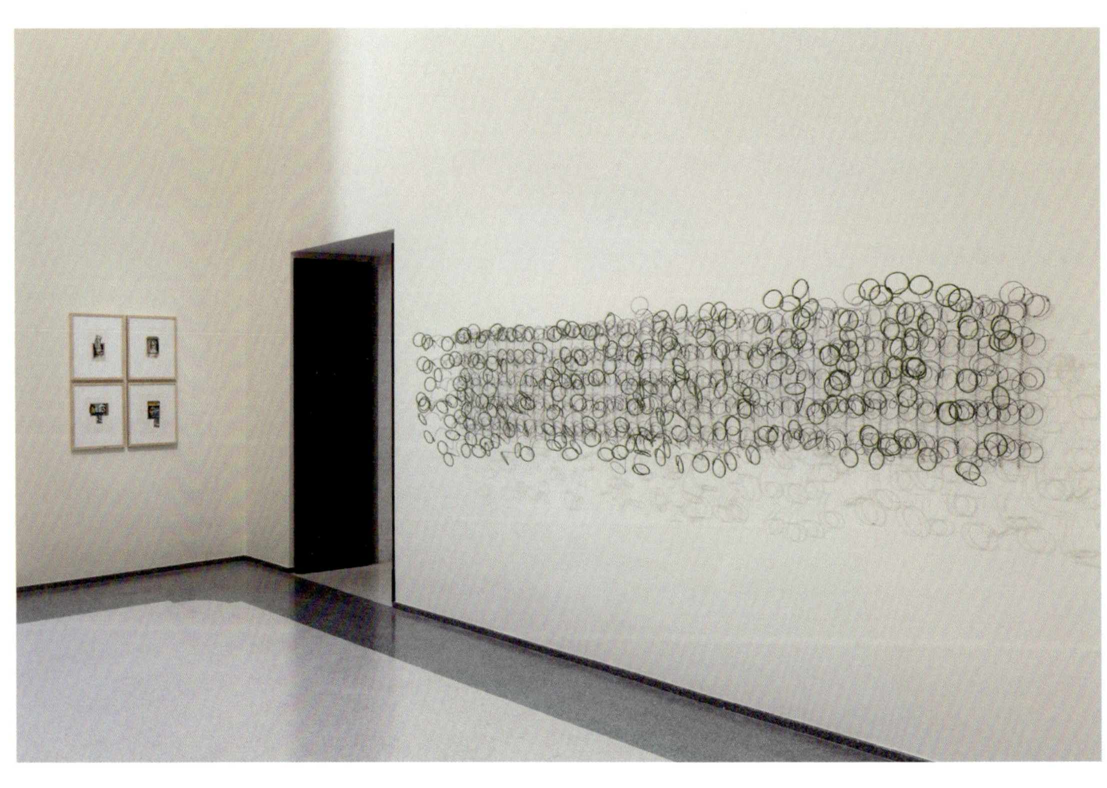

15.

Groei Grond, 2017

Salvaged bed springs and wool / Molle di recupero e lana
Private collection, Milan / Collezione privata, Milano

Through sculpture, installation, video, and performance, South African artist Bronwyn Katz engages with mapping processes and the concepts of loss, memory, and language in relation to land and culture. Katz manipulates found materials and everyday objects, exploring their narrative qualities while transforming them with her speculative language. Made of salvaged bed springs and wool sourced in Johannesburg, where the artist lived during the making of the work, Groei Grond is a three-dimensional drawing that refers to the socio-political context of its making, with the materials embodying the persistence of memories and feelings. It is also a reflection on the rapid gentrification of the city that comes with the evictions of its residents and, often, their poverty. As the artist states: “I am interested in the possibility of these sculptural drawings being read as markers of movement (forced or voluntary) or markers of space or place having been occupied.”[1]

Attraverso sculture, installazioni, video e performance, l'artista sudafricana Bronwyn Katz si confronta con i processi di mappatura e i temi della perdita, della memoria e del linguaggio in relazione all'appartenenza territoriale e culturale. Katz trasforma materiali trovati e oggetti comuni, esplorandone le qualità narrative attraverso un linguaggio speculativo. Costituita di lana e reti di materassi trovati a Johannesburg – dove l'artista ha vissuto durante la creazione dell'opera – *Groei Grond* è un disegno tridimensionale che evoca il contesto socio-politico in cui è stata realizzata, attraverso materiali che trattengono ricordi e stati d'animo. Il lavoro è anche una riflessione sul rapido processo di gentrificazione della città sudafricana, che ha come conseguenza lo sfratto dei suoi residenti e, spesso, il loro impoverimento. Come afferma l'artista: “Sono interessata alla possibilità che questi disegni scultorei siano letti come segni di un movimento (forzato o volontario) o tracce di spazi o luoghi occupati”.[1]

1. *“Bronwyn Katz. I turn myself into a star and visit my loved ones in the sky,”* White Cube Bermondsey, *May 12–June 27 2021: https://whitecube. com/exhibitions/exhibition/bronwyn_katz_ bermondsey_2021.*

1. “Bronwyn Katz. I turn myself into a star and visit my loved ones in the sky”, *White Cube Bermondsey,* 12 maggio-27 giugno 2021, https://whitecube. com/exhibitions/exhibition/bronwyn_katz_ bermondsey_2021.

16.

Cameron Obscura, 1981

Polaroid Polacolor type 89, silk, and pencil on drawing paper /
Polaroid Polacolor type 89, seta e matita su carta da disegno
Private collection / Collezione privata

*The works on display are part of the
Cameron Obscura series. The title is a pun
between the last name of Julia Margaret
Cameron, an English photographer and one
of the foremost portrait photographers of
the nineteenth century, and the Italian term
for dark room (that is "camera oscura"), the
basic technique of photography. Paolo Gioli
photocopied and photographed three volumes
of Cameron's work using contact and
projection printing, then intervened using
a silkscreen that allows the colors to filter
through. In this way, the result is similar to
that of a fresco with portions that have been
detached from the wall, highlighting the
material nature of the image, or its "skin."
Although he considered the past as a point
of reference for his work, the artist read
it through a deeply personal and creative
approach, evoking the idea that images can
continue to survive not only as documents
but as sensitive entities.*

Le opere in mostra fanno parte della serie
Cameron Obscura, il cui titolo è un gioco di
parole tra il nome di Julia Margaret Cameron
– la fotografa inglese tra le più importanti
ritrattiste del diciannovesimo secolo – e il
termine "camera oscura", ovvero il dispositi-
vo ottico all'origine della tecnica fotografica.
Paolo Gioli ha fotocopiato e fotografato per
contatto e per proiezione, tre volumi sull'o-
pera di Cameron, intervenendo sulla pellicola
con frammenti di seta serigrafica che hanno permesso al colore di filtrare. In questo
modo, egli ha ottenuto un procedimento
simile allo strappo di un affresco, mettendo
quindi in luce la natura materiale dell'immagine, la sua "pelle". La relazione con il
passato in quanto modello di riferimento
avviene all'insegna di un atteggiamento pro-
fondamente personale e creativo, evocando
l'idea che le immagini possano continuare
a sopravvivere non solo come documenti,
ma anche come entità sensibili.

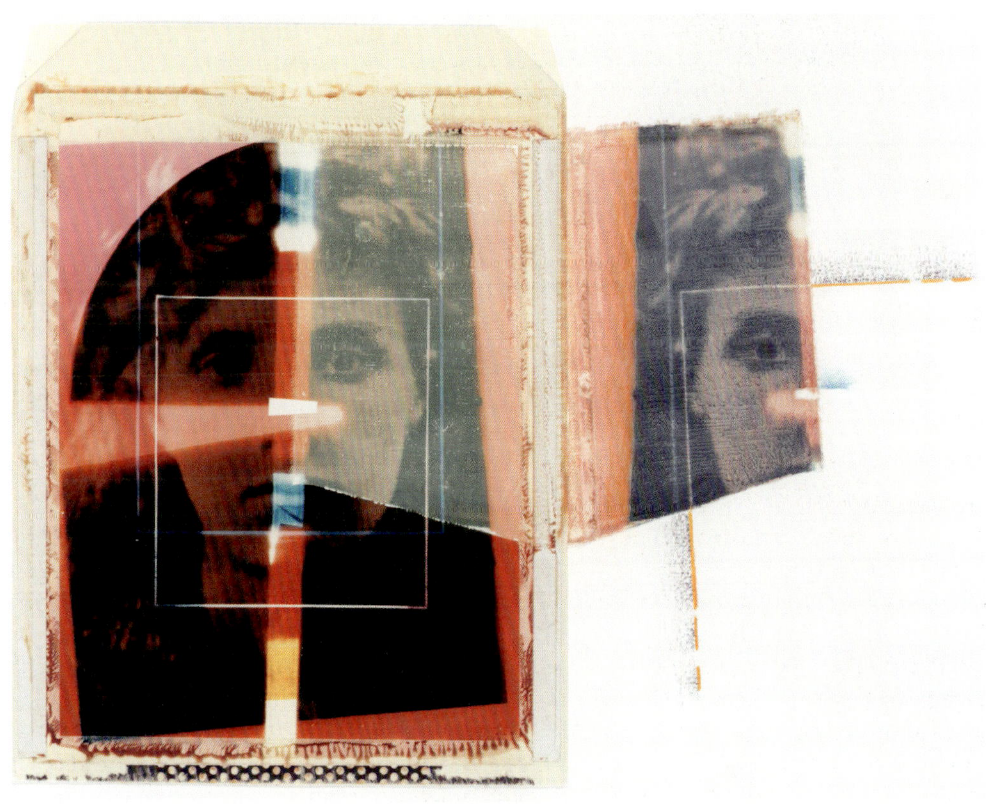

16.

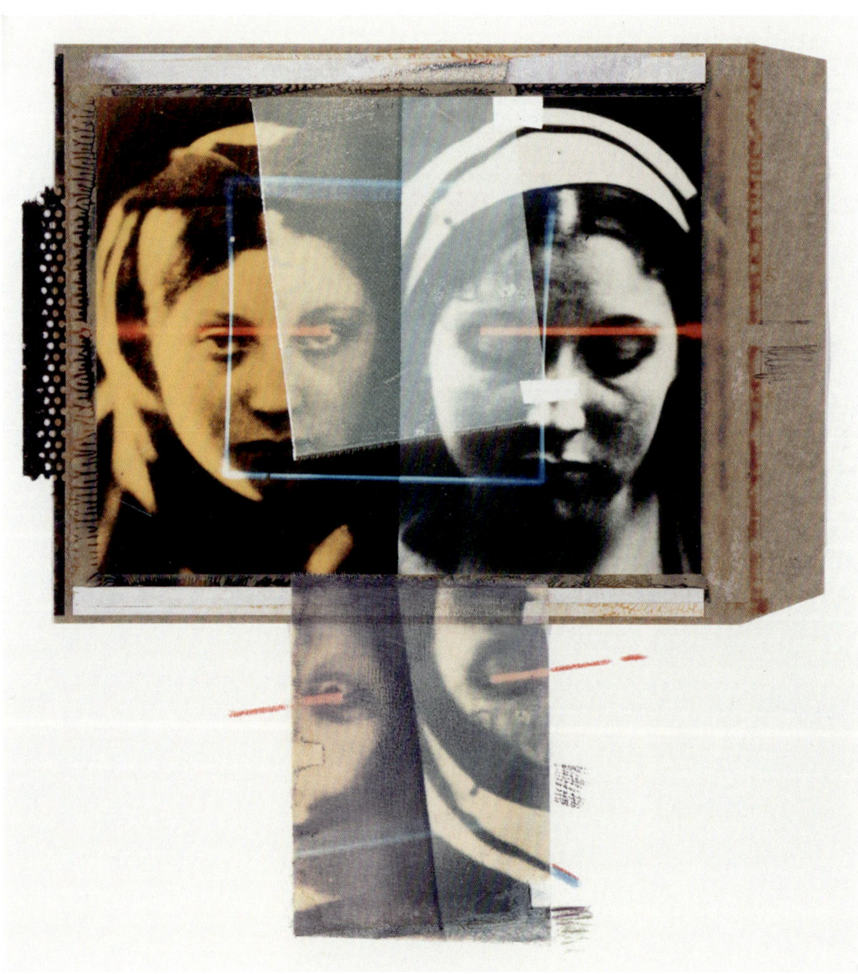

16.

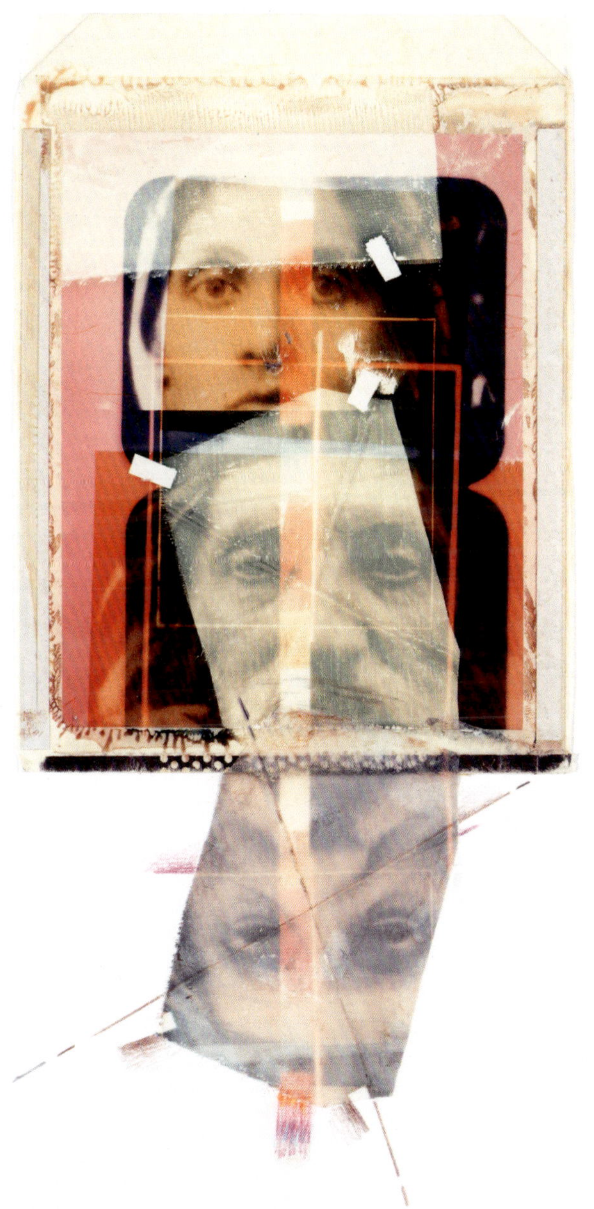

16.

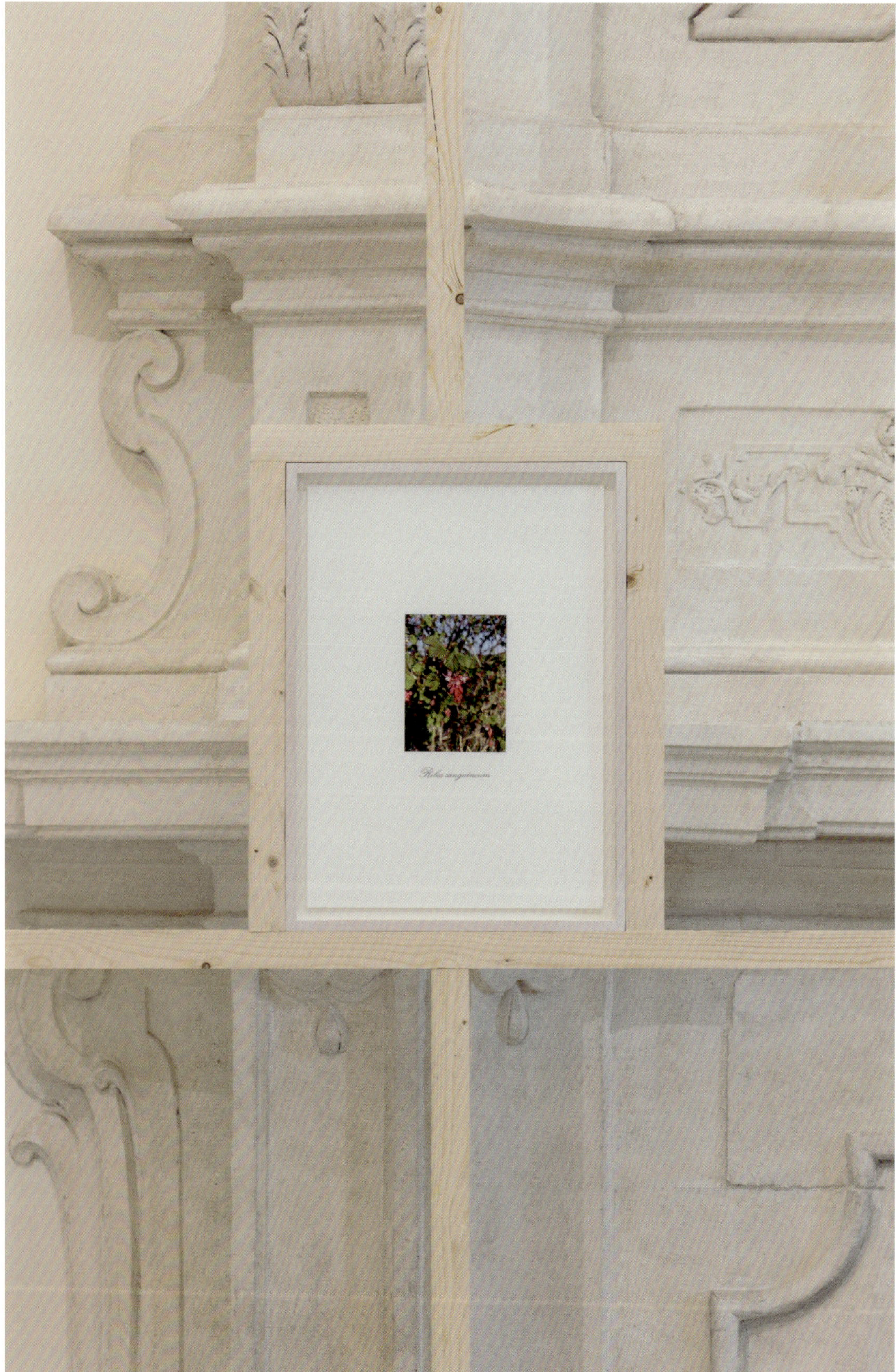

Ribes sanguineum

17.

Untitled, 2022

Pencil on paper and C-print, writing by Phung Vo, wood / Matita su carta
e stampa fotografica con intervento calligrafico di Phung Vo, legno
Courtesy: Danh Vo; White Cube

Vietnamese-born Danish artist Danh Vo often draws materials from his personal experiences to address broader issues related to identity and heritage. Through fragments of found objects like sculptures, photographs, or documents, Vo creates historically-layered assemblages of objects that metaphorically manifest the impact of belief and power systems—from capitalism to colonialism and religion—on personal narratives. The series of photographs on view punctuates—with a specially-conceived timber structure—a monumental fireplace of Palazzo Ardinghelli, creating a dialogue between the architecture of nature and the space built by humankind. Mysterious and lyrical, they depict wildflowers growing in the garden surrounding the artist's studio and farm in Güldenhof, Germany. The Latin names in beautiful calligraphy by his father, Phung Vo, accompany the photographs. Between classification and contamination, Vo brings the tension between individual experiences and taxonomy inside the museum: "How human beings perceive nature is the same discussion as to how we perceive gender, or race, or whatever we have been delving into as a society. Identity opens up all these complex facets of what categorization means." [1]

L'artista danese di origini vietnamite Danh Vo utilizza spesso materiali tratti dalla sua autobiografia per affrontare questioni più ampie relative all'identità e al retaggio culturale. Attraverso frammenti di sculture, fotografie o documenti, Vo crea assemblaggi ricchi di storie che manifestano sul piano metaforico l'impatto dei sistemi di credenze e di potere – dal capitalismo al colonialismo fino alla religione – sulle esistenze individuali. La serie di fotografie in mostra è allestita all'interno di una struttura in legno concepita in relazione a un monumentale camino di Palazzo Ardinghelli, creando un dialogo tra l'architettura della natura e lo spazio costruito dall'uomo. Queste immagini liriche e misteriose ritraggono fiori selvatici del giardino che circonda lo studio e la fattoria dell'artista a Güldenhof, in Germania, e sono accompagnate dai nomi latini delle specie trascritti in calligrafia da Phung Vo, il padre dell'artista. Tra classificazione e contaminazione, Vo porta all'interno del museo la tensione tra esperienze individuali e tassonomia: "Il modo in cui gli esseri umani percepiscono la natura è parte dello stesso discorso su come percepiamo il genere, la razza o qualunque altra cosa esploriamo come società. L'identità rende più complesse tutte le sfaccettature del significato di categorizzazione". [1]

---

1. *"Camouflage and Beauty: Danh Vo and Güldenhof, Danh Vo in Conversation with Bartholomew Ryan,"* Mousse Magazine, *October 22, 2021: https:// www.moussemagazine.it/magazine/dahn-vo- bartholomew-ryan-2021/.*

1. "Camouflage and Beauty: Danh Vo and Güldenhof, Danh Vo in Conversation with Bartholomew Ryan", *Mousse Magazine*, 22 ottobre 2021, https:// www.moussemagazine.it/magazine/dahn-vo- bartholomew-ryan-2021/.

I've always liked flowers but especially since moving to Güldenhof, my farm and studio north of Berlin. I asked myself, "Why do I know the name of every museum director and curator, but I can't even name this bird or flower?" I thought, maybe I can make work that also helps teach me some things. At the same time, choosing to travel less and do fewer exhibitions, I've come to think differently about time. Everything we make fades away, maybe there is an afterimage, but eventually even that goes. Thinking this way creates a different outlook, it's even reassuring. Christine Schulz my gardener takes these great pictures of flowers, I wanted to use them but she said, "Danh, when I photograph I photograph the soul of the flowers, so no." I used my iPhone to take pictures, and of course the software is designed to make everything look beautiful. I've been using construction wood as a scaffolding to exhibit my work recently, it becomes about the infrastructure of making. It is also visually quite simple, visually a contrast to the baroque fireplace at the Palazzo Ardinghelli. Like this building which has experienced a rebirth since the earthquake, the exhibited flowers all come up in late winter or spring. They say, here comes more life! My father writes out the latin names in pencil below the prints. Latin has its own qualities: naming and defining plants from all over the world, making them exist within a western world view. Maybe they are in pencil because someday too these names will be erased. Hopefully the flowers will still bloom long after we are gone.

Mi sono sempre piaciuti i fiori, ma da quando mi sono trasferito a Güldenhof, la mia fattoria-studio a nord di Berlino, mi piacciono in modo particolare. Mi chiedevo: "Perché conosco il nome di ogni direttore o curatore di museo, ma non so come si chiama questo uccello o questo fiore?" Pensavo, forse posso lavorare a qualcosa che mi aiuti a imparare. Avendo scelto di ridurre i viaggi e di partecipare a meno mostre, ho iniziato a dare un valore diverso al tempo. Tutto ciò che facciamo svanisce, forse rimane un'immagine residua, ma infine pure quella scomparirà. Questo pensiero consente di avere uno sguardo diverso sul mondo, è persino rassicurante. Christine Schulz, la mia giardiniera, scatta fotografie stupende ai fiori. Volevo usarle ma lei mi ha detto: "Danh, io fotografo l'anima dei fiori, quindi no". Per scattare ho usato l'iPhone, che ha un software progettato per far apparire tutto bellissimo. Ultimamente uso legname da costruzione per le impalcature delle mostre, per concentrarmi sull'infrastruttura del costruire. È essenziale, crea un contrasto visivo con il camino barocco di Palazzo Ardinghelli. Come questo palazzo rinato dopo il terremoto, i fiori esposti spuntano a fine inverno o primavera. Dicono: ecco che arriva altra vita! Mio padre scrive i nomi in latino a matita sotto la stampe. Il latino ha delle caratteristiche precise: nomina e definisce le piante da ogni luogo, le fa esistere all'interno di una visione del mondo occidentale. Forse la scritta è a matita perché un giorno anche questi nomi saranno cancellati. I fiori, invece, mi auguro che continueranno a sbocciare anche dopo la nostra scomparsa.

DANH VO

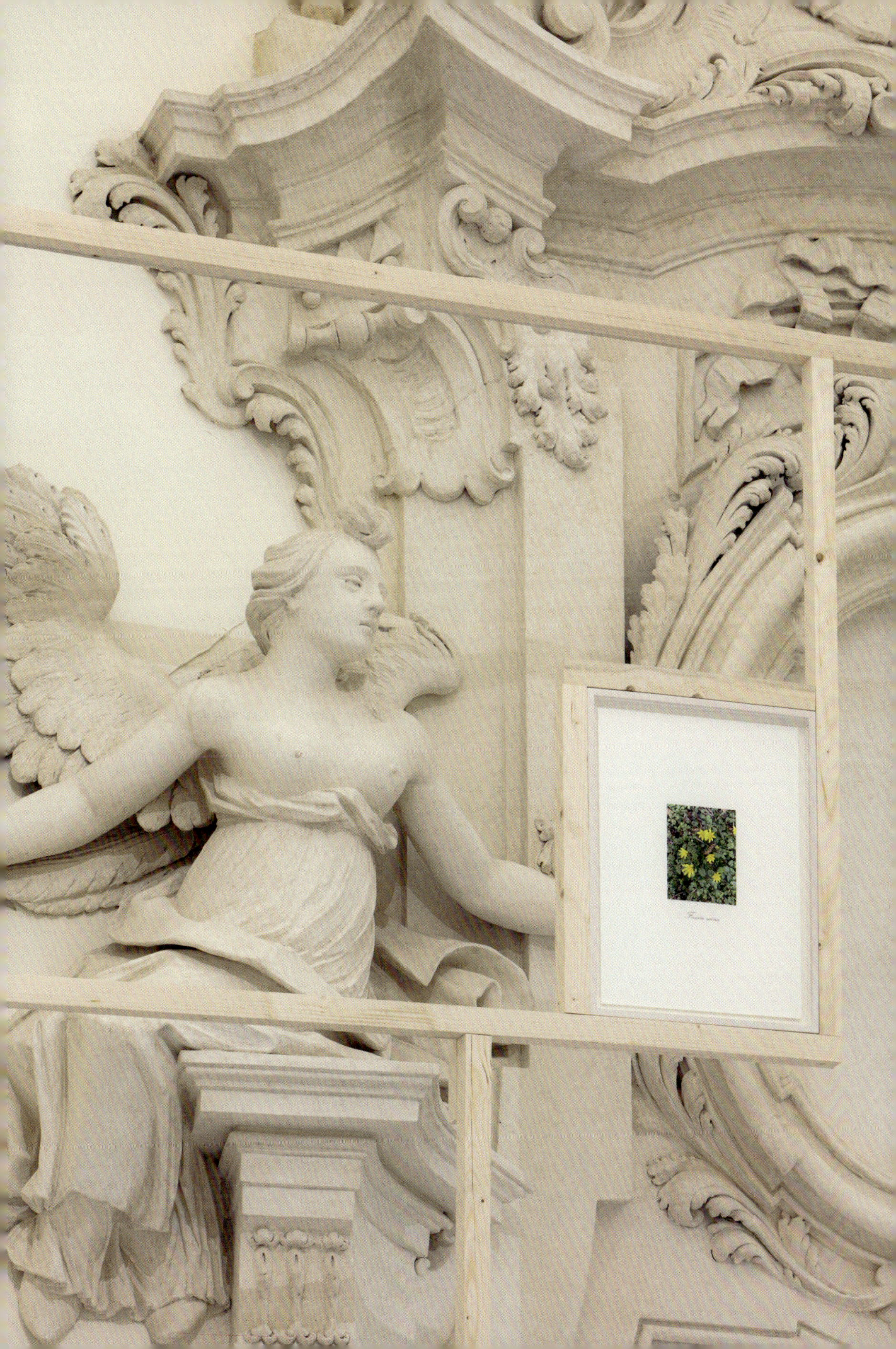

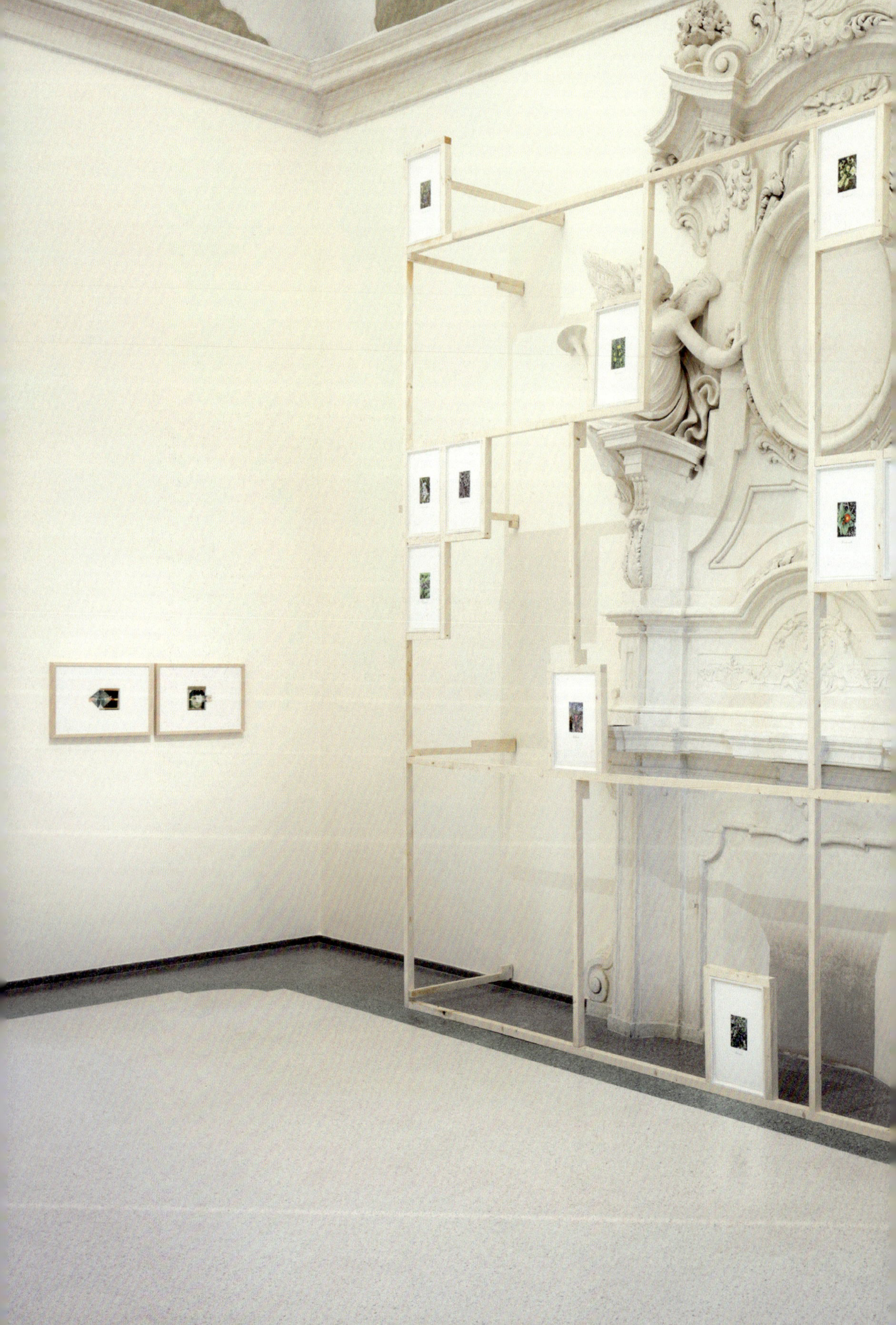

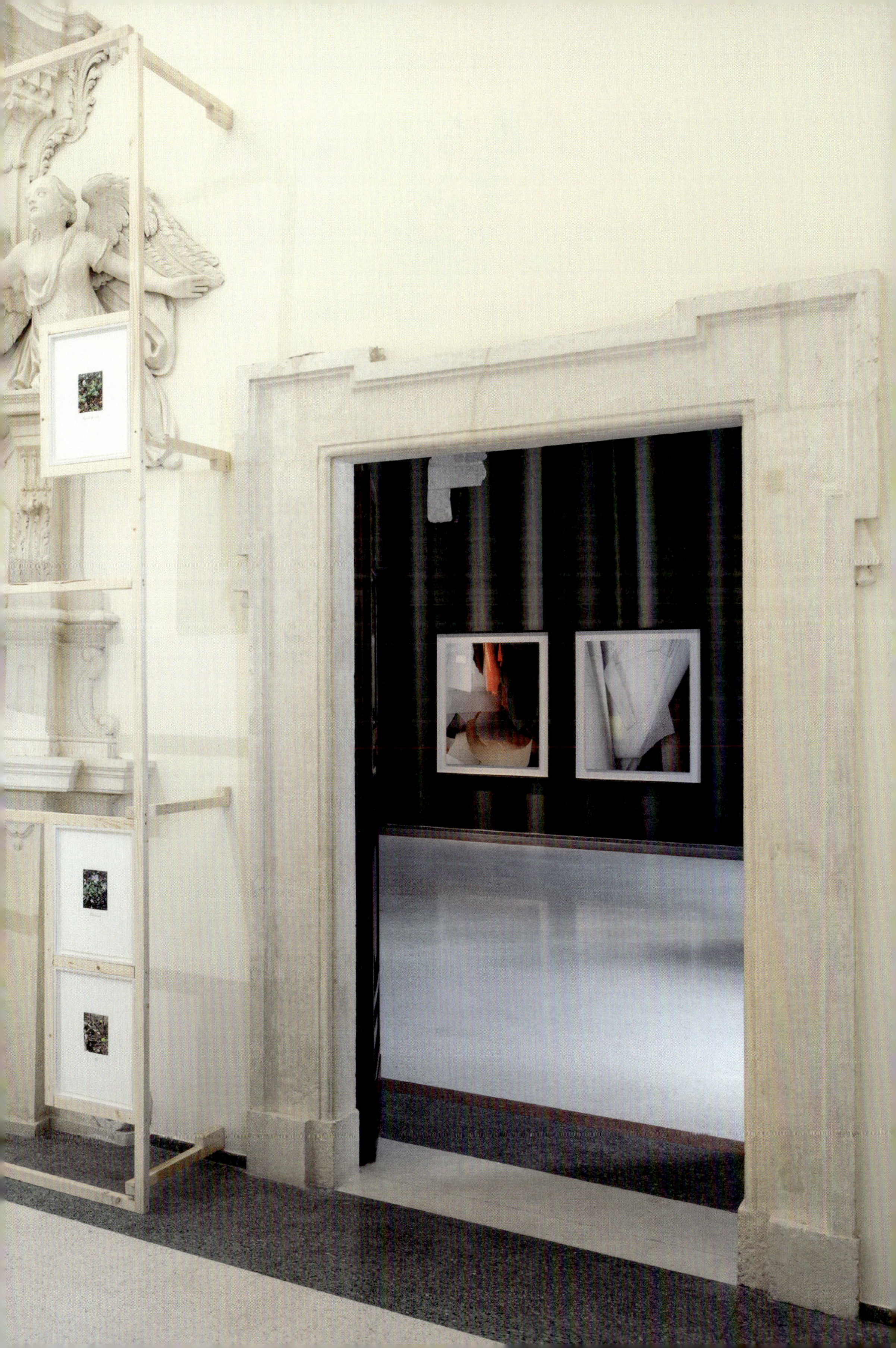

Room 3

Thomas Demand

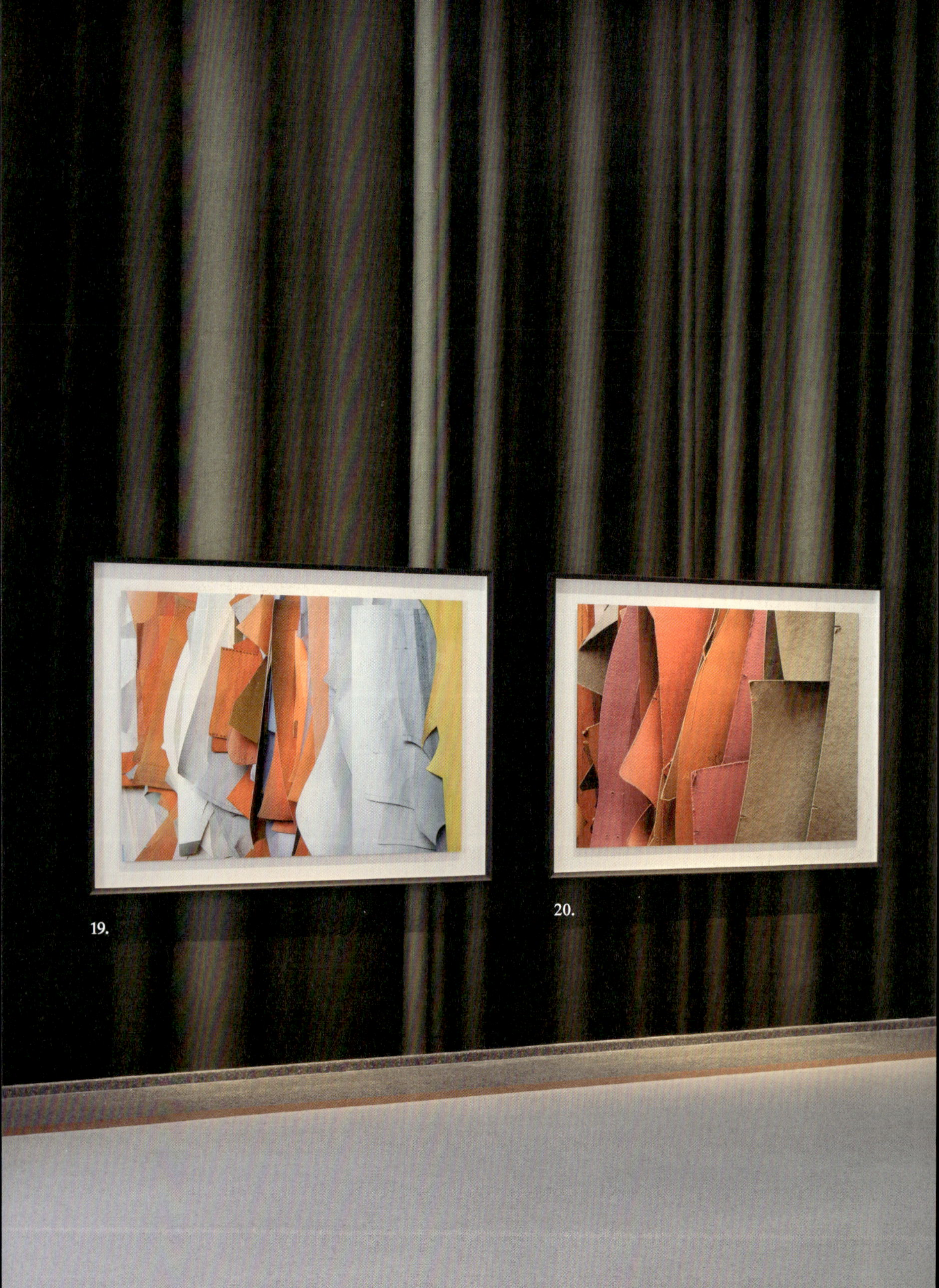

19.

20.

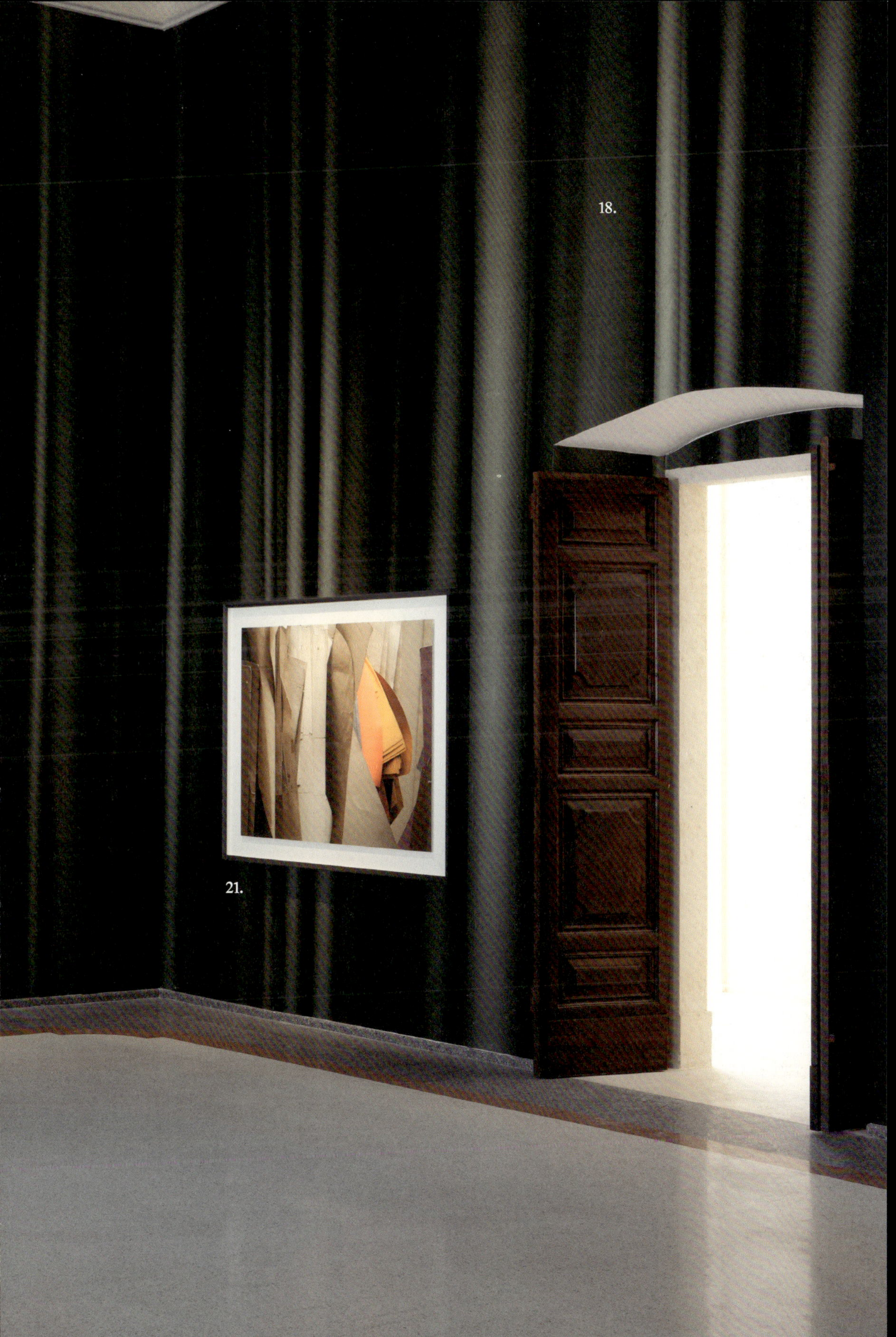
18.
21.

18.

Cones, 2018

UV Print on Nonwoven Wallpaper / Stampa UV su carta da parati in tessuto non tessuto
© Thomas Demand, VG Bild-Kunst, Bonn

19.*Gnatcatcher*, 20.*Crossbill*, 21.*Robin*, 22.*Starling*, 23.*Chaffinch*, 24.*Sparrow*, 25.*Swallow*, 26.*Warbler*, 27.*Oriole*, 2020–21

Framed pigment print / Stampa a pigmenti incorniciata
Courtesy: Sprüth Magers

For over thirty years, German artist Thomas Demand has been exploring the intersection between photography, sculpture, and architecture, questioning the very nature of images and the reliability of what we believe we see. For Afterimage, *Demand conceived a new environmental installation, which includes wallpaper and a series of photographs taken in the archive of French-Tunisian fashion designer Azzedine Alaïa (1935–2017). Demand's camera frames the paper patterns in Alaïa's archive, revealing their potential as abstract shapes, their ability to evoke a missing body, and the subsequent stages in the realization of the garment. Through its digitally simulated nature, the wallpaper creates the illusion of a closed theatrical curtain or, maybe, of a blind that screens the vision of an imaginary exterior. In the central hall of Palazzo Ardinghelli, Demand stages a fluid dialogue between simulation and reality, between the human body and architecture, between volumes and shapes that materialize the idea that "[…] everything is a pattern for something bigger to come."[1]*

Da oltre trent'anni, Thomas Demand esplora l'intersezione tra fotografia, scultura e architettura, attraverso una pratica artistica che si interroga sulla natura delle immagini e sull'attendibilità di ciò che crediamo di vedere. In occasione di *Afterimage*, l'artista tedesco ha concepito una nuova installazione ambientale composta da un intervento a parete e da una serie di opere fotografiche realizzate nell'archivio dello stilista franco-tunisino Azzedine Alaïa (1935-2017). Dai cartamodelli conservati in archivio, Demand fa emergere il potenziale di forme astratte, in grado di evocare un corpo assente e di farci immaginare, nella loro qualità artigianale, le successive fasi nella costruzione dell'abito. La carta da parati, invece, ricrea attraverso una simulazione digitale l'illusione di un sipario teatrale chiuso o forse di una tenda che scherma la visione di un esterno immaginario. Nella sala centrale di Palazzo Ardinghelli, Demand mette in scena un dialogo tra simulazione e realtà, tra corpo umano e architettura, tra volumi e sagome che materializzano l'idea che "[...] tutto sia un modello per qualcosa di più grande che verrà".[1]

1. Lucas Matheson, "Thomas Demand on photographing Azzedine Alaïa's archive," Artforum, March 14, 2022: https://www.artforum.com/interviews/thomas-demand-on-photographing-azzedine-alaia-s-archive-88054.

1. Lucas Matheson, "Thomas Demand on photographing Azzedine Alaïa's archive", *Artforum*, 14 marzo 2022, https://www.artforum.com/interviews/thomas-demand-on-photographing-azzedine-alaia-s-archive-88054.

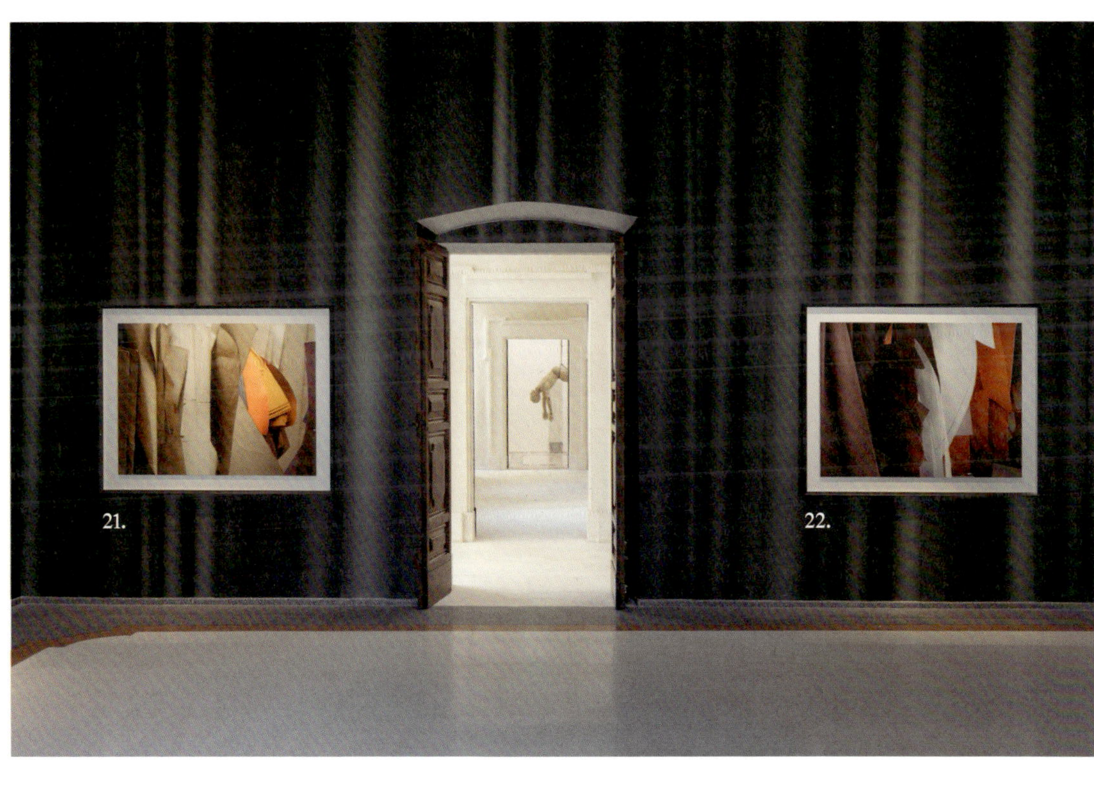

21.
22.

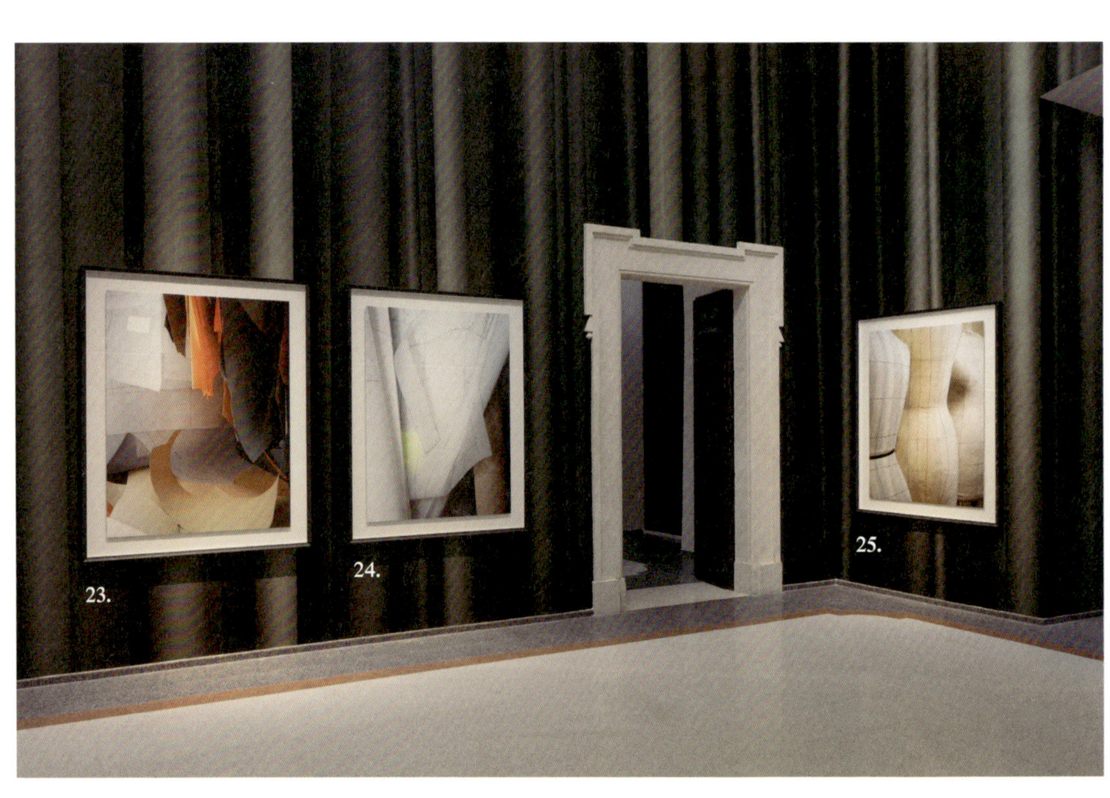

23.
24.
25.

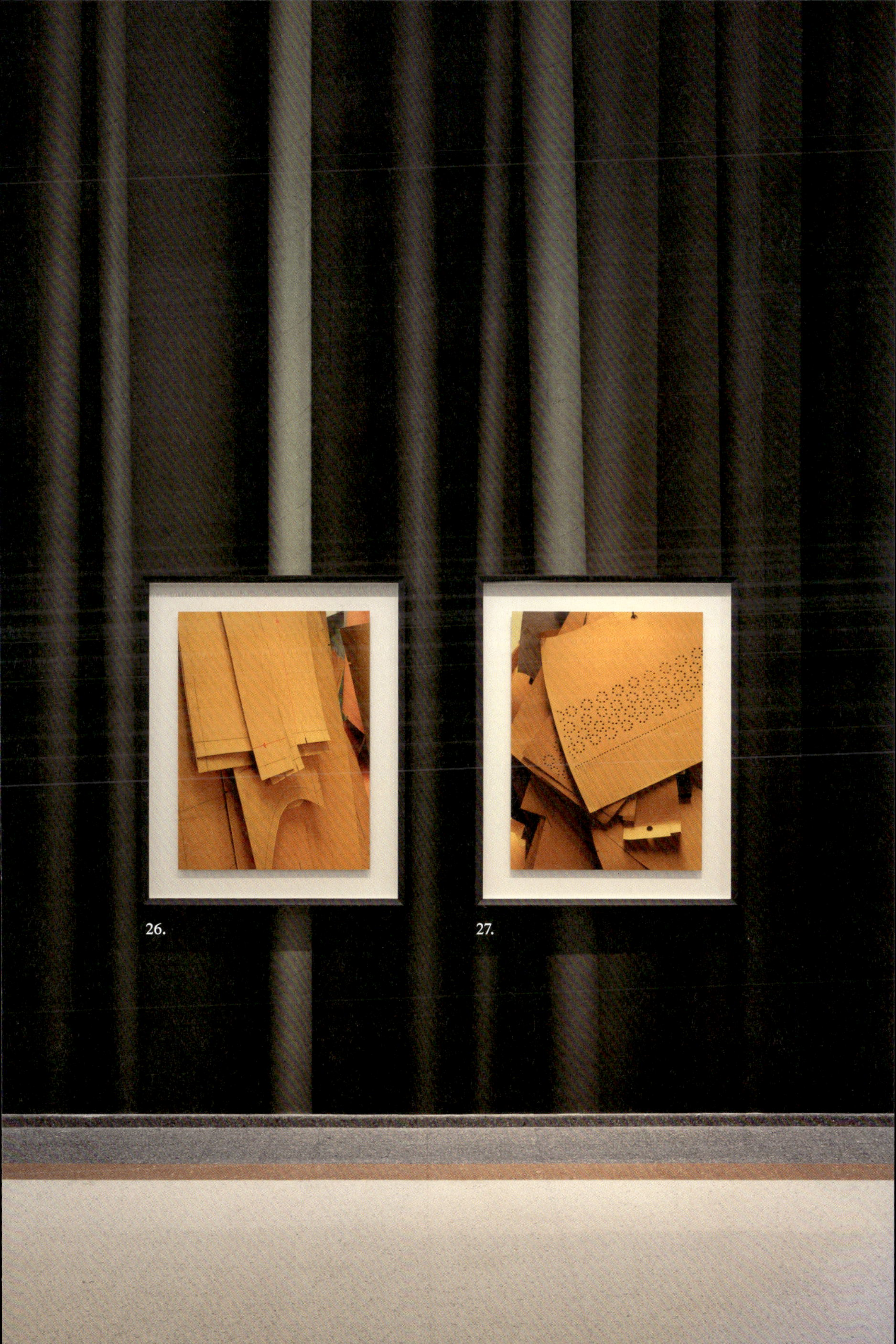

26.

27.

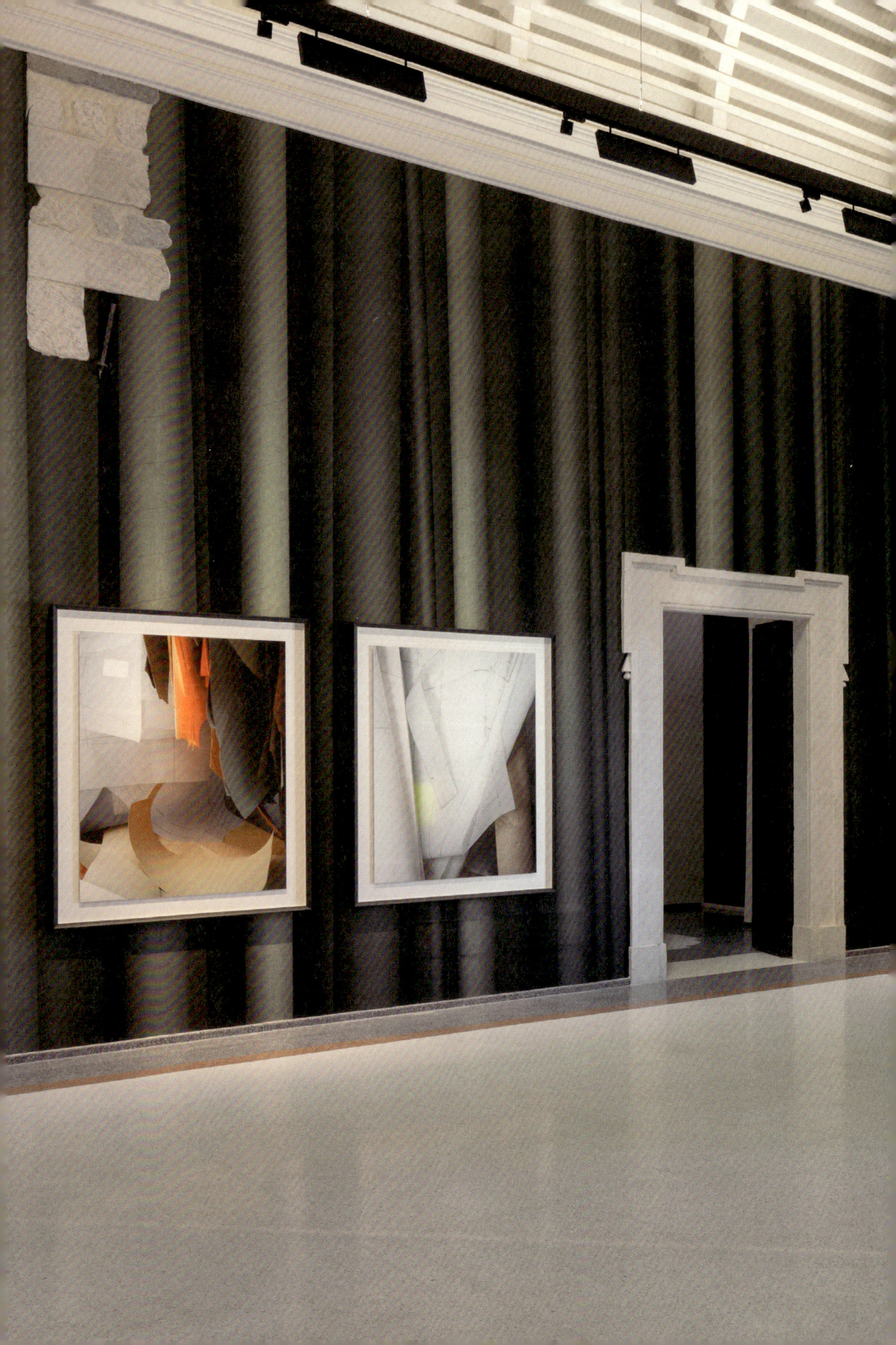

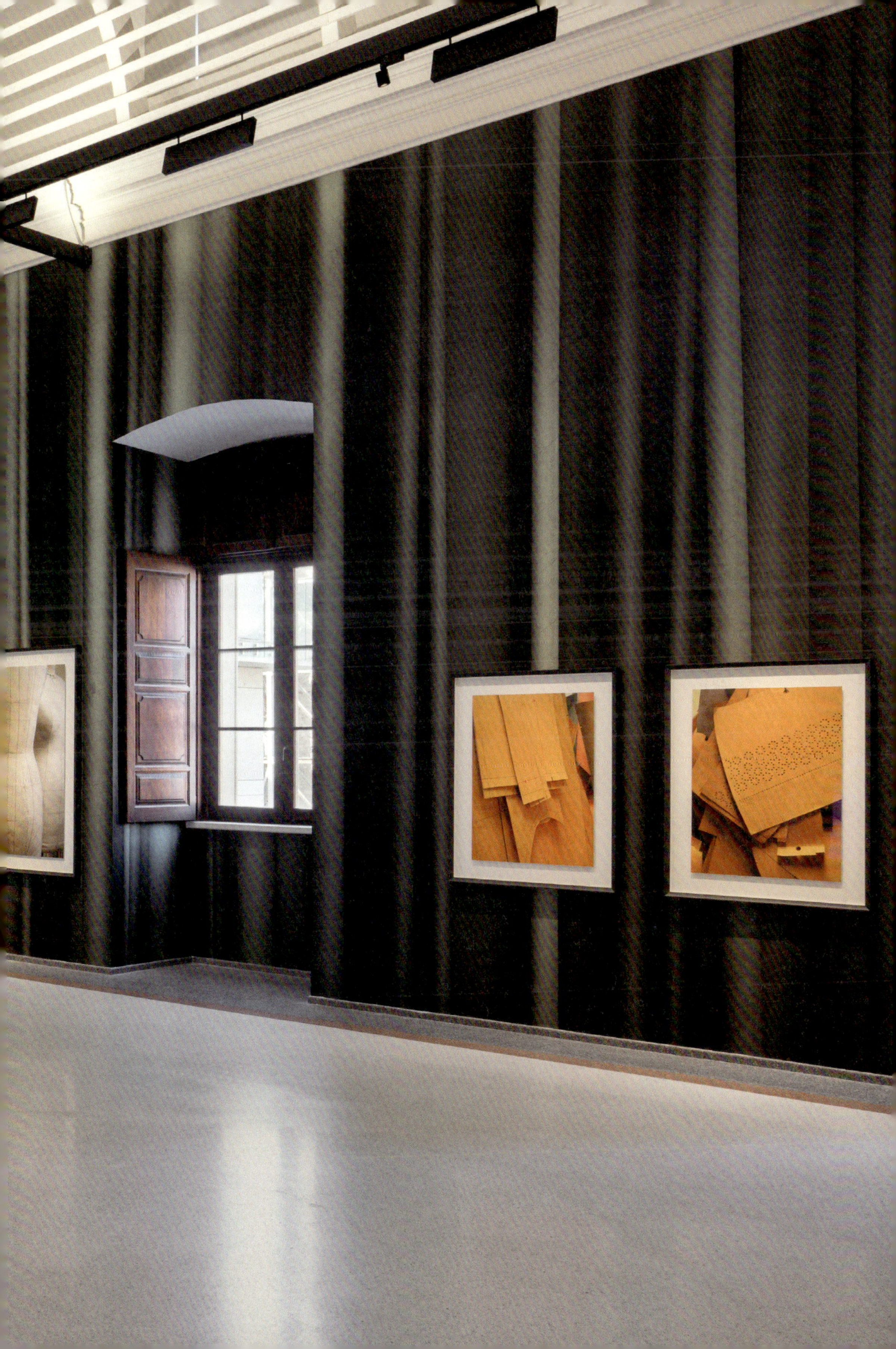

Room 4

June Crespo
Luca Monterastelli

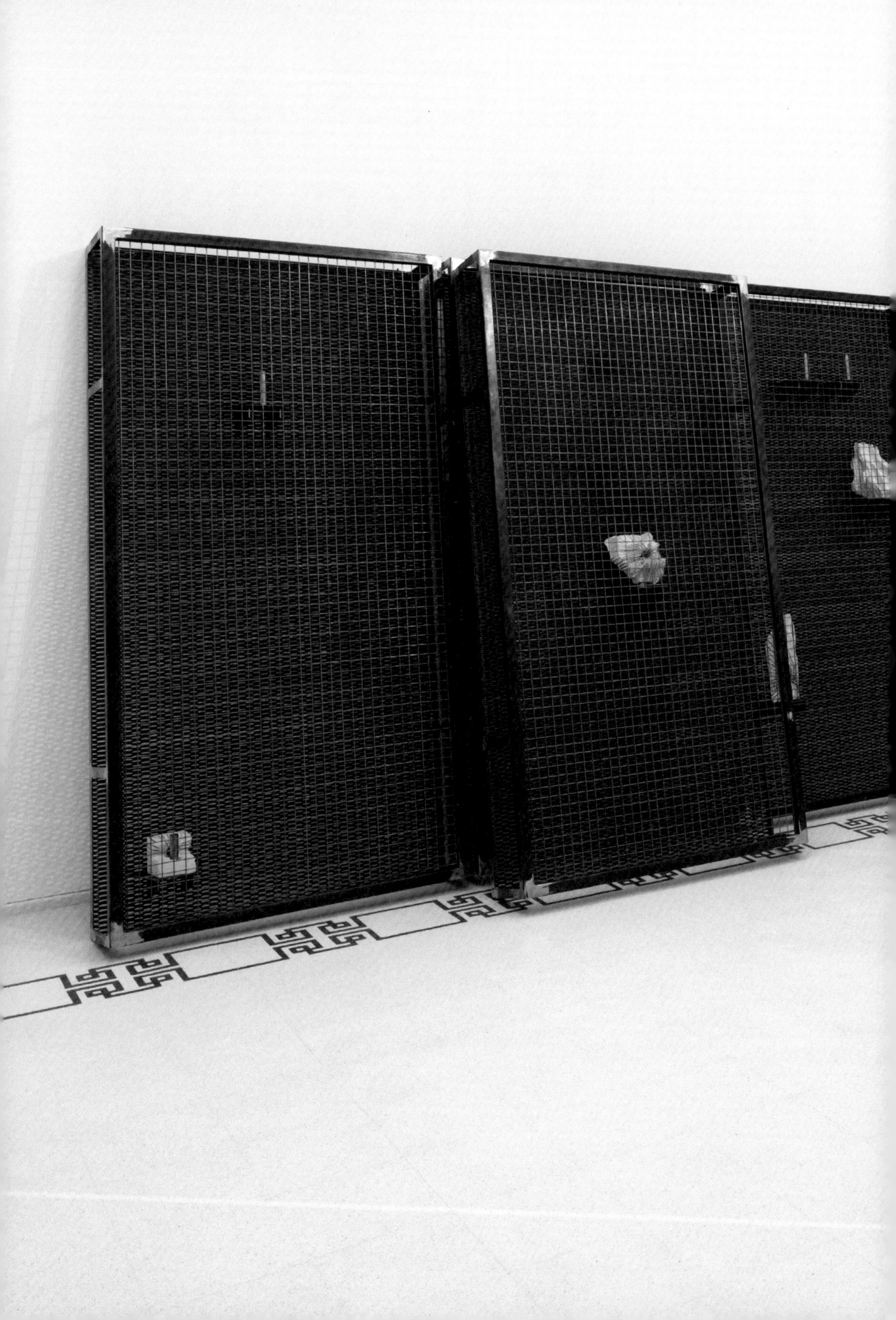

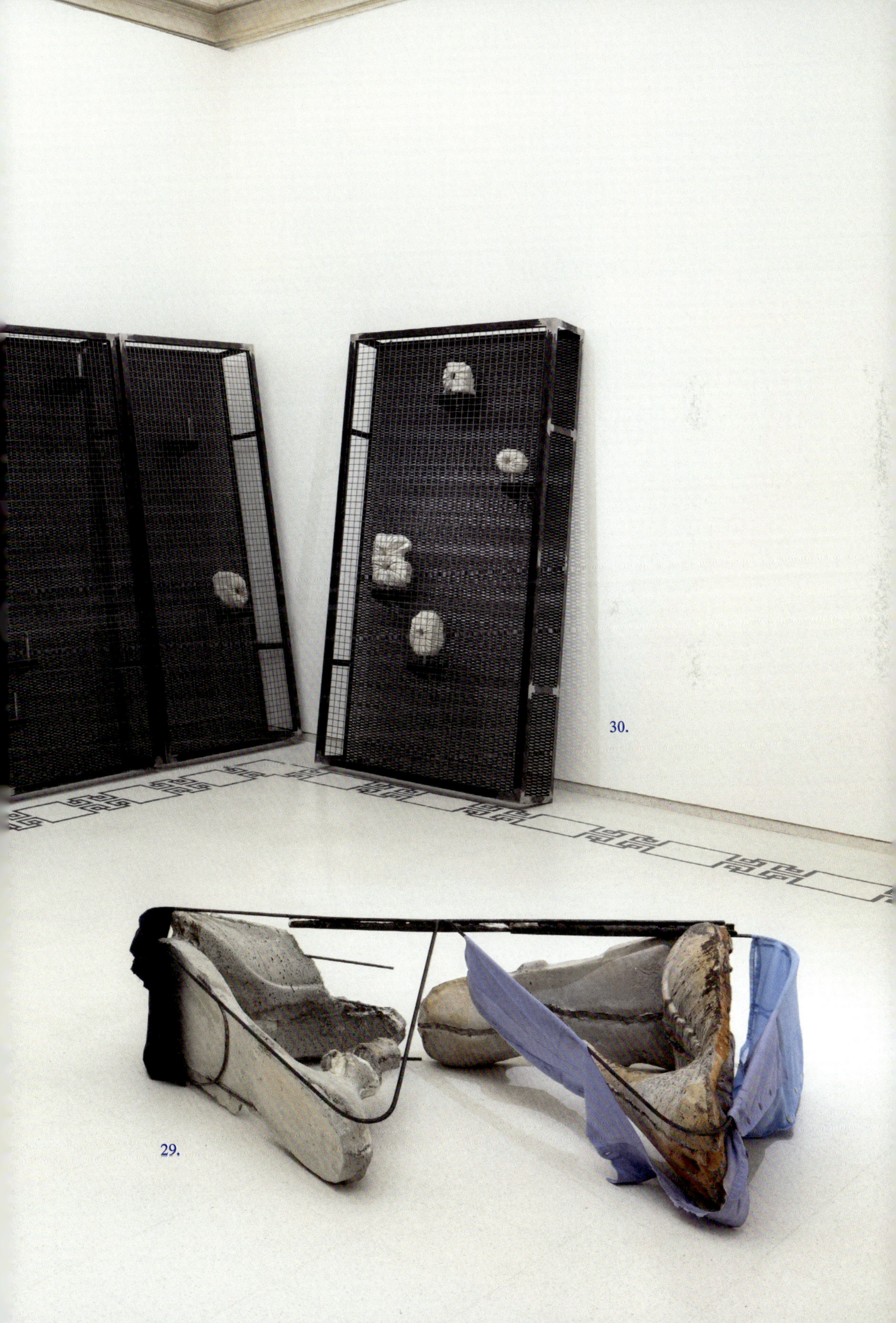

30.
29.

28.

Untitled (Voy, sí), 2021

Cement, concrete, pigments, textile, steel rebar, paraffin /
Cemento, calcestruzzo, pigmenti, tessuto, tondino d'acciaio, paraffina

29.

Untitled (Voy, sí), 2022

Concrete, clay, paraffine, steel rebar, textile, bronze /
Cemento, argilla, paraffina, tondino d'acciaio, tessuto, bronzo
Courtesy: June Crespo; P420, Bologna

In her sculptures, Spanish artist June Crespo uses durable materials, such as concrete and steel, and fragile materials, such as plaster, discarded garments, sandstone, and wax. Her aim is to explore each element's formal and expressive potential when a relationship is established between them. This set of tactile elements is accompanied by the sensation that an ongoing transition occurs among the forms. What appears to be a limb is transformed into an architectural feature, while the standard dimension of particular objects—such as the cast of a high-heeled shoe—is altered to the extent of transforming its verisimilitude. The human body and the inhabited spaces, as much as the external shell provided by a garment or a building, appear to mutate into one another. Both are traversed by interior conduits and simultaneously manifest a sense of obsolescence and resistance, while objects and shapes undergo continuous moments of immersion and emersion.

Nelle sue sculture, l'artista spagnola June Crespo utilizza materiali duraturi come cemento e acciaio, quanto materiali fragili come stucco, abiti dismessi, creta e cera, esplorando le possibilità formali ed espressive di ciascuno di essi in dialogo con gli altri. A questa quantità di informazioni tattili corrisponde la sensazione che tra le forme sia in atto una continua transizione: quello che appare come un arto muta in una porzione di architettura, mentre la normale dimensione delle cose – come il calco di una scarpa col tacco – è alterata fino a trasformarne la verosimiglianza. Il corpo umano e lo spazio abitato, l'involucro dell'abito e quello della casa sembrano mutare l'uno nell'altro: entrambi sono percorsi da condotti interni e manifestano al tempo stesso obsolescenza e resistenza, mentre gli oggetti e le forme sono soggetti a un moto continuo di immersione ed emersione.

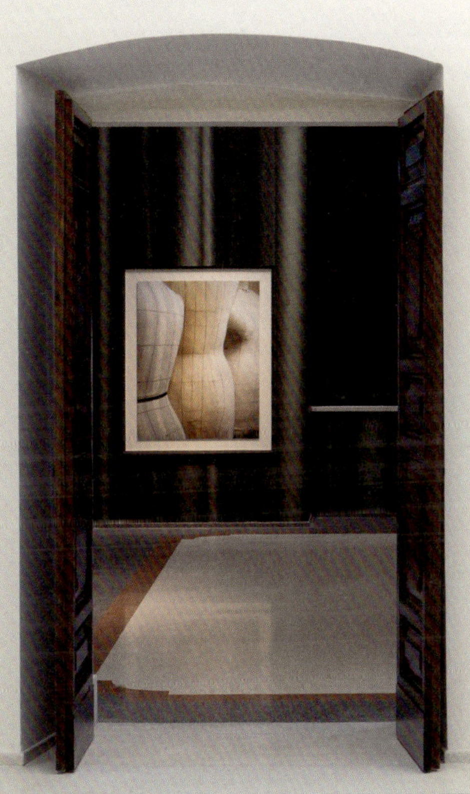

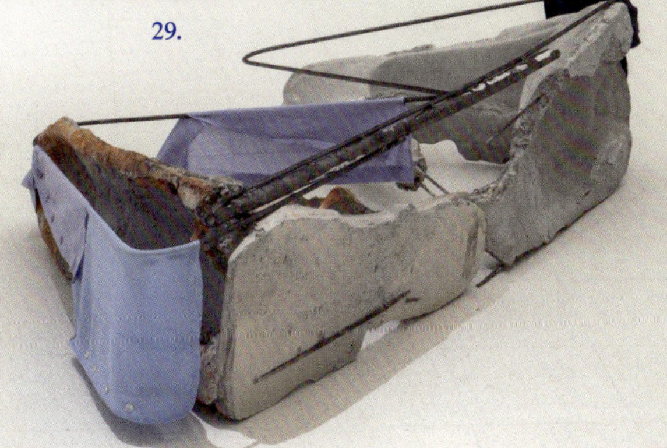

29.

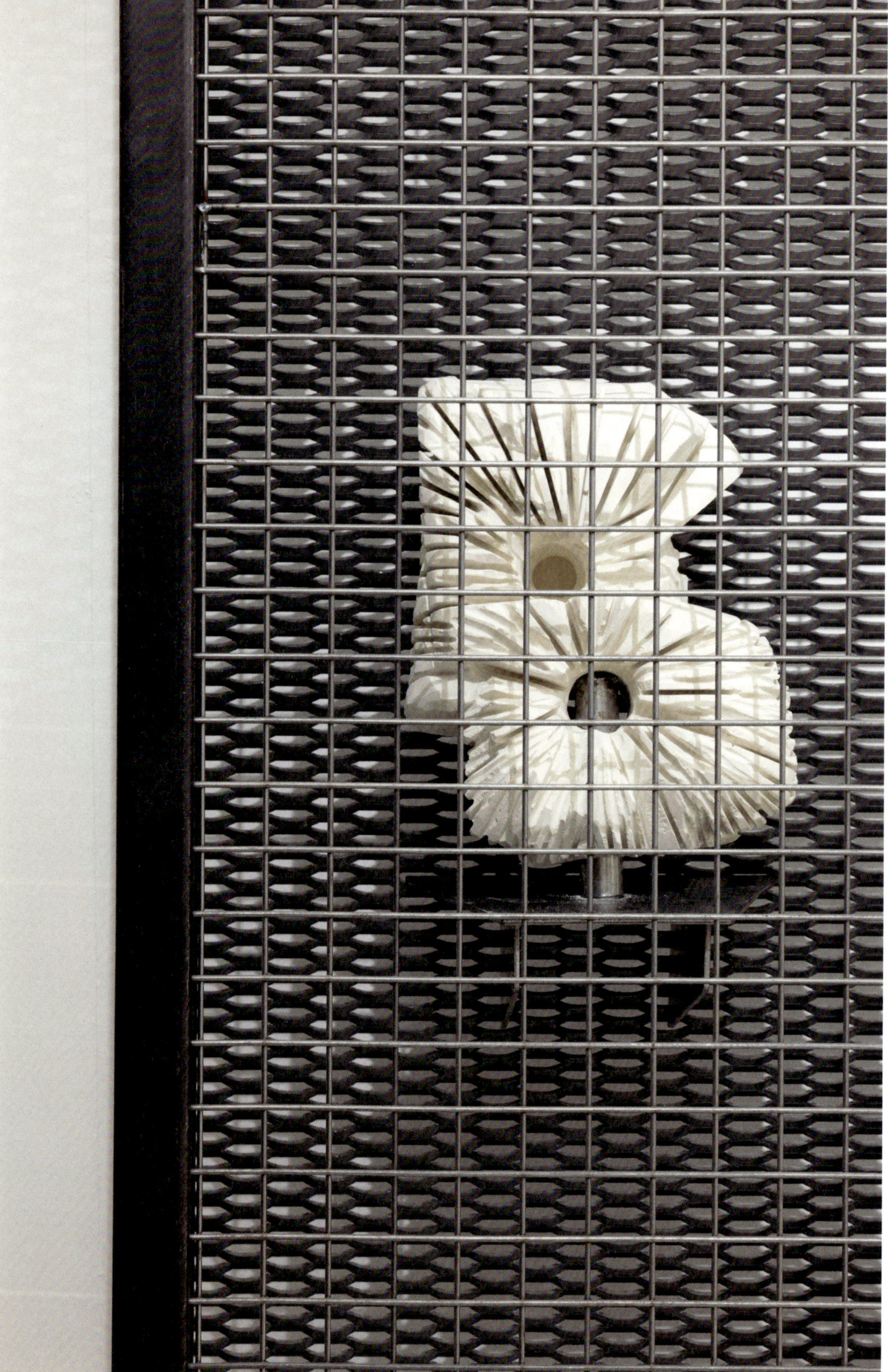

30.

Fiume buio, 2022

Steel and Maiella stone / Ferro e pietra della Maiella
Courtesy: Galleria Lia Rumma, Milano/Napoli

Through sculpture and installation, Italian artist Luca Monterastelli explores how various materials—such as concrete, iron, plaster, and stone—retain traces of memories rooted in the past and recent history. Comprised of seven identical modules, the installation on view sits somewhere between sculpture and architecture. Monterastelli borrowed two different types of iron sheeting from the construction world to build each module. The sheets evoke those temporary structures that delineate areas under construction or spaces requiring protection. The corrugated iron also resembles the grates we find at newsstands, behind which newspapers and magazines are displayed— it may be said that they symbolically mark the passage of time. Inside these units, a series of small sculptures made in Maiella stone rest atop iron supports in a way that recalls, on the one hand, the display cases of museums preserving historical artifacts and, on the other, walls crowded with ex- votos. Fiume buio [Dark River] is a space of partial visibility and suggests how vague the distinction between what remains and what passes is.

Attraverso le sue sculture e installazioni, l'artista italiano Luca Monterastelli esplora come i materiali – tra cui il cemento, il ferro, il gesso o la pietra – trattengono tracce di memorie che affondano nella storia tanto passata quanto recente. Composta da sette moduli identici tra loro, l'installazione in mostra occupa una dimensione intermedia tra scultura e architettura. Le due diverse lamiere di ferro che compongono ciascun modulo sono prese in prestito dal mondo dell'edilizia ed evocano quelle strutture temporanee che servono a delimitare aree in costruzione o spazi che necessitano di protezione. Il ferro ondulato ricorda, inoltre, le grate che troviamo nelle edicole, dietro le quali riposano i giornali e le riviste che possiamo interpretare come simboli del tempo che scorre. All'interno di queste unità, una serie di piccole sculture realizzate in pietra della Maiella è adagiata su supporti di ferro, secondo una modalità che può far pensare sia alle teche dei musei che conservano i reperti storici sia alle pareti affollate di ex voto. *Fiume buio* è uno spazio di visione parziale e che suggerisce quanto sfumata sia la distinzione tra ciò che resta e ciò che trascorre.

Dark River

I arrived in L'Aquila one afternoon in mid-winter to take a look at the location and try to understand a situation that was difficult to comprehend from a distance. The next morning we visited the museum, then I took the afternoon to walk round.

Walking next to one of those fencings that still delimit the damaged areas, I reached a part of the city where people used to meet in the evening, or at least I thought so. The windows of the pubs still had the signs advertising special offers of those shots that were so popular in the late 2010s. At one point, along the row of buildings with these pubs, the continuity of the façade surface was interrupted by a series of arches creating a colonnade. Here the fencing was detached a few meters from the wall. Under the colonnade the atmosphere was of semi-darkness, and the little light that filtered through the galvanized mesh made the air thicker, almost imprecise. My reverie suddenly turned into an intuition when I spotted a newsstand in the half light of this cavity. I think of its content, frozen in time.

The following morning, I tried to organize my thoughts around what I had seen. I thought of the only two possibilities of existence, yes or no; and of the borders that delimit those places where measuring is no longer needed. Not even of time. This is how the work came about, looking into a shade of dark. I believe we lack the logical categories to indicate voids and so we end up filling them with something. Probably this is just fine, by continuously restraining emptiness we invent entities: that is how the absence of light can become darkness, the absence of life can become death, and so on.

Fiume buio

Sono arrivato a L'Aquila in un pomeriggio di metà inverno per fare un sopralluogo e cercare di capire qualcosa di una situazione difficile da comprendere a distanza. La mattina dopo abbiamo visitato il museo; quindi mi sono preso il pomeriggio per passeggiare.

Camminando lungo una di quelle recinzioni che tuttora delimitano le aree in rovina, ho raggiunto una zona una volta dedicata allo svago serale, o almeno credo. Dalle vetrine dei pub erano ancora leggibili i cartelli delle offerte speciali di quegli shots che andavano tanto alla fine degli anni Dieci. A un certo punto, il caseggiato che alloca questa fila di bar esaurisce la continuità della parete con una serie di archi che incorniciano dei portici. Qui, la recinzione prende una distanza di qualche metro dal muro. All'interno l'atmosfera è in penombra e la poca luce che filtra dalle maglie della rete zincata rende l'aria più densa, quasi imprecisa. La fantasticheria, d'improvviso, si trasforma in intuizione quando trovo un'edicola dentro la semioscurità di questo spazio cavo. Penso al suo contenuto, fermo nel tempo.

La mattina dopo ho cercato di dare un ordine a ciò che avevo visto. Ho pensato alle uniche due possibilità dell'essere, sì o no; e ai confini che delimitano quei luoghi in cui la misura non serve più, tempo compreso. Il lavoro è nato così, cercando dentro una sfumatura di buio. Penso ci manchino le categorie logiche per indicare i vuoti e così finiamo per riempirli con altro. É probabile che vada bene così, continuando a domare le mancanze, inventando entità: così l'assenza di luce diventa il buio, quella di vita, la morte, eccetera.

LUCA MONTERASTELLI

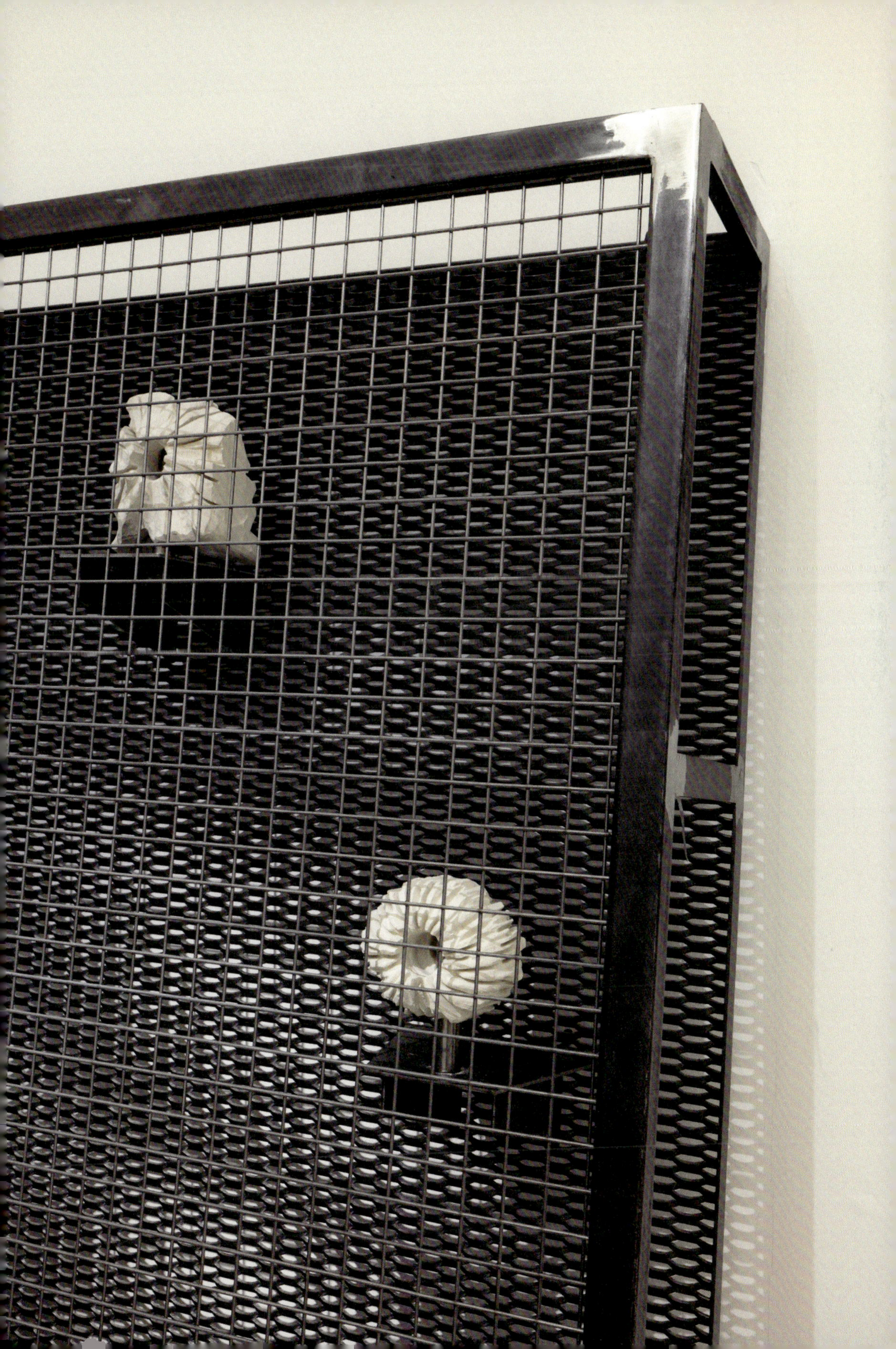

Room 5
June Crespo
Pietro Roccasalva

Room 6
Frida Orupabo

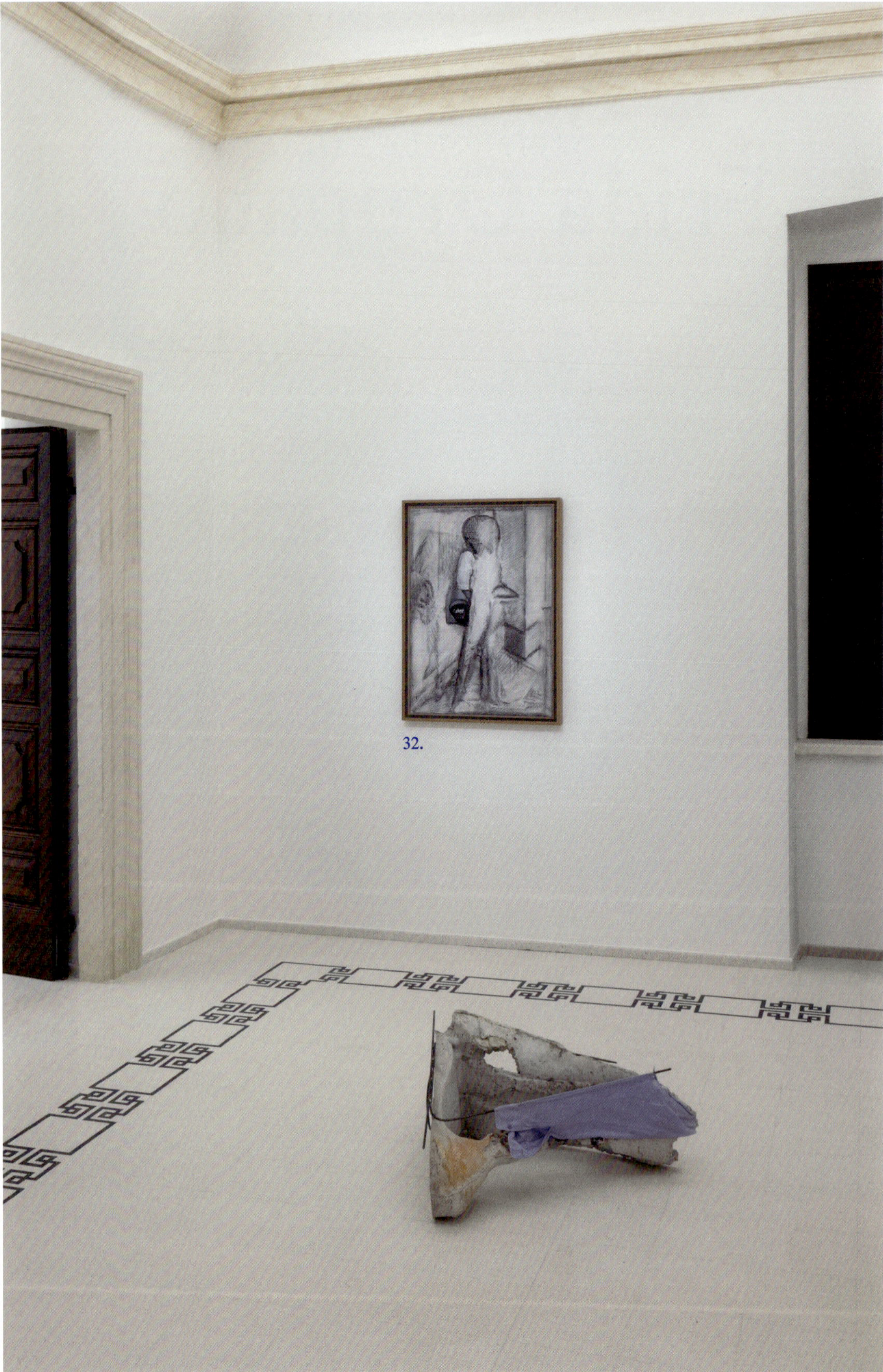

32.

31.

The Skeleton Key II, 2007

Charcoal and crayon on paper on forex / Pastello morbido su carta su forex
Sandra e Giancarlo Bonollo Collection / Collezione Sandra e Giancarlo Bonollo

32.

Il Traviatore, 2012

Charcoal and crayon on paper on forex / Carboncino e pastello su carta su forex
Giuseppe Iannaccone Collection, Milan / Collezione Giuseppe Iannaccone, Milano

33.

From just married machine, 2018

Oil on canvas / Olio su tela
Private collection / Collezione privata

The practice of Italian artist Pietro Roccasalva is a reflection on painting, sculpture, performance, and video that is placed within a broader endeavor where themes and iconography move from one type of media to another, unfolding across time in the process of transformation where one artwork generates another. His work centers on the dimension of time—both internal to the materials of painting and interpreted through philosophy and classical mythology—and stimulates a series of images that refer both to ancient tradition (from the fixed nature of Byzantine art to the dynamism of the Baroque) and modern deconstruction (from Cubism to Futurism) up to the current digital revolution.
The three works on display express his particular interest in the themes of rising and falling, depicted in the recurrent iconography of the elevator operator and the hot air balloon. While the elevator operator engages in a cyclical, mechanical movement yet remaining still, the fallen hot air balloon represents a failure ascending of the human aspiration toward full consciousness.

La pratica dell'artista italiano Pietro Roccasalva contempla la pittura, la scultura, la performance e il video come elementi di un più ampio progetto in cui temi e iconografie si propagano da un media all'altro dispiegandosi nel tempo, nell'ambito di un processo trasformativo in cui un'opera ne genera un'altra. La dimensione del tempo – sia interna ai materiali della pittura, sia interpretata attraverso la filosofia e la mitologia classica – è al centro del suo lavoro, e attiva una serie di immagini che fanno riferimento tanto a tradizioni antiche (dalla fissità bizantina al dinamismo barocco) quanto alla scomposizione moderna, cubista e futurista, sino ad arrivare all'attuale rivoluzione digitale. Le tre opere in mostra sono sintomatiche di un particolare interesse che l'artista nutre nei confronti dei temi dell'ascensione e della caduta, esplicitati dalle ricorrenti iconografie dell'ascensorista e della mongolfiera. Se, infatti, l'ascensorista fa esperienza di un ciclico e meccanico movimento pur restando fermo, la mongolfiera precipitata definisce il fallimento dell'ascesa come aspirazione umana alla piena conoscenza.

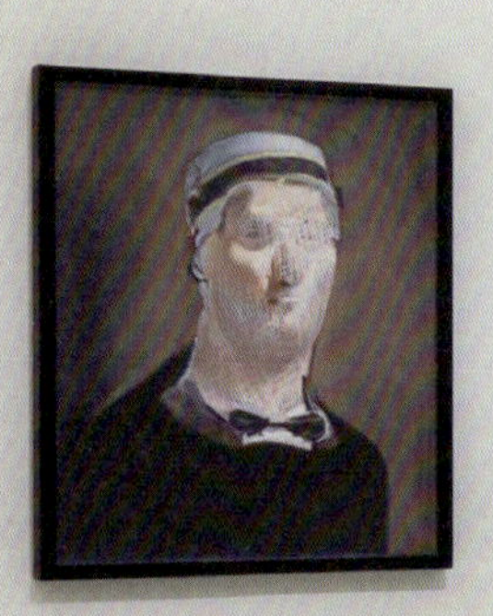

31.

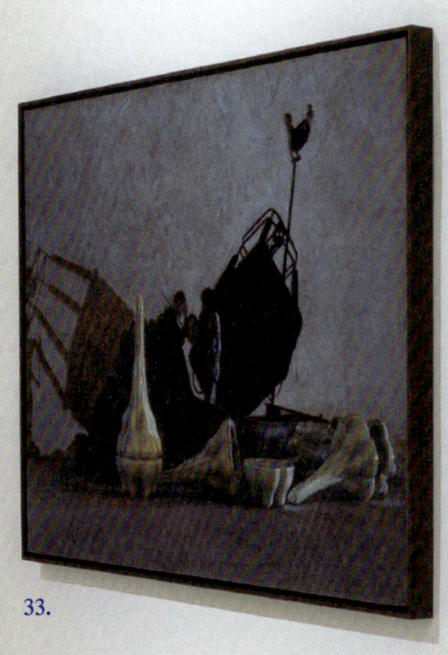

33.

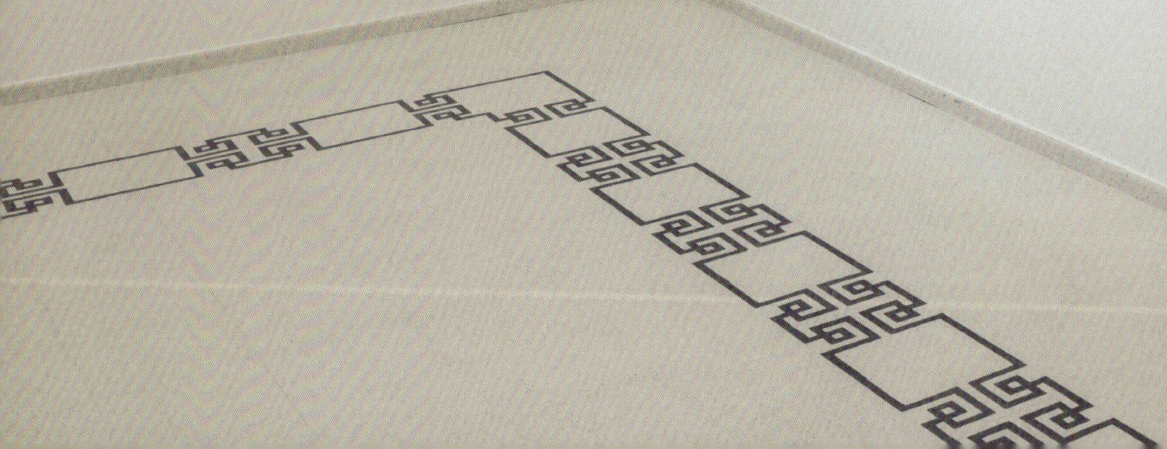

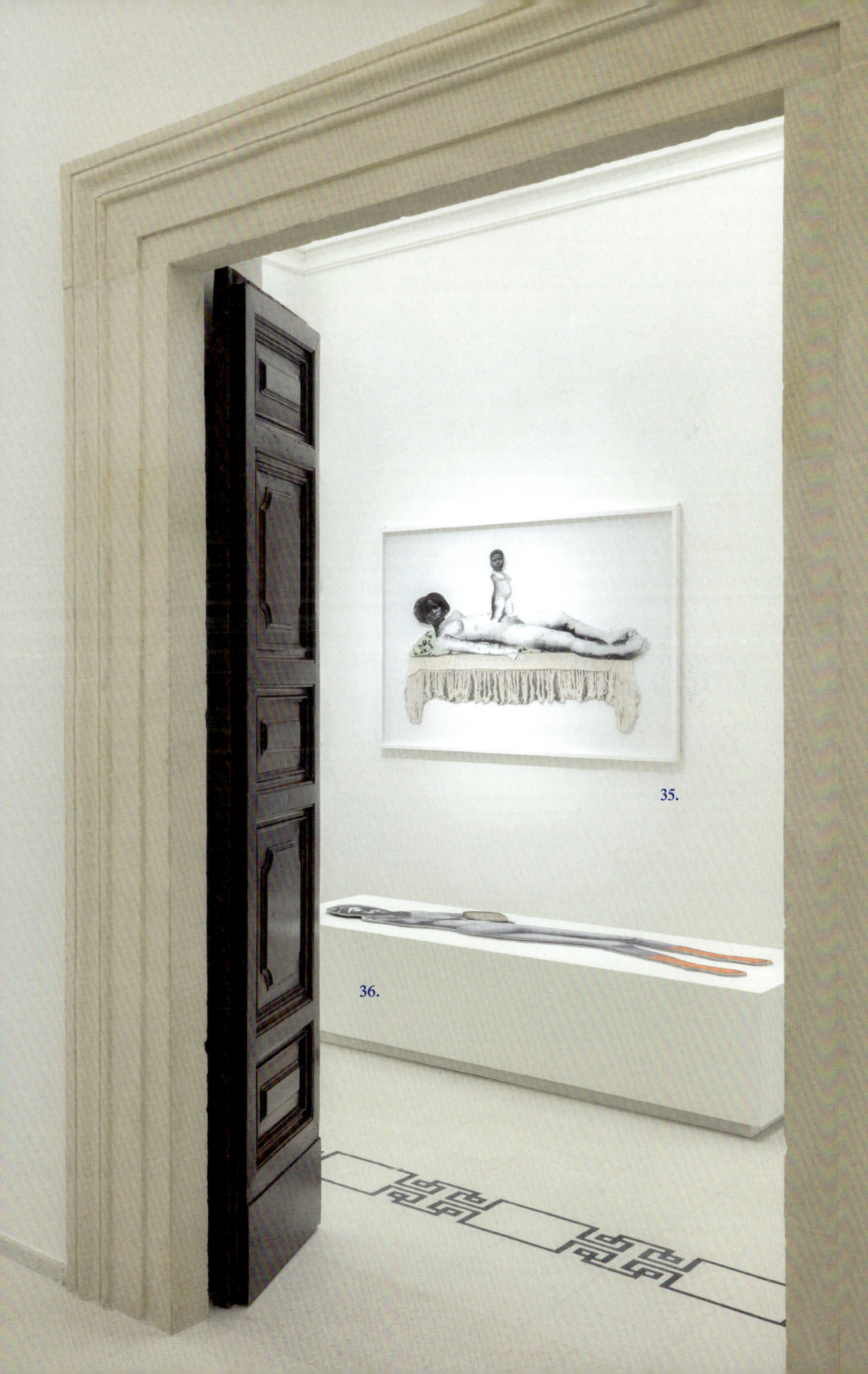
35.
36.

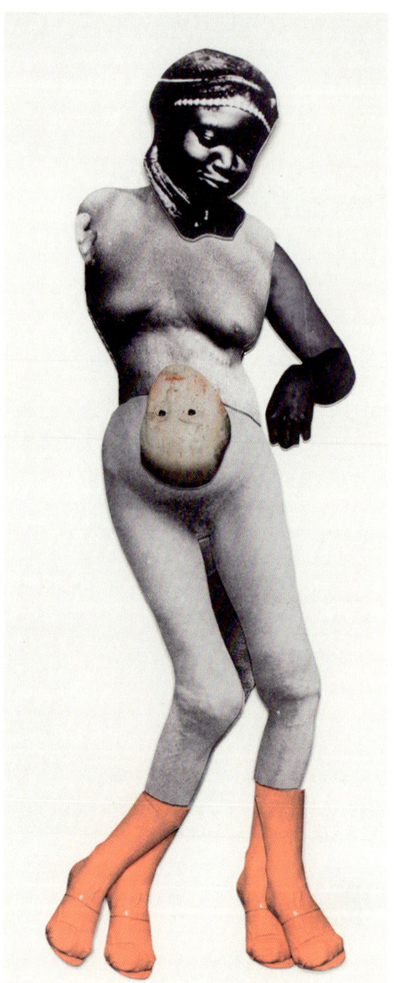
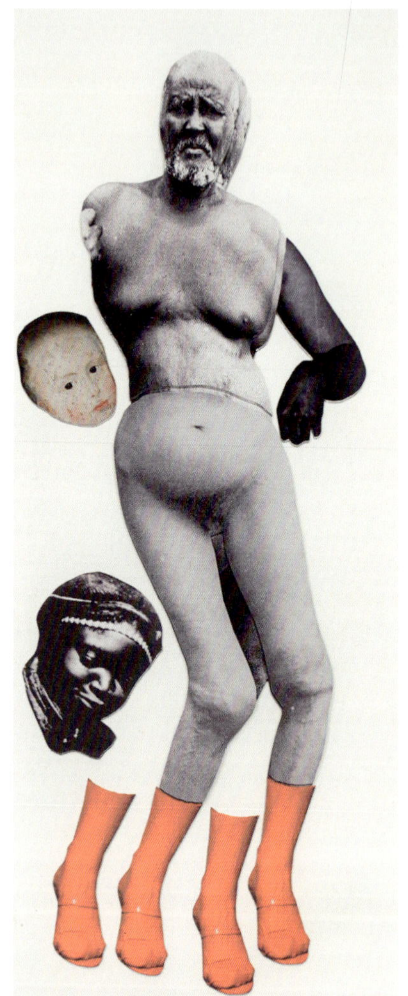

36.

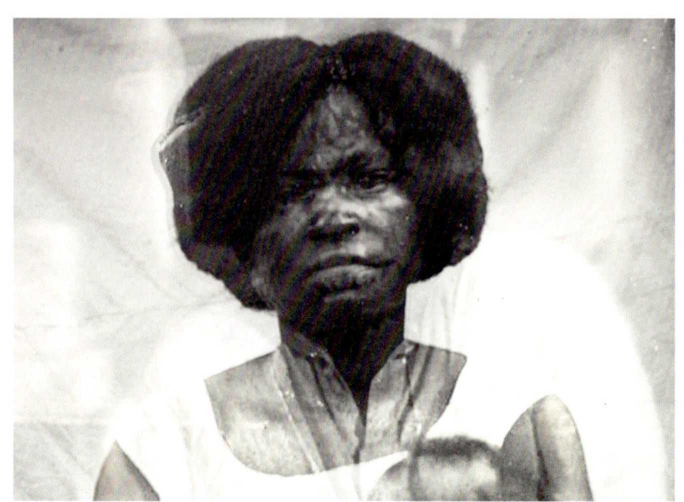

37.

34.
Untitled, 2020

Collage with paper pins / Collage con carta e spille
De Iorio Collection / Collezione De Iorio

35.
Labour II, 2020

Collage with paper pins / Collage con carta e spille

36.
Mother and Child I, 2020

Primed anodized aluminum with digital print, velour foil /
Stampa digitale su alluminio anodizzato, lamina di velluto

37.
Angst, 2021

Digital video / Video digitale
Courtesy: Frida Orupabo; Stevenson, Amsterdam/Cape Town/Johannesburg

In the work of Norwegian artist Frida Orupabo, archive materials, many with a colonial and racist history, are revisited into disquieting yet playful collages, where human bodies are in a state of continuous movement and transformation. The artist has developed a particular technique of collage, through which disparate limbs and objects sourced from digital and analog media result in a series of fragmented Black, primarily female, bodies that suggest a reflection on issues such as race, heritage, and identity. In these works, Orupabo explores cultural structures that have determined and still determine our perception of motherhood and gender through a language in which political critique coexists with a gesture of reparation.

Nel lavoro dell'artista norvegese Frida Orupabo i materiali d'archivio, di cui molti con una storia di colonialismo e razzismo, sono rivisitati in collage tanto inquietanti quanto giocosi, nei quali i corpi umani sono ritratti in uno stato di continuo movimento e trasformazione. L'artista ha sviluppato una particolare tecnica di collage, attraverso la quale arti e oggetti prelevati da media digitali e analogici danno origine a corpi neri frammentati, per lo più femminili, che suggeriscono una riflessione su questioni come la razza, il retaggio e l'identità. In queste opere, Orupabo esplora le strutture culturali che hanno determinato e tuttora determinano la nostra percezione di concetti come maternità e genere, attraverso un linguaggio in cui la critica politica coesiste con il gesto della riparazione.

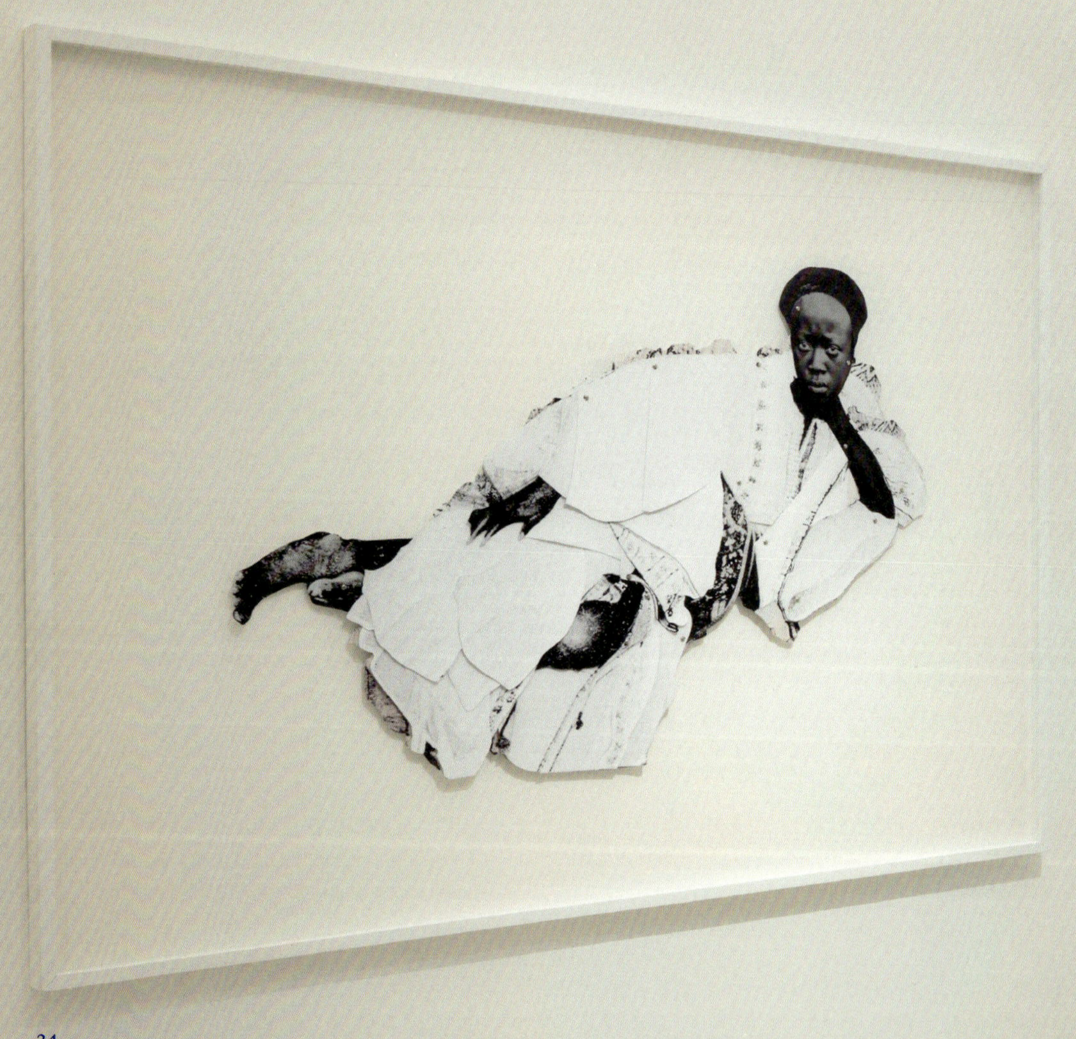

34.

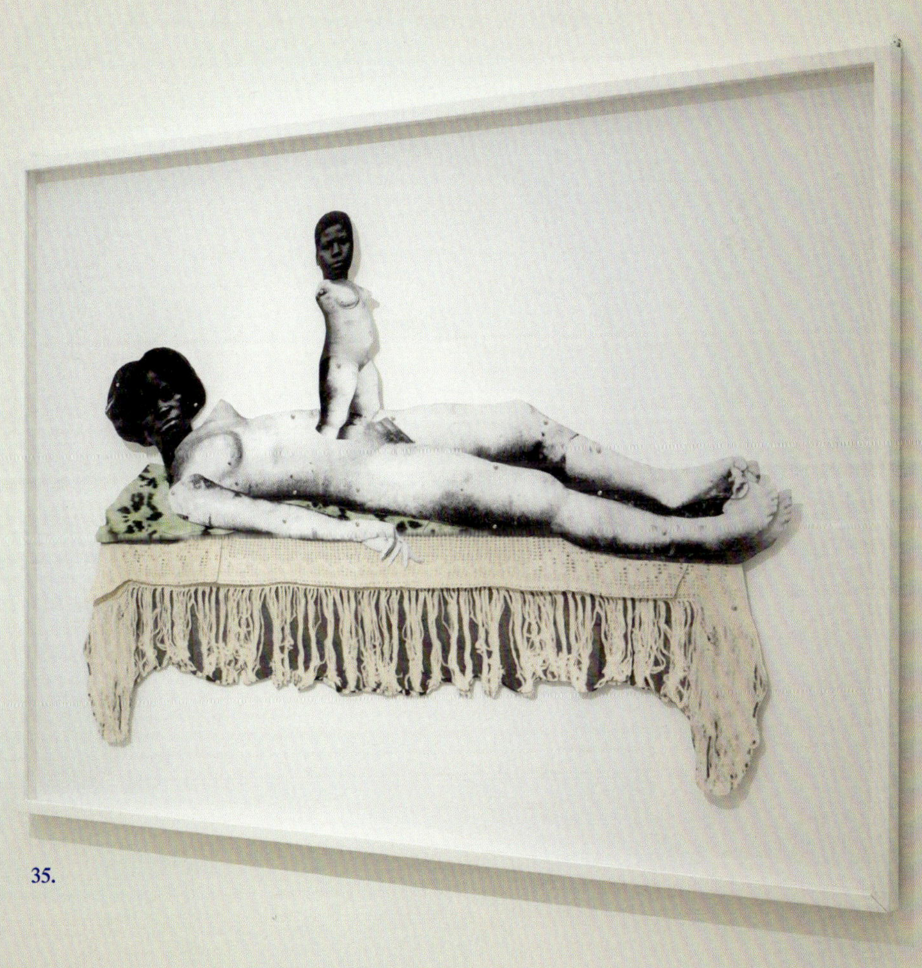

35.

Room 7
Francis Alÿs

Room 8
Esther Kläs
Anna Maria Maiolino

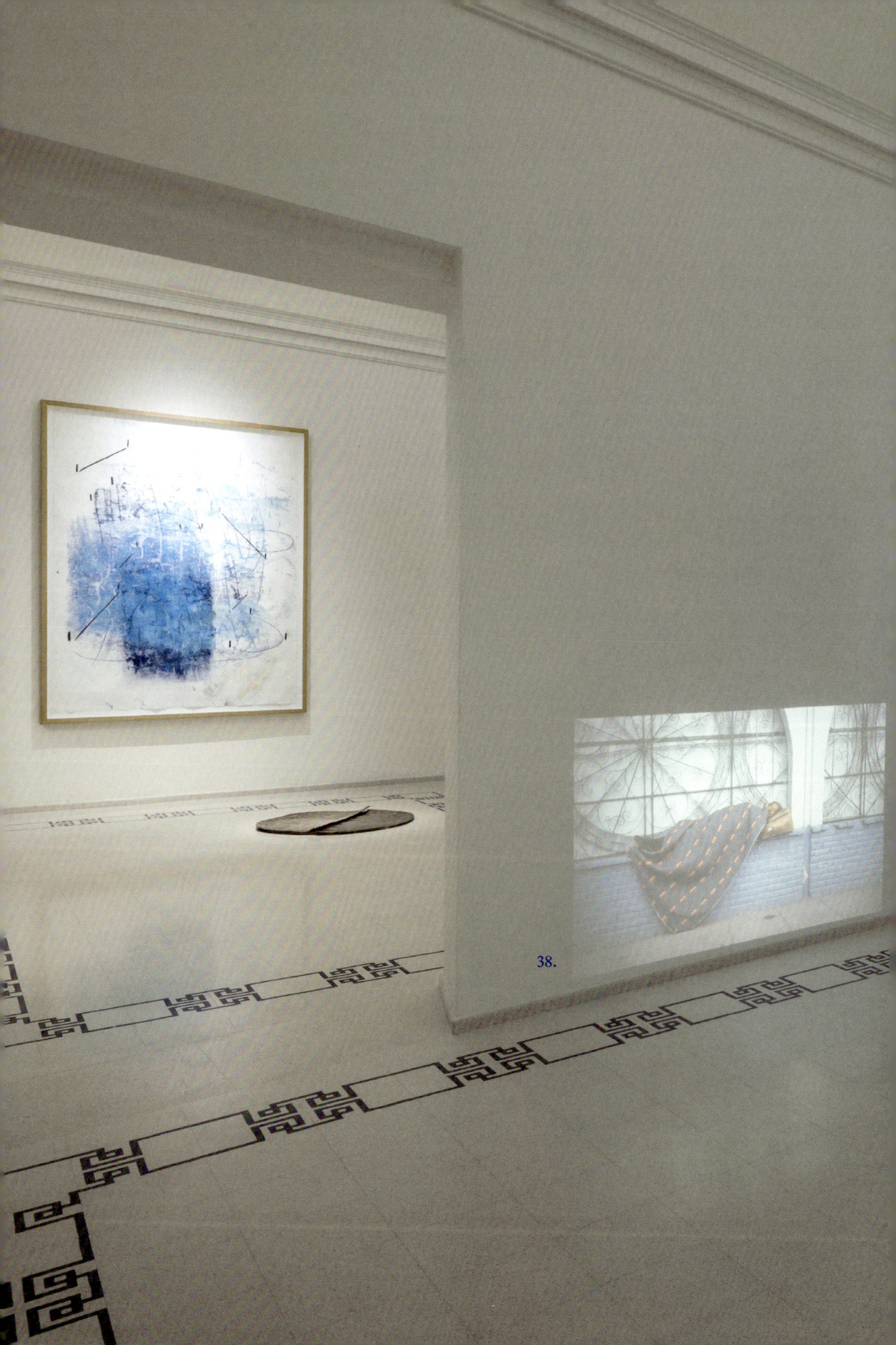

38.

38.
Sleepers II, 2001

Projection of eighty color slides, loop / Proiezione di ottanta diapositive a colori, loop
MAXXI Collection / Collezione MAXXI

The works by Belgian artist Francis Alÿs are often inspired by his exploration of urban space, in search of the anthropological and geopolitical contradictions of contemporary society, as well as of its moments of spontaneous poetry. Sleepers II *is part of a series of works conceived during his many walks through the streets of Mexico City, where Alÿs has lived since 1987. The work consists of the projection of eighty slides of men, often homeless, and stray dogs photographed while sleeping on the street, on benches, and at bus stops. The series illustrates the conflictual overlapping of public and private space, in the attempt to include in the visual narrative of the city even those who are generally ignored and made invisible. Alÿs created the images by positioning his camera on the ground at the same height as the portrayed subjects, thus establishing a non-hierarchical visual relationship. The rhythm of the carousel evokes not only the fragility of these lives but also how they appear and disappear cyclically in the alternation between day and night.*

Le opere dell'artista belga Francis Alÿs nascono spesso dall'esplorazione dello spazio urbano volto alla ricerca delle contraddizioni antropologiche e geopolitiche della società contemporanea, oltre che dei suoi momenti di spontanea poesia. *Sleepers II* fa parte di una serie di lavori concepiti nel corso di numerose passeggiate dell'artista per le strade di Città del Messico, dove Alÿs vive dal 1987. L'opera consiste in una proiezione di ottanta diapositive che ritraggono uomini, spesso senzatetto, e cani randagi colti nell'atto di dormire per strada, sulle panchine e alle fermate dell'autobus. La serie racconta la sovrapposizione conflittuale di spazio pubblico e privato e include nella narrazione visiva della città anche coloro che vengono ignorati e la cui presenza risulta spesso invisibile. Le immagini sono state realizzate posizionando la fotocamera a terra, alla stessa altezza dei soggetti ritratti, stabilendo con loro un rapporto visivo non gerarchico; mentre il ritmo del carosello evoca, oltre alla fragilità di queste esistenze, anche il loro ciclico comparire e scomparire nell'alternarsi del giorno e della notte.

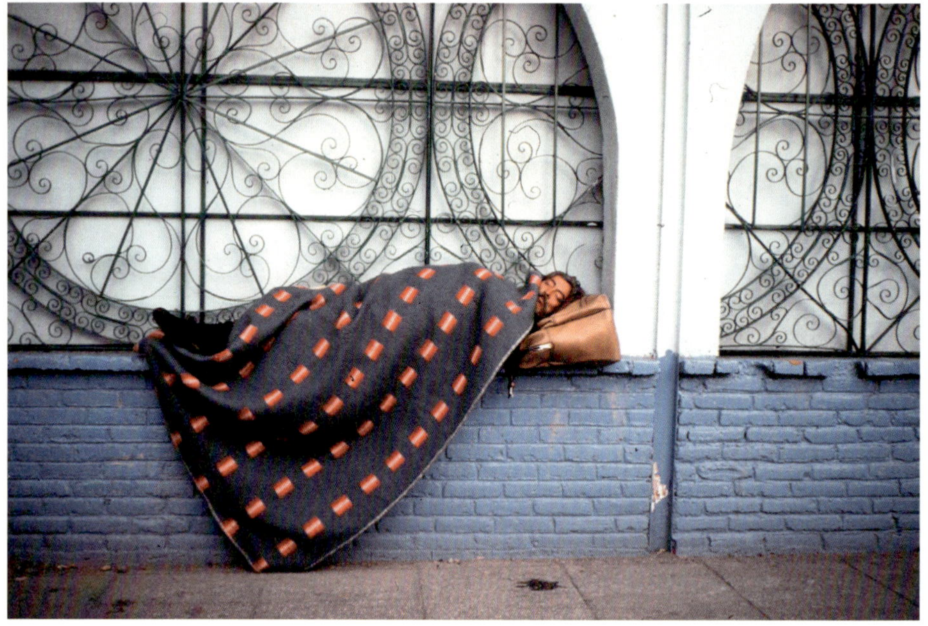

38.

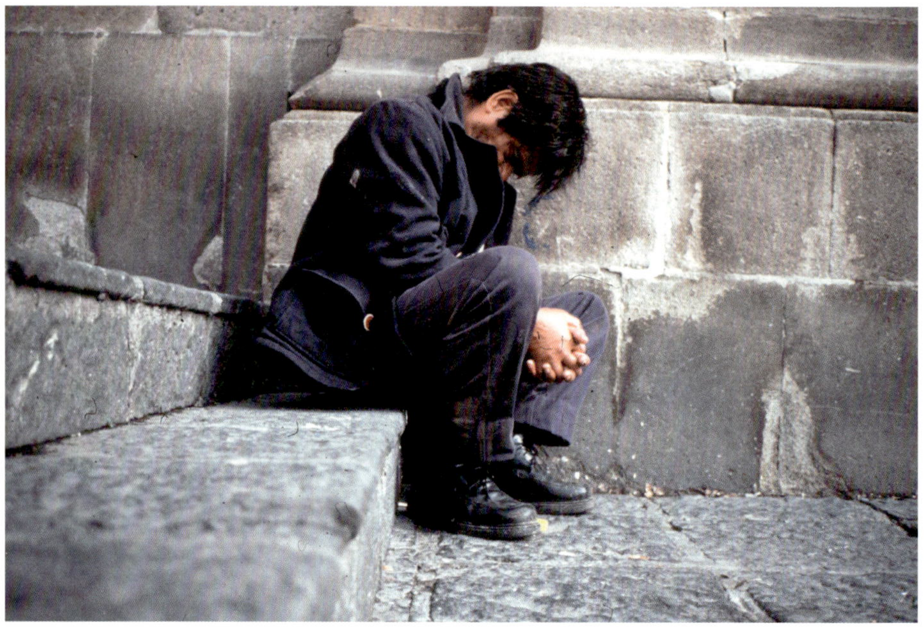

38.

FRANCIS ALŸS

39.

Study, 2000

40.

Study for Untitled (Redemption), 2000

Oil and graphite on tracing paper / Olio e grafite su carta da lucido
MAXXI Collection / Collezione MAXXI

41.

Untitled (Redemption), 2000–02

Oil and encaustic on wood / Olio ed encausto su legno

In their apparent simplicity, the images created by Francis Alÿs capture psychological and emotional subtleties of human existence, rendered in a symbolic language informed by the tradition of Belgian surrealism. The two painted panels Untitled (Redemption) *portray two boys, one black and one white, partially submerged in water as each writes on the back of the other. What they are writing is a tacit secret kept on their skin, which, we imagine, will soon be erased by the water. Alÿs creates his pictorial compositions only after having elaborated the image through multiple studies. The five works in* Study for Untitled (Redemption) *depict the various phases in the creation of the actual work. His drawings usually consist of pieces of tracing paper of various shapes held together by strips of tape, sometimes used and "assembled" like cartoon frames.*

Nella loro apparente semplicità, le immagini create da Francis Alÿs riescono a cogliere momenti e sfumature impercettibili dell'esistenza umana, attraverso una dimensione simbolica in linea con la tradizione del surrealismo belga. Nelle due tavolette dipinte intitolate *Untitled (Redemption)*, sono rappresentati due ragazzi, uno nero e uno bianco, parzialmente immersi nell'acqua, mentre scrivono uno sul dorso dell'altro. Il contenuto delle loro parole rimane un tacito segreto custodito dalla loro pelle e che, immaginiamo, sarà presto cancellato dall'acqua. Alÿs realizza le sue composizioni pittoriche soltanto dopo aver elaborato l'immagine attraverso molteplici studi. Nei cinque *Study for Untitled (Redemption)* appaiono varie fasi dell'elaborazione dell'opera finale. Gli schizzi sono solitamente costituiti da pezzi di carta da lucido, di diversa forma, uniti da strisce di adesivo, talvolta utilizzati e "montati" come fotogrammi di disegni animati.

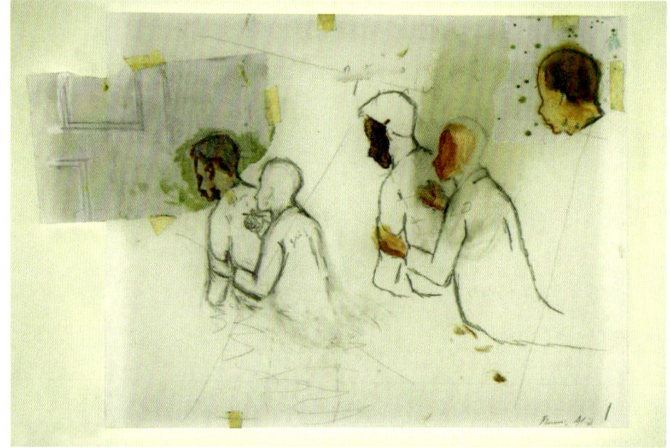

40.

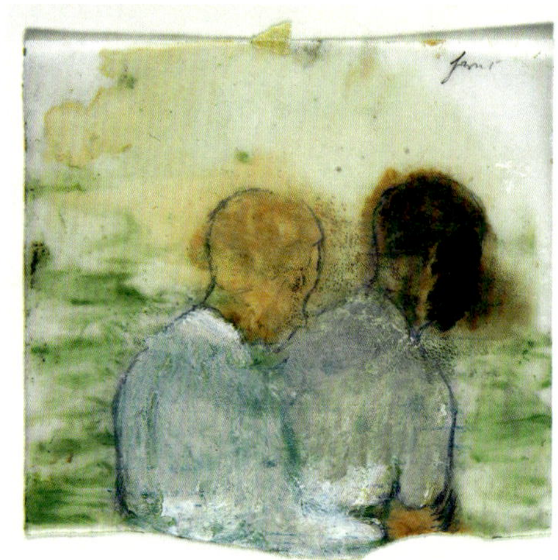

40.

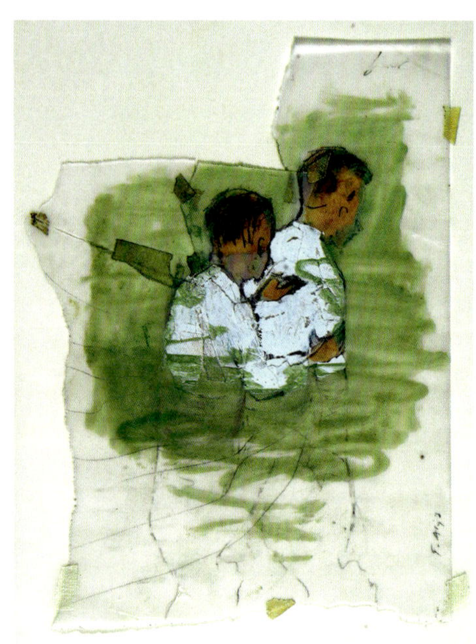

40.

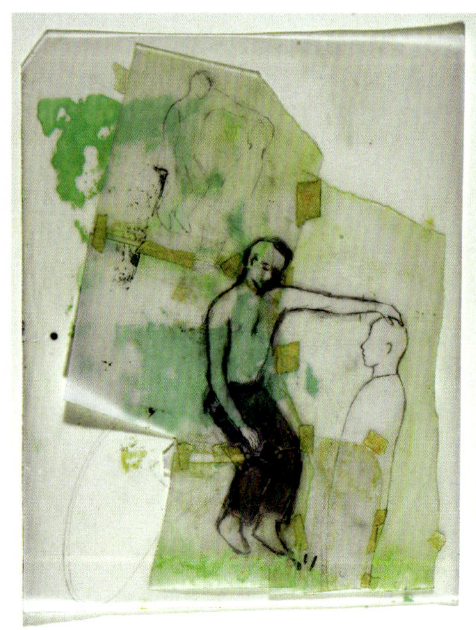

39.

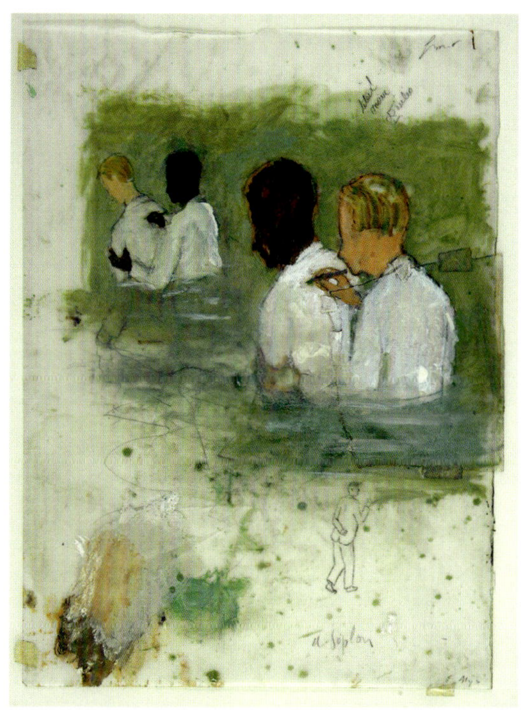

40.

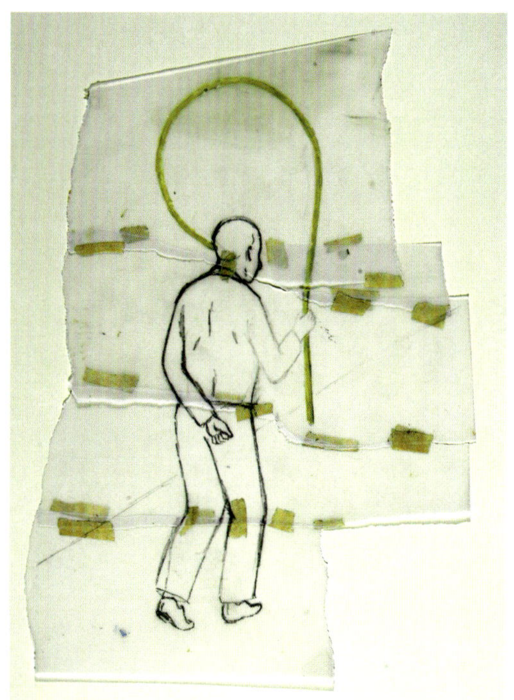

39.

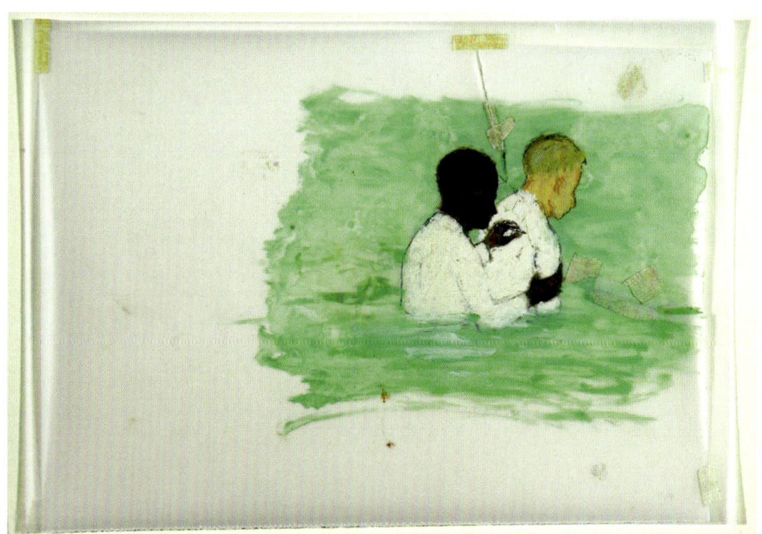

40.

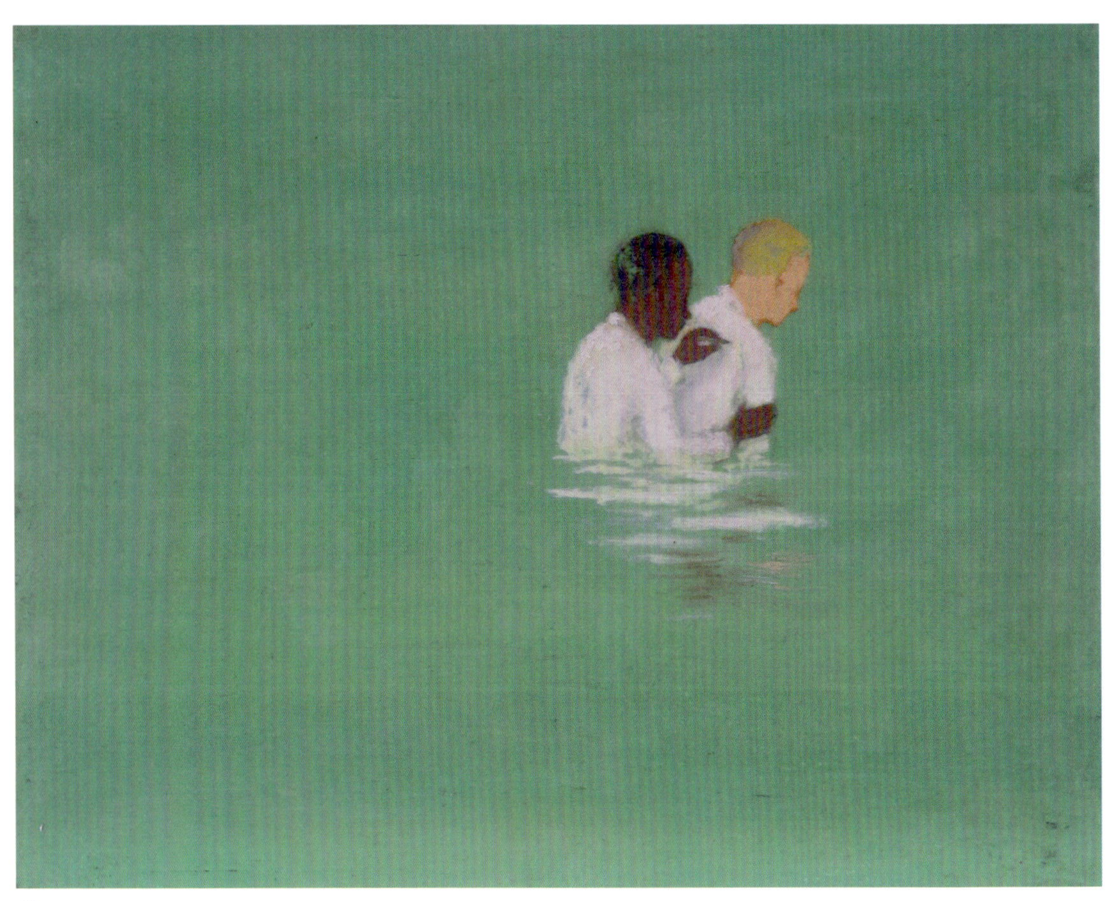

41.

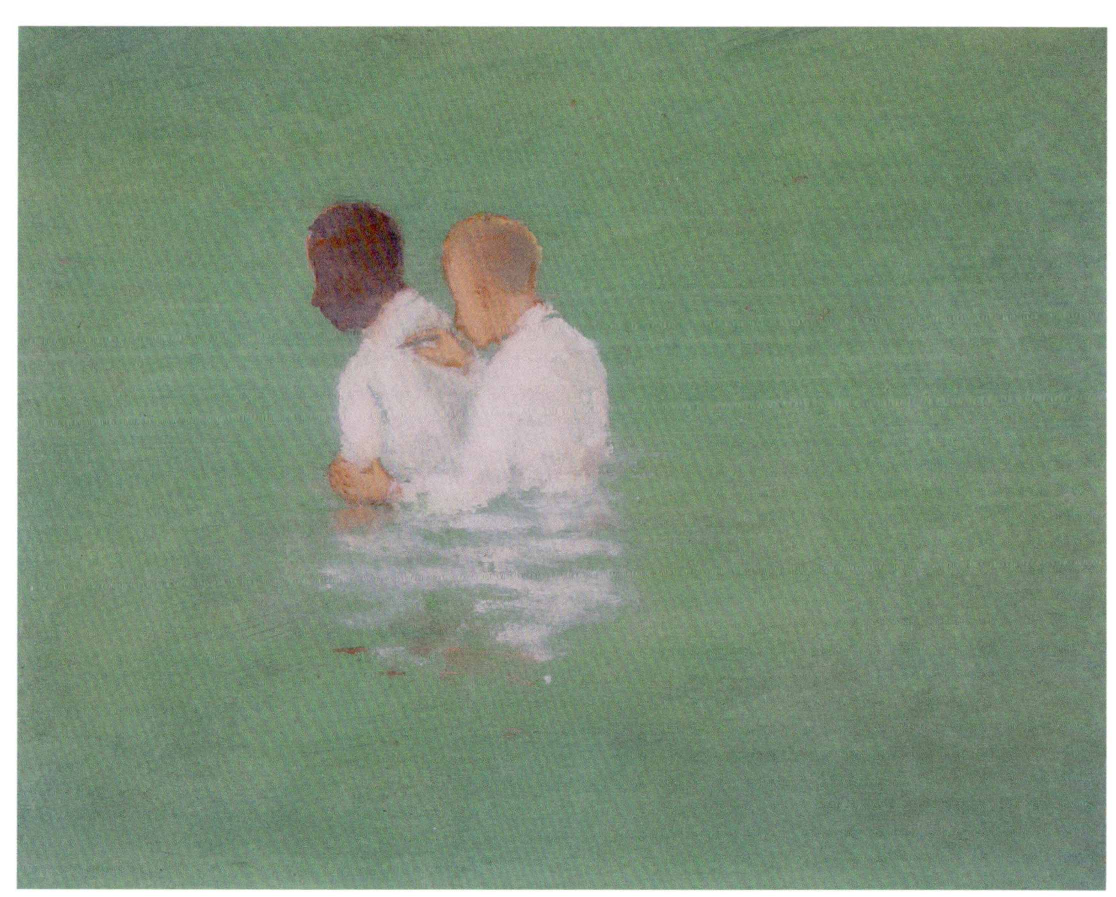

41.

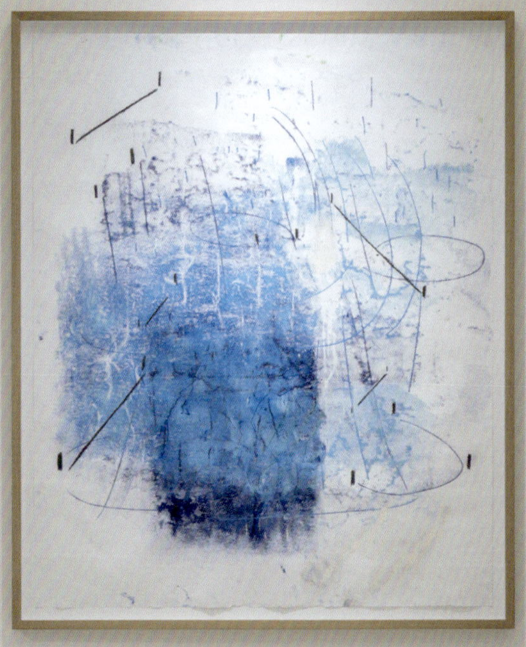

42.

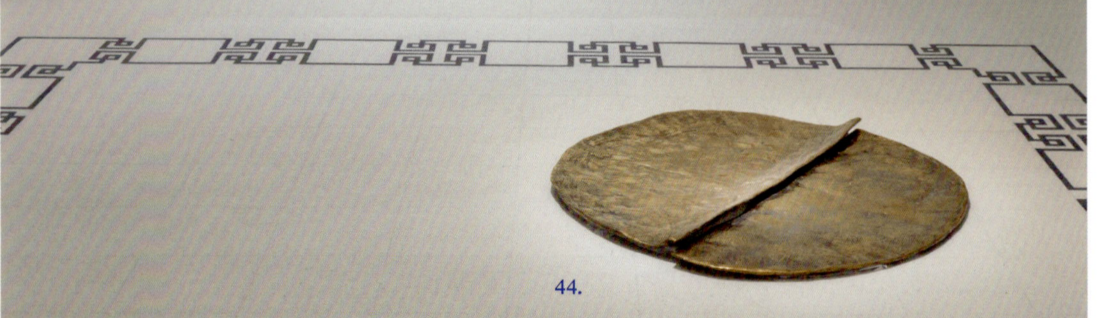

44.

42.
BA///, 2013

Monotype, colored pencil on paper / Monotipo, matita colorata su carta

43.
Crescendo, 2015

Graphite, colored pencil, eraser on Fabriano paper /
Grafite, matita colorata, gomma su carta Fabriano

44.
Bronzato, 2015

Bronze / Bronzo
MAXXI Collection / Collezione MAXXI
Donated by Daniel Milman / Donazione Daniel Milman

The practice of German artist Esther Kläs establishes a dialogue between sculpture, drawing, and engraving, developing a tactile and perceptive language that reveals profound relations with specific artistic movements of the twentieth century, from Art Informel to Post-minimalism. The artist considers the body as the central focus of her work, and encourages us to see it as a meditation on the relationship between the physical dimension, our inner experience, space, and materials. Clay, bronze, resin, or oil pastels are modeled employing intuitive gestures, alternatively indicating motion and immobility. This quasi-performative quality of both gestures and materials are also found in the works on paper on display, in which Kläs suggests the presence of relationships between creating and seeing, our body and time, the three-dimensional space of a sculpture and the two-dimensional space of a drawing.

L'artista tedesca Esther Kläs pone in dialogo tra loro scultura, disegno e incisione, sviluppando un linguaggio tattile e percettivo che rivela profondi legami con alcune correnti del ventesimo secolo, dall'informale al post-minimalismo. Nel porre il corpo come soggetto protagonista della sua opera, l'artista incoraggia una riflessione sul rapporto tra fisicità, esperienza interiore, spazio e materiali. Argilla, bronzo, resina o pastelli a olio sono modellati con gesti intuitivi, secondo un linguaggio che alterna movimento e stasi. Ritroviamo questa valenza quasi performativa dei gesti e del trattamento dei materiali anche nei lavori su carta, come quelli presenti in mostra. Kläs suggerisce relazioni tra il fare e il vedere, il corpo e il tempo, lo spazio tridimensionale della scultura e quello bidimensionale del disegno.

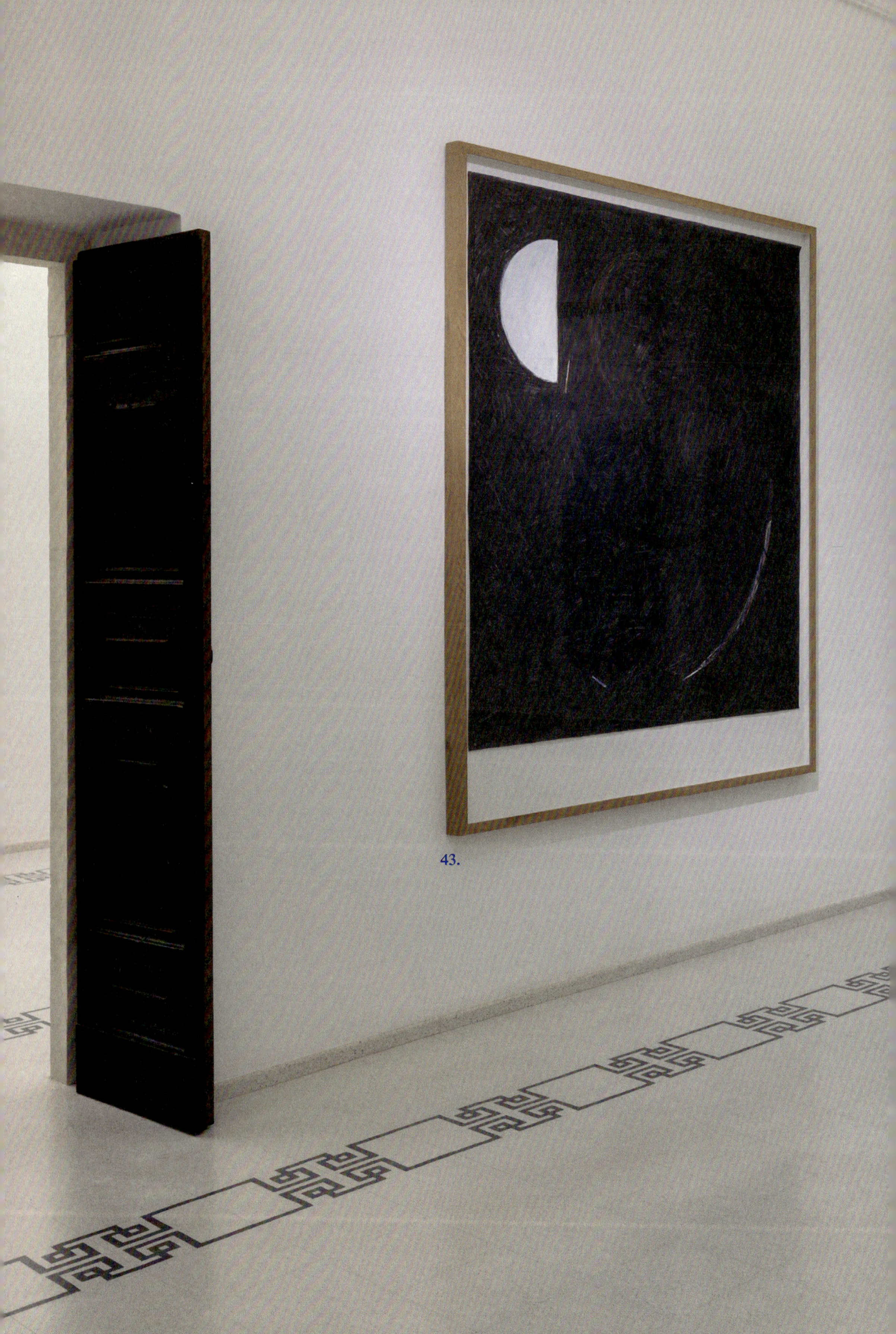

43.

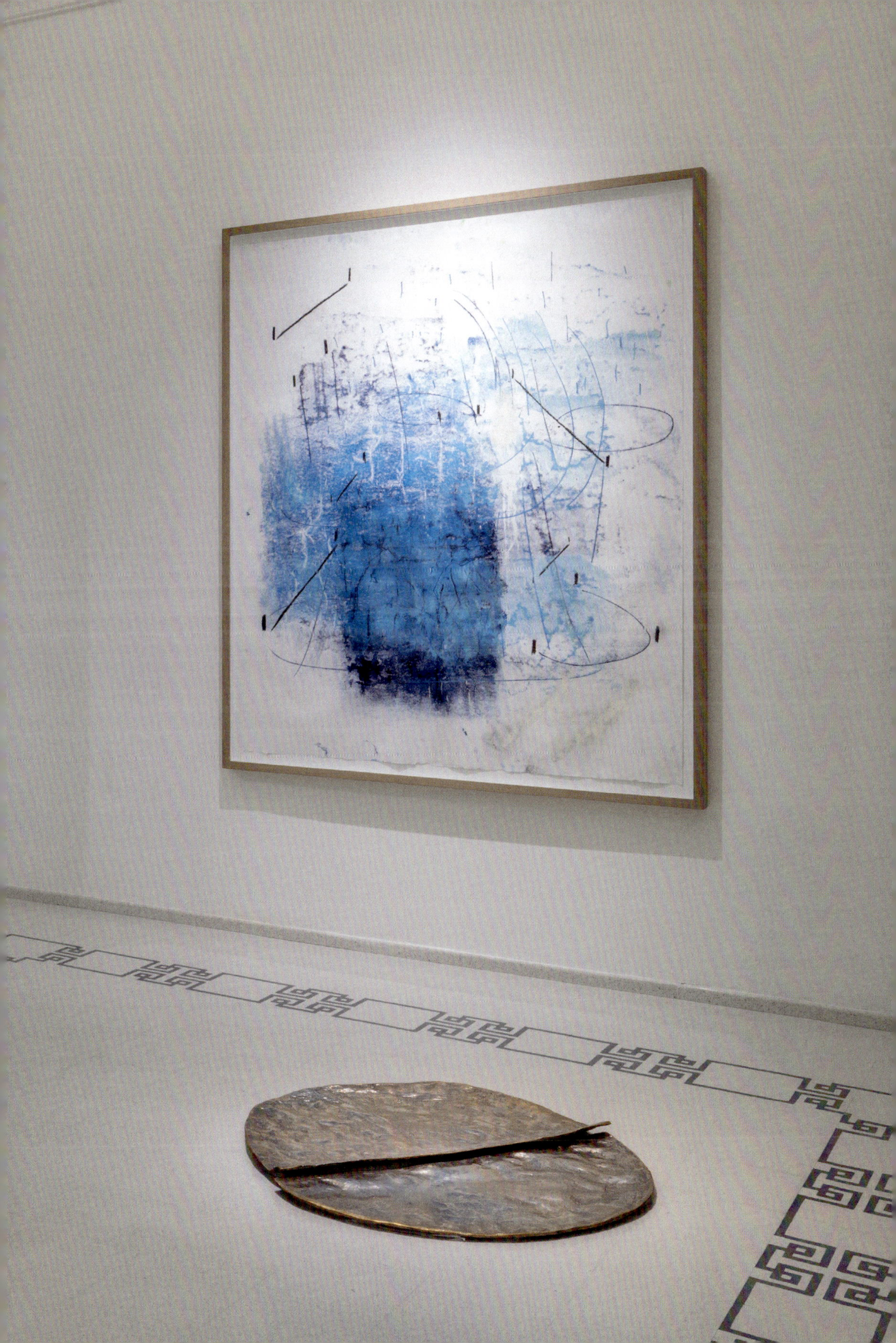

45.
Untitled, 2015

Raku ceramics / Ceramica Raku
MAXXI Collection / Collezione MAXXI

The artistic practice of Anna Maria Maiolino, a Brazilian artist with Italian roots, is informed by the attention to the body, the fascination with materials, and the mixing of different media. In her work, which includes sculpture, installation, painting, performance, and photography, Maiolino submits shapes and materials to a cyclical process of creation and destruction, often achieving an ambiguous, fertile balance between the figurative and the abstract, the fragment and the whole. In her clay pieces like the one on display, the artist begins with the basic actions that must be carried out to work with this malleable material, activities such as kneading, rolling, pulling, and cutting. The fired surface preserves the internal memory of its creation process, from manipulation to transformation during firing, while the resulting image retains a certain degree of ambiguity. It needs to be clarified what the linguistic and mathematical signs of the parenthesis and the minus communicate. Thus the distinction between what a sign is and what an image is, between the potential state of a material when it is ductile and organic and the immutable state of the created forms, remains a mystery.

L'attenzione per il corpo, la fascinazione per la materia e la commistione di linguaggi diversi sono elementi ricorrenti nella pratica dell'artista brasiliana di origine italiana, Anna Maria Maiolino. Nelle sue opere – che comprendono scultura, installazione, pittura, performance e fotografia – l'artista sottopone forme e materiali a un ciclico processo di creazione e di distruzione, spesso raggiungendo un equilibrio ambiguo e generativo tra figurazione e astrazione, tra il frammento e la totalità. Nelle opere realizzate in argilla come quella in mostra, l'artista parte dalle azioni basilari necessarie al trattamento di questo materiale malleabile, come l'impastare, il rotolare, l'allungare e il tagliare. La superficie fiammata trattiene le memorie interne del suo processo di creazione, dalla manipolazione fino alla trasformazione in fase di cottura, mentre l'immagine ottenuta conserva un certo grado di ambiguità: non è chiaro, infatti, cosa comunichino i segni linguistici e matematici del meno e della parentesi. Resta così enigmatica la distinzione tra cosa sia un segno e cosa sia un'immagine, tra lo stato potenziale di un materiale colto nella sua duttilità e organicità e lo stadio di fissità delle forme create.

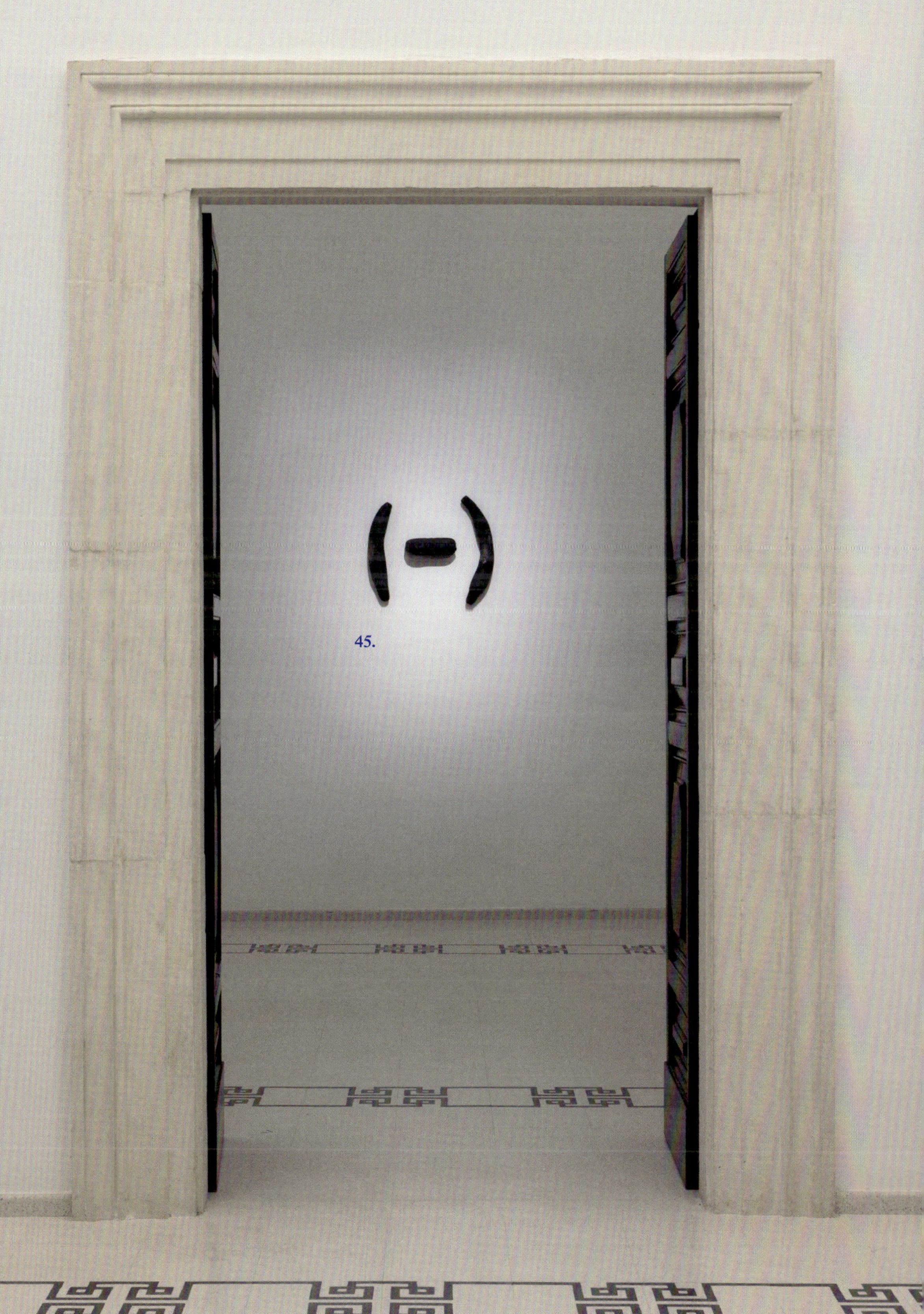
45.

Room 9
Stefano Arienti

Room 10
Massimo Grimaldi

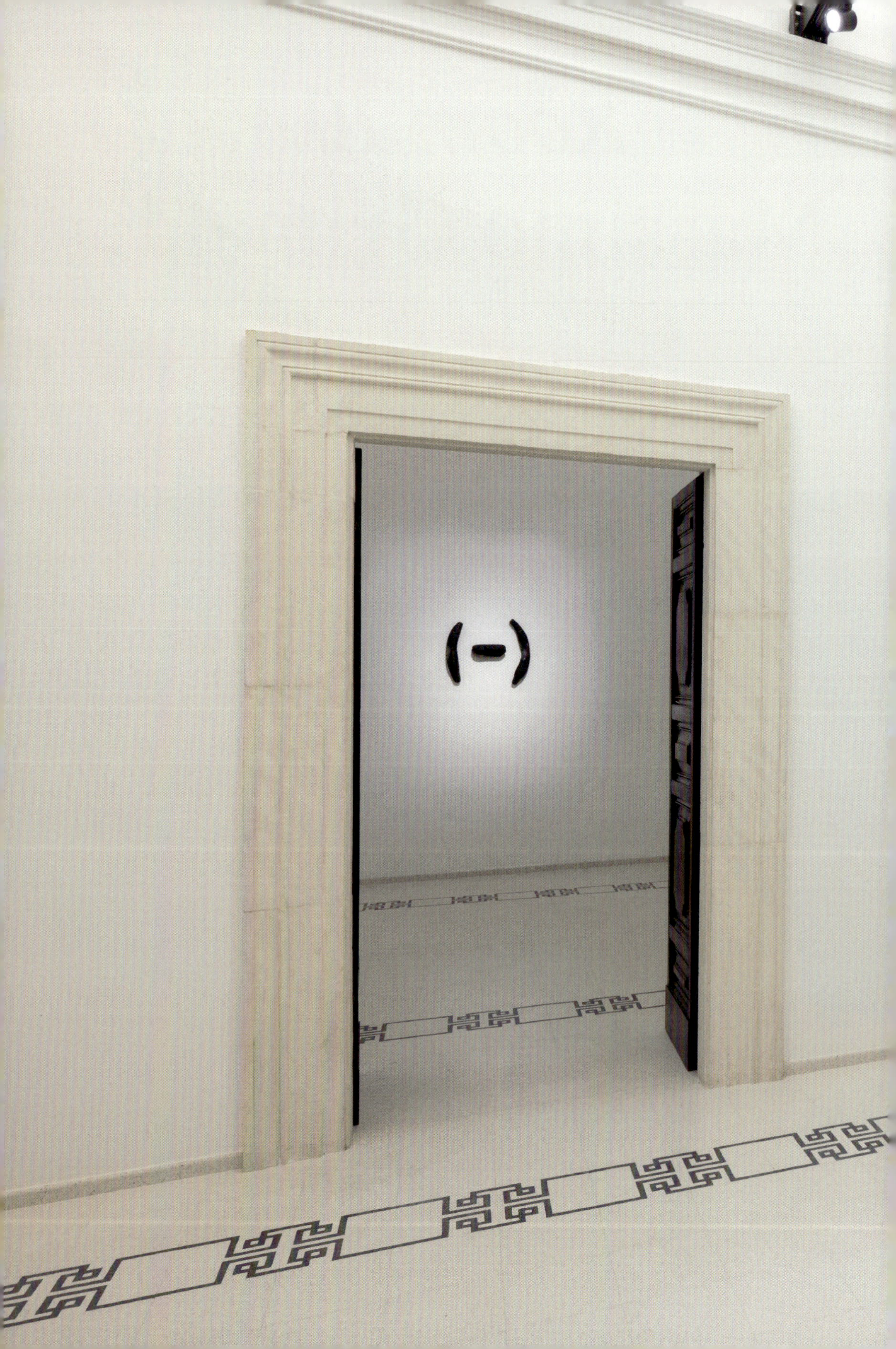

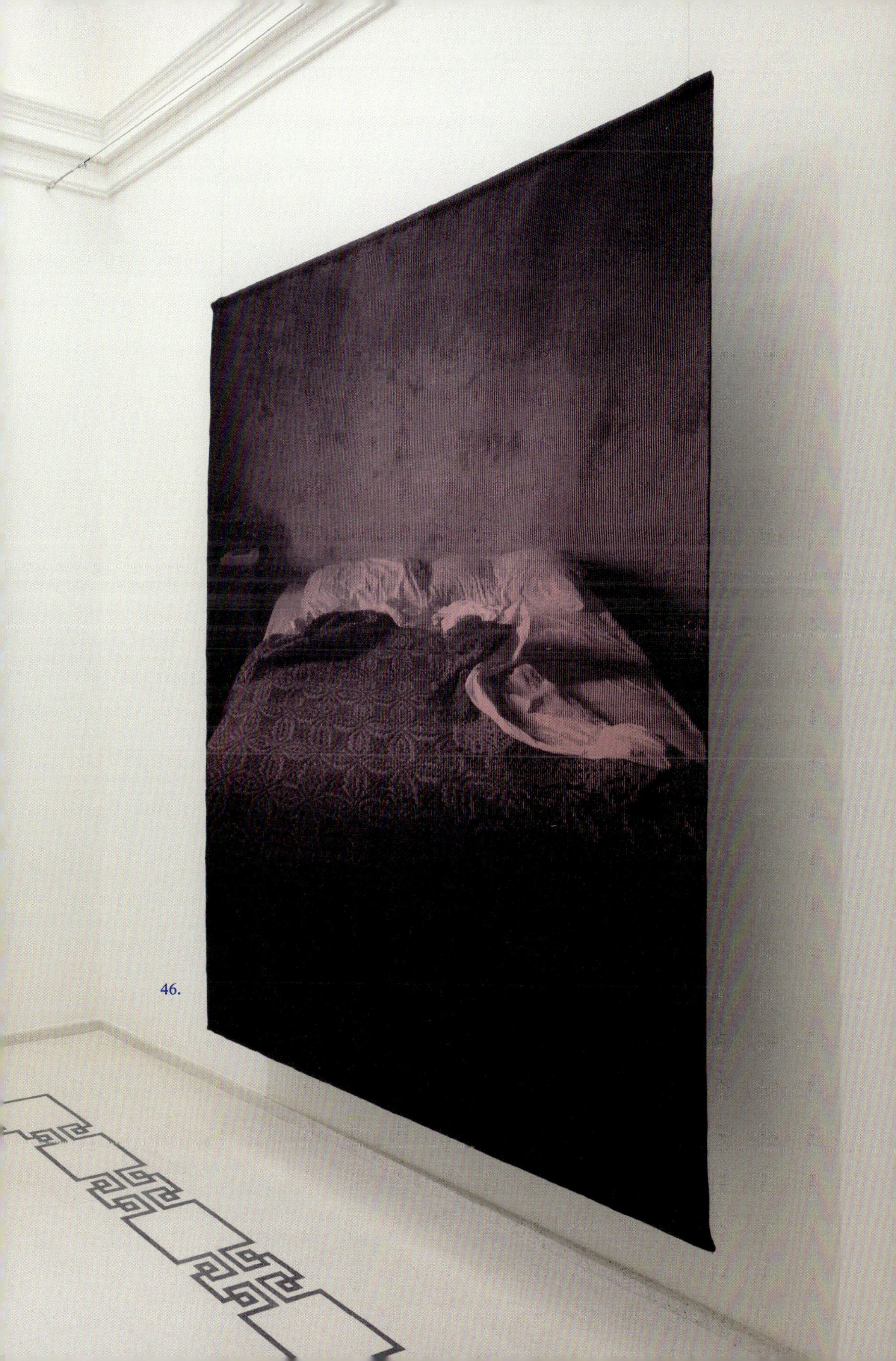

46.

46.

Retina, 2018–20

Silk tapestry / Arazzo in seta
MAXXI Collection / Collezione MAXXI

Realized thanks to the Italian Council 2018 funding /
Opera realizzata grazie al finanziamento Italian Council, 2018

Italian artist Stefano Arienti who has a previous education in agricultural science began exploring art in the mid-1980s, testing images' status and possibilities via constant experimentation of techniques and materials. His interest in craft and decorative arts is reflected in Retina, *a project produced by the Fondazione Mavina Menegaz per le Arti e le Culture and created in the tapestry workshops of Arazzeria Pennese in Penne (Pescara). Arienti offers an innovative take on the tapestry technique: he selected photographs that he personally took and wove them mechanically after having elaborated them digitally using halftone printing (or, "retinatura"), whose purpose is to simplify the image while still retaining its information. Through this process, the image is progressively broken down and transformed into an object of a completely different size, material, and temporality. Two of the three works in the series were on display: they illustrate the movement from an internal space—the artist's bed during a residenza in Santo Stefano di Sessanio (L'Aquila)—to an external one— the landscape of Campo Imperatore on Gran Sasso mountain.*

Formatosi nell'ambito delle scienze agrarie, l'artista italiano Stefano Arienti si avvicina all'arte nella metà degli anni Ottanta, inaugurando una linea di ricerca che si declina sulle infinite possibilità dell'immagine attraverso una costante sperimentazione di tecniche e materiali. Il suo interesse per il mondo dell'artigianato e delle arti decorative trova espressione nel progetto *Retina*, prodotto dalla Fondazione Mavina Menegaz per le Arti e le Culture e realizzato nei laboratori dell'Arazzeria Pennese di Penne (Pescara). Arienti interpreta la tecnica dell'arazzo in maniera innovativa, adottando un procedimento di tessitura meccanica a partire da fotografie da lui stesso scattate e sottoposte a un processo di elaborazione digitale definito "retinatura", che ha l'obiettivo di semplificare l'immagine pur mantenendone le informazioni. In questo processo, l'immagine viene progressivamente distrutta e al tempo stesso trasformata in un oggetto di dimensione, materiale e temporalità completamente diversi. In mostra sono stati esposti due dei tre elementi che compongono la serie e che descrivono il movimento da un interno – il letto dell'artista durante una residenza a Santo Stefano di Sessanio (L'Aquila) – verso l'esterno – il paesaggio di Campo Imperatore sul Gran Sasso.

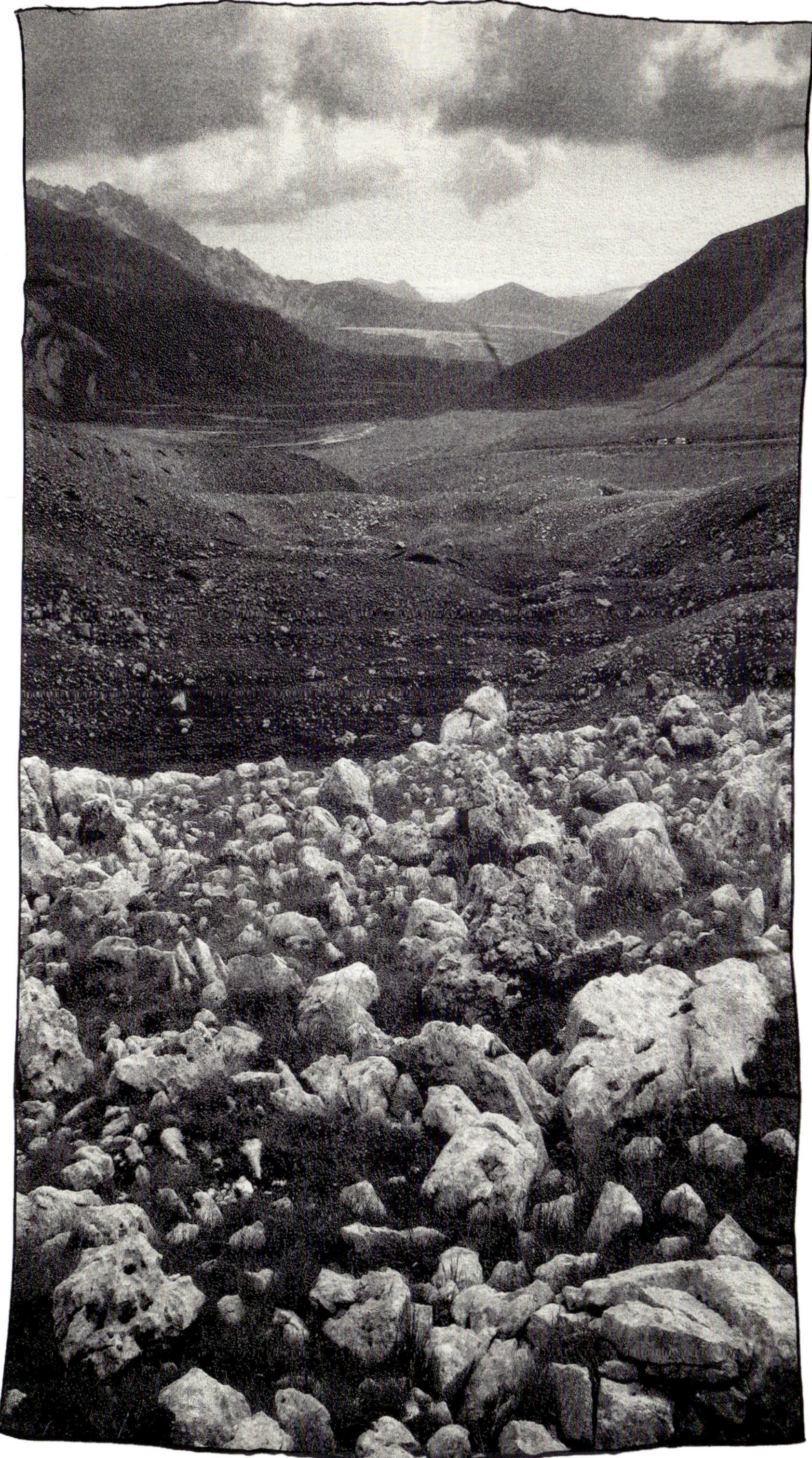

46.

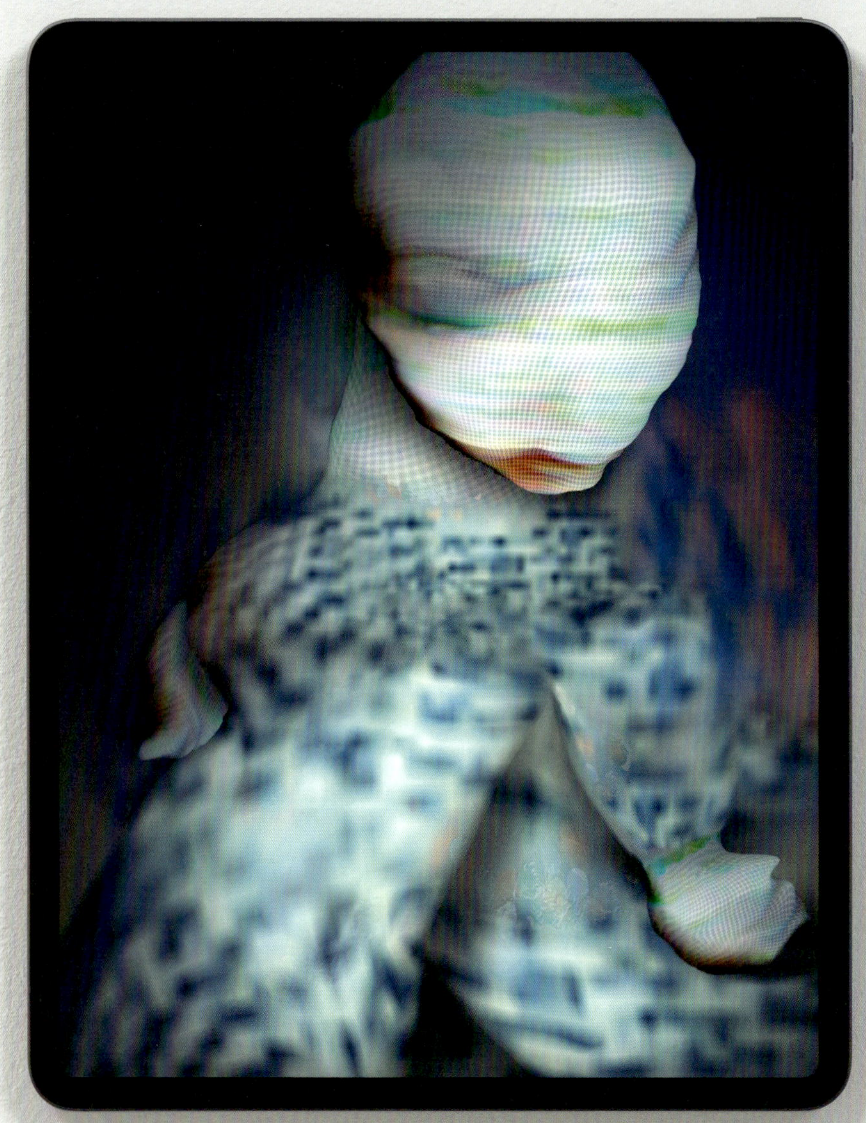

48.

47.

Scarecrows, 2021

Slideshow on Apple iPad Pro / Slideshow su iPad Pro Apple
De Iorio Collection / Collezione De Iorio

48.

Scarecrows, 2021

Slideshow on Apple iPad Pro / Slideshow su iPad Pro Apple
Roberto and Carla Mantica Collection / Collezione Roberto e Carla Mantica

49.

Scarecrows, 2022

Slideshow on Apple iPad Pro / Slideshow su iPad Pro Apple
Christen Sveaas Art Collection

Massimo Grimaldi analyzes current meanings and values of art from a formal and political perspective, investigating how images are produced and circulated, together with the social dynamics they reveal. Starting from a reflection on the traditional language of portraiture, in his Scarecrows series, he stages slideshows mounted on the latest model of Apple iPad devices, presenting images digitally processed through an accumulation of filters and visual effects. The artist takes applications and software widely available on smartphones and computers, pushing their expressive and painting potential to the limit. The resulting distorted anatomies and barely human figures reflect on the transformative capacity of technology and suggest a possible and imminent coexistence between human-made and machine-made art.

L'artista italiano Massimo Grimaldi analizza significati e valori attuali dell'arte da una prospettiva formale e politica, indagando i modi in cui le immagini vengono prodotte e fatte circolare, insieme alle dinamiche sociali che esse manifestano. A partire da una riflessione sul linguaggio tradizionale della ritrattistica, la serie *Scarecrows* presenta sull'ultimo modello di Apple iPad immagini elaborate digitalmente attraverso una stratificazione di filtri ed effetti visivi sommati tra loro. L'artista spinge al limite espressivo e pittorico applicazioni e programmi disponibili su comuni cellulari e computer, creando anatomie distorte e figure a malapena umane che riflettono sulla capacità trasformativa della tecnologia e che suggeriscono una possibile e imminente coesistenza tra un'arte umana e un'arte delle macchine.

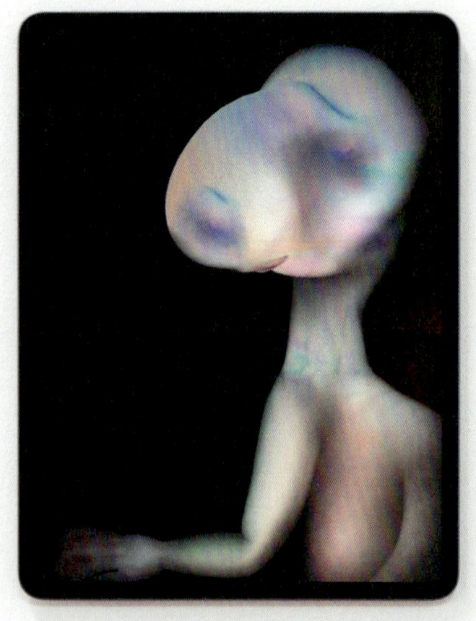
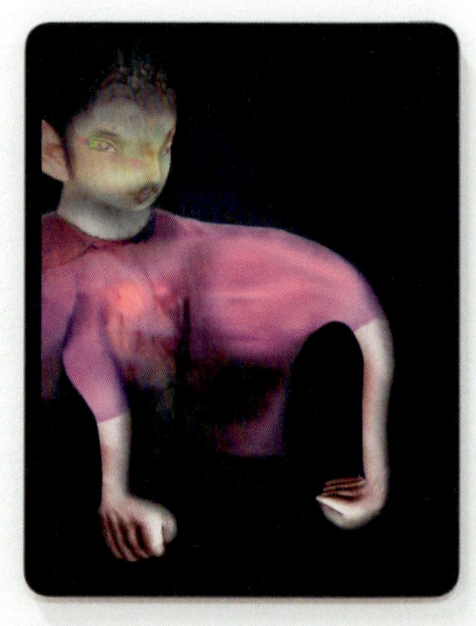

47.

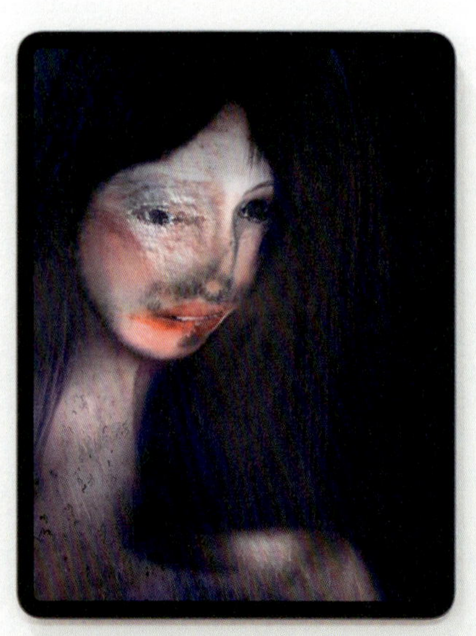
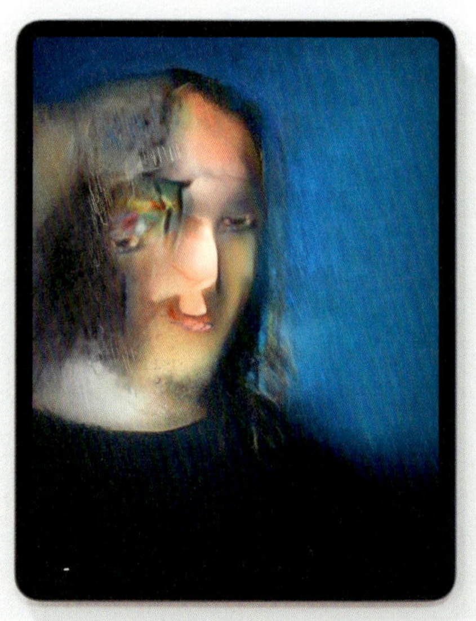

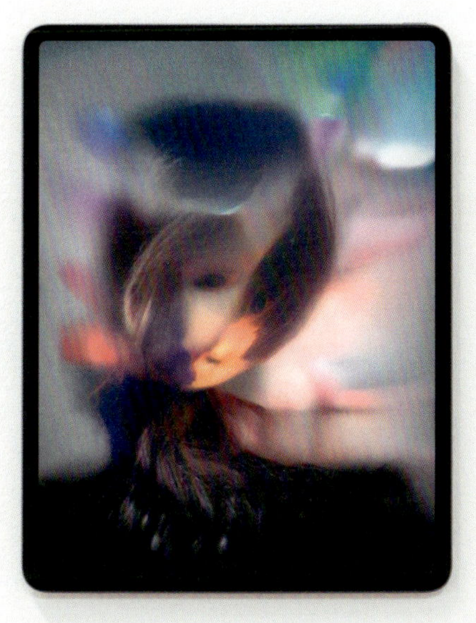

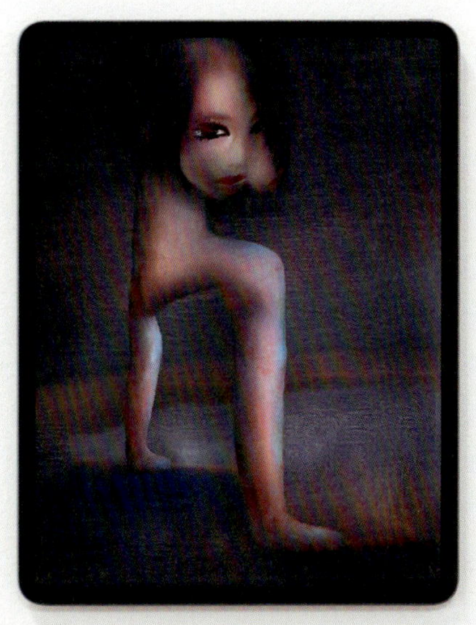

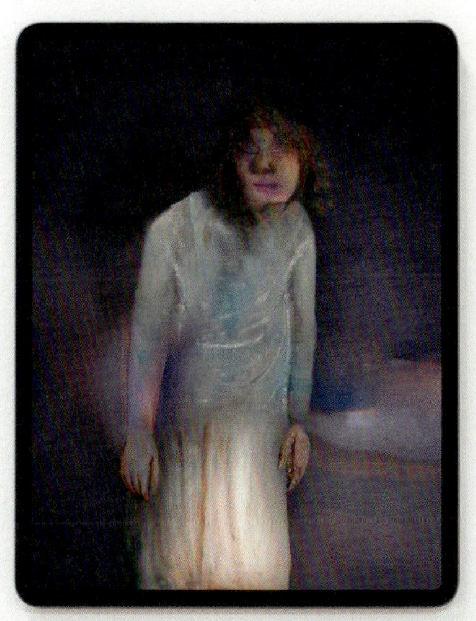

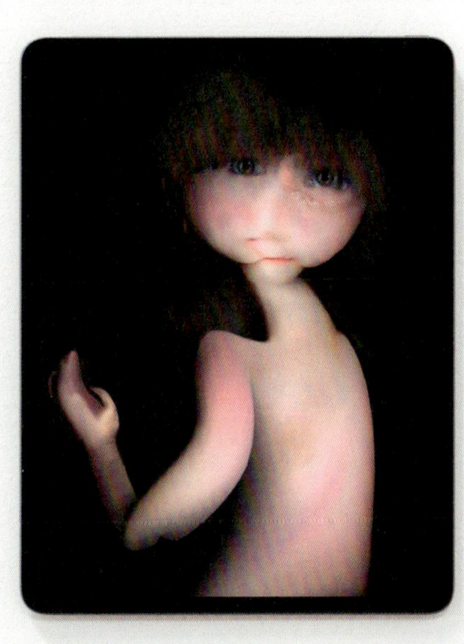

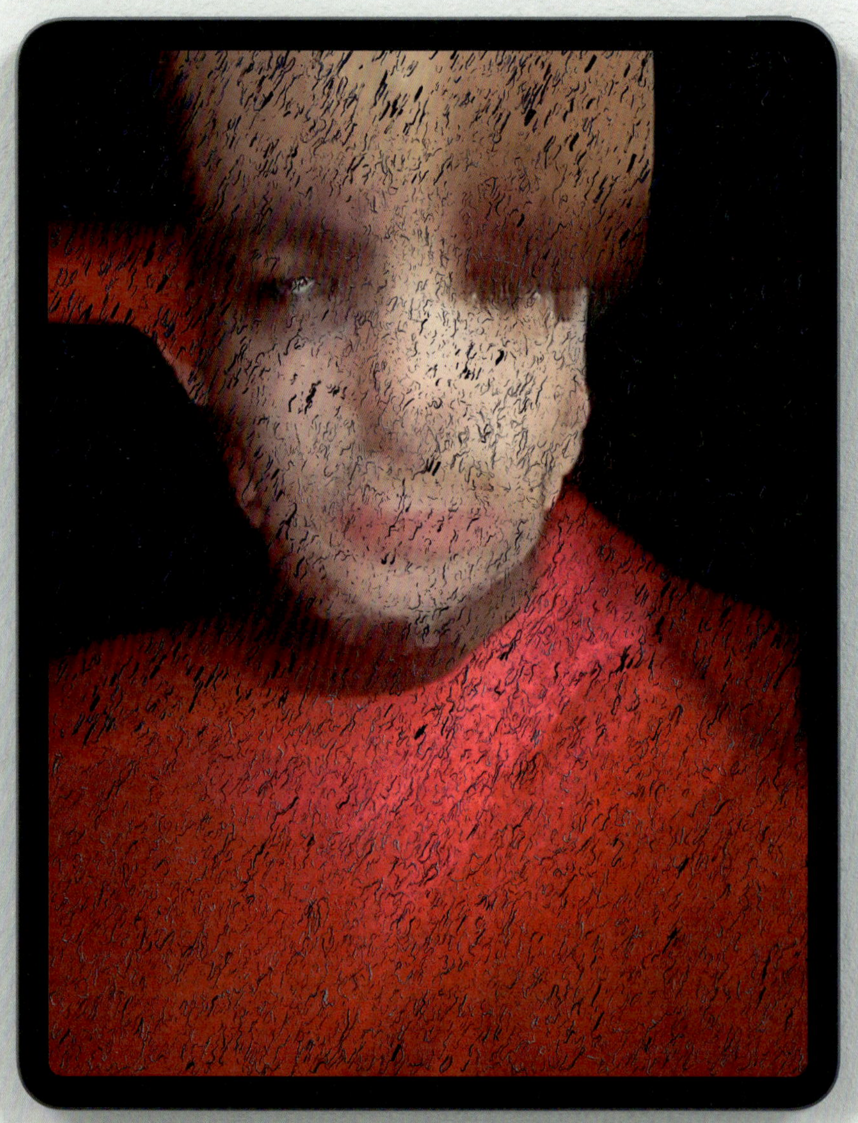

49.

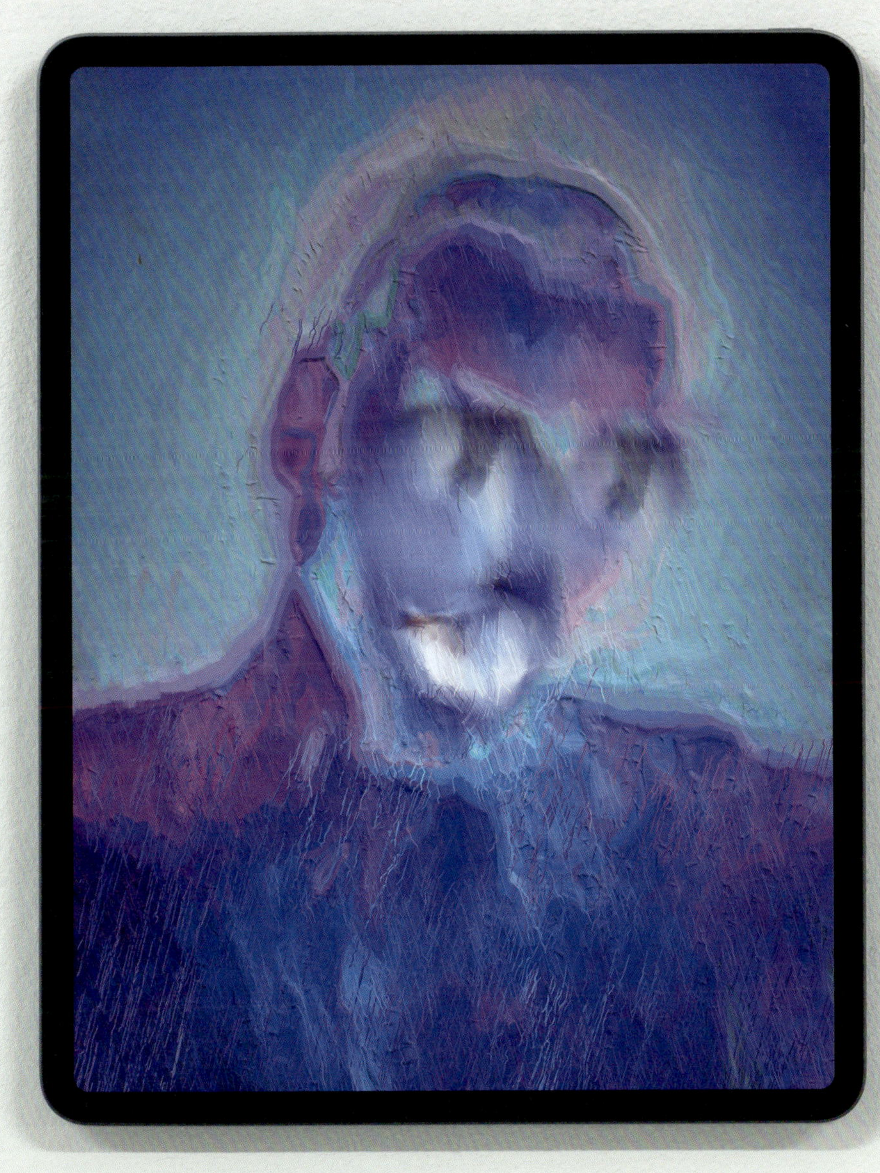

Room 11
Dominique White

Room 12
Paolo Gioli
He Xiangyu

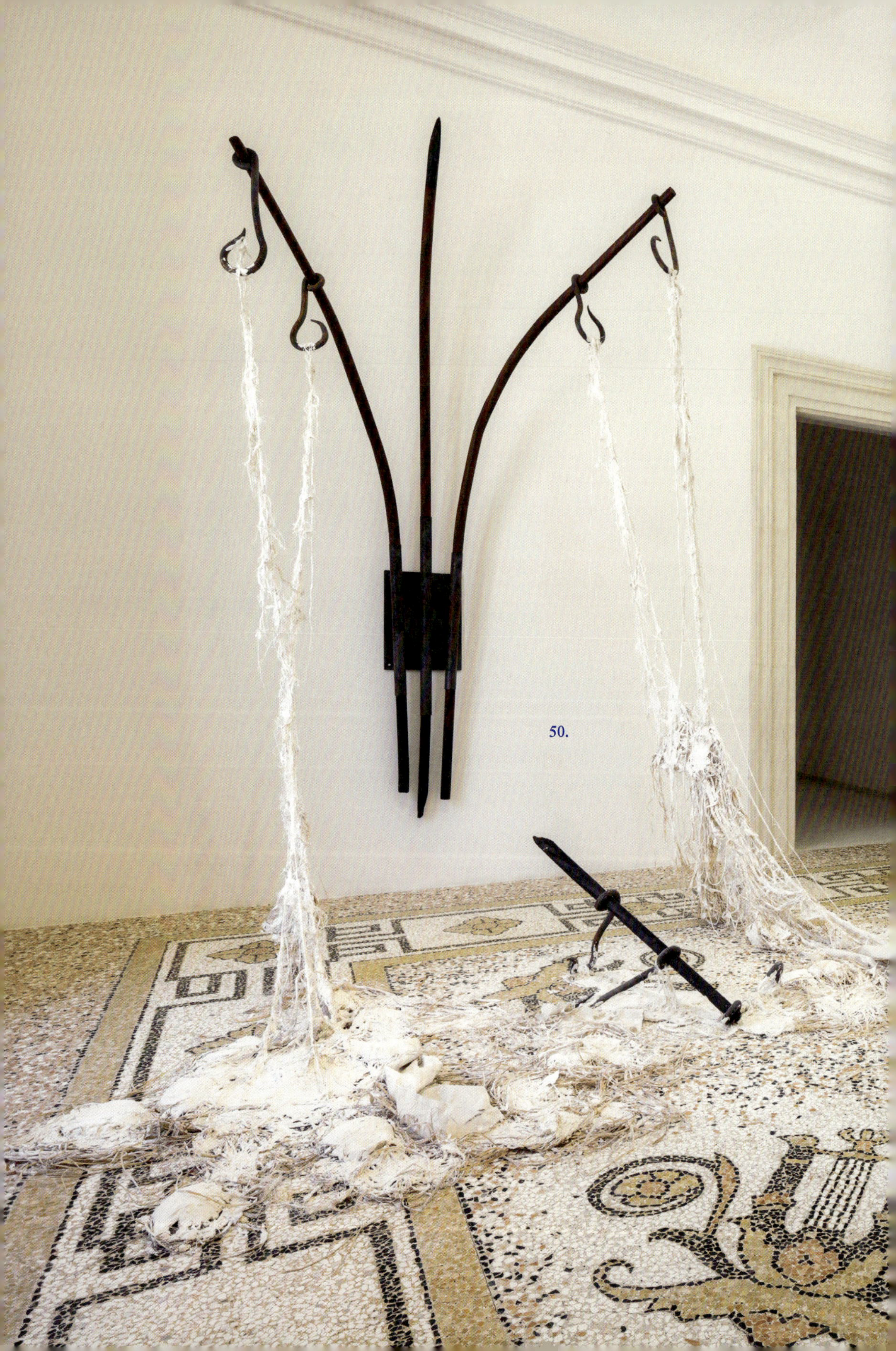

50.

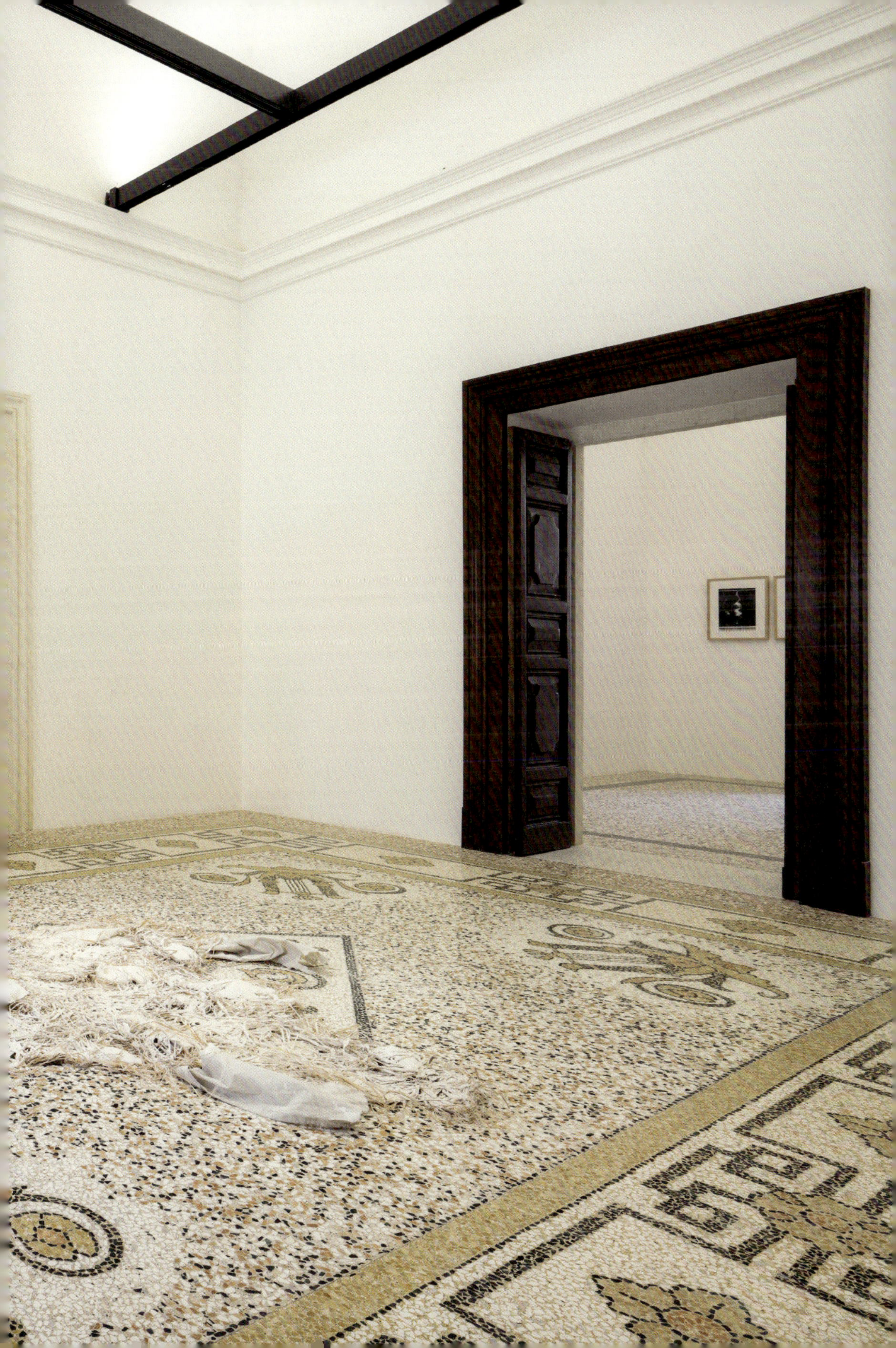

50.
Land, Nation-State, Empire, 2022

Mahogany, forged iron, sisal rope, kaolin clay, raffia, sails /
Mogano, ferro forgiato, corda sisal, caolino, rafia, vele
Courtesy: Dominique White; Veda, Firenze

British artist Dominique White uses everyday materials like raffia, kaolin, iron, and wood to create intricate sculptures and installations that often comment on the complex history of Blackness and its shifting perception in present times. This new installation explores the symbol of the flag and its cultural, historical, and political meanings via a strongly expressive sculptural language. Flags, and the poles that secure them to building façades, are ubiquitous symbols that cross the history of humanity: they indicate a variety of things, such as the presence of authority, the sense of national belonging, the defense of borders, the aspiration for conquest, and the fight for survival. Through the accumulation and the deterioration of the materials, the artist brings out both the fragility and enduring nature of this symbol, evoking the co-existence of violence and creation with a language that is as ephemeral as it is visceral.

L'artista britannica Dominique White utilizza materiali di uso quotidiano come rafia, caolino, ferro e legno per creare intricate sculture e installazioni che spesso commentano la complessa storia della Blackness e la sua mutevole interpretazione contemporanea. Questa nuova installazione esplora il simbolo della bandiera e i suoi significati culturali, storici e politici attraverso un linguaggio scultoreo fortemente espressivo. Le bandiere e i pali che le fissano alle facciate degli edifici sono simboli onnipresenti che attraversano la storia dell'umanità: indicano una varietà di cose, come la presenza dell'autorità, il senso di appartenenza nazionale, la difesa dei confini, l'aspirazione alla conquista e la lotta per la sopravvivenza. Attraverso l'accumulo e il deterioramento dei materiali, l'artista fa emergere la fragilità e la persistenza di questo simbolo, evocando la coesistenza di violenza e creazione con un linguaggio tanto effimero quanto viscerale.

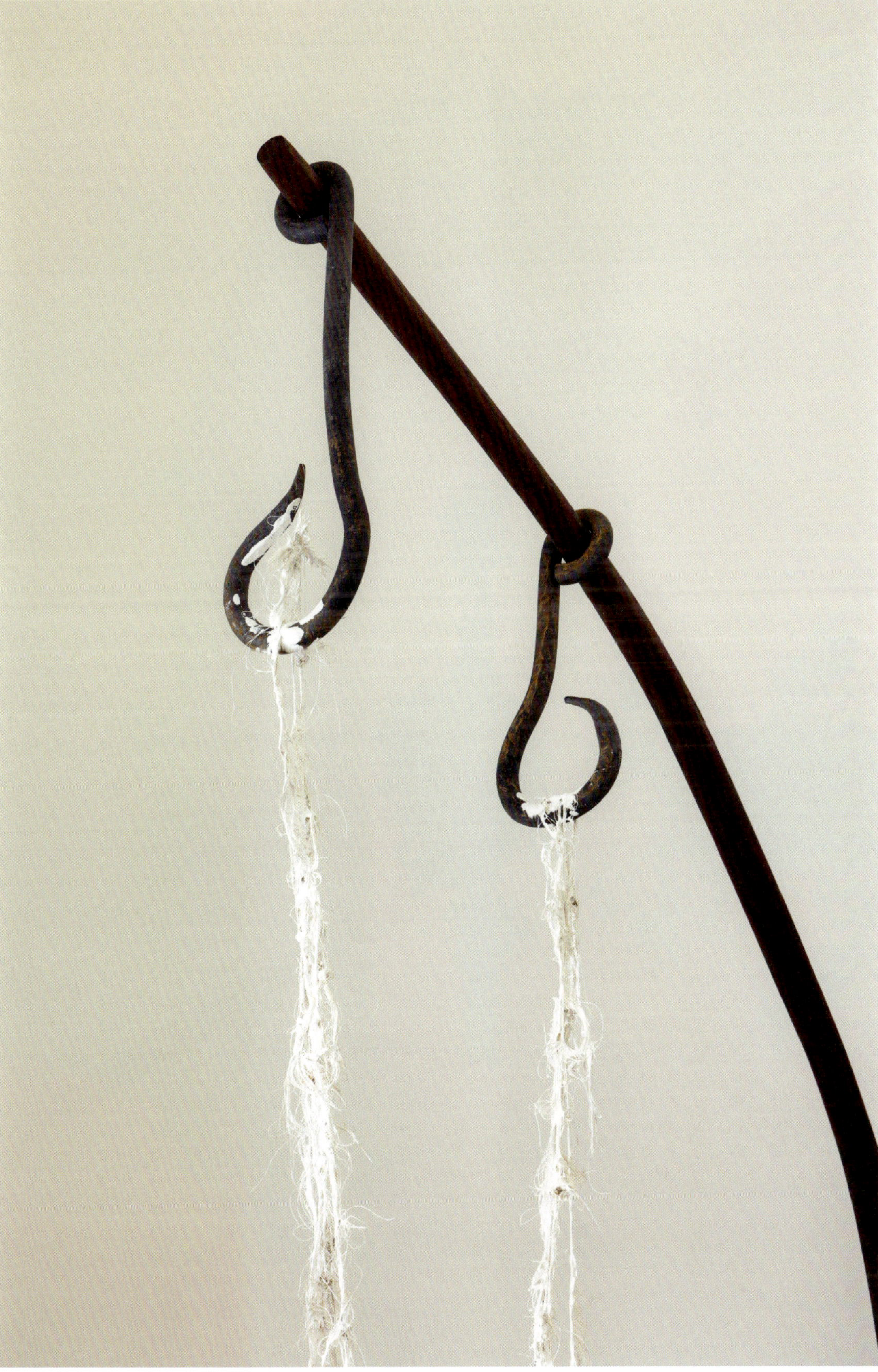

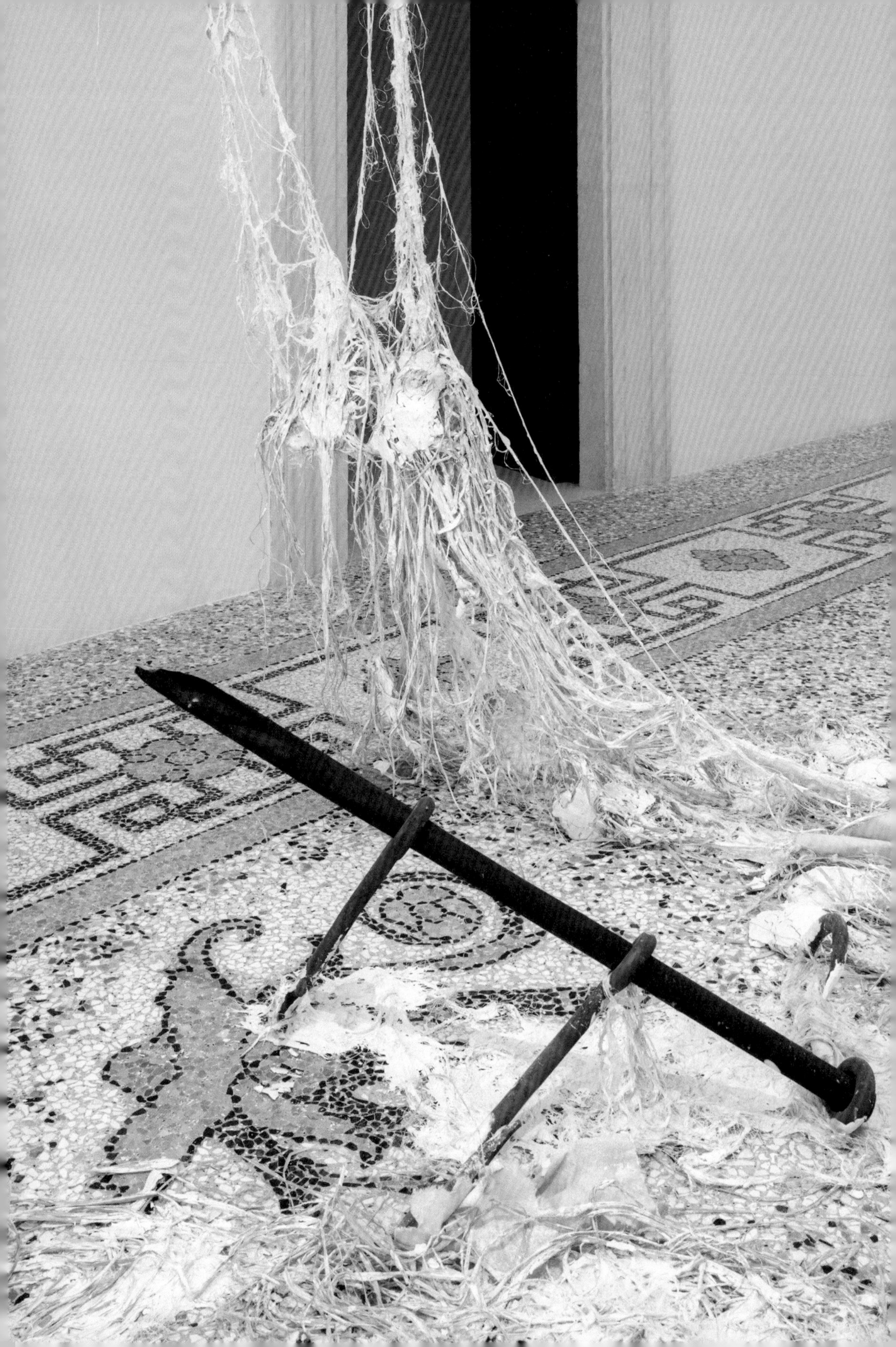

Land, Nation-State, Empire *(2022)*
is a trio of charred mahogany flag
poles and menacing iron hooks that
are collapsing under the force of the
insurrectionists that they desperately
still cling to in an attempt to retain
its former source of power. It follows
a lineage of works or disruptions titled
Flagged Out *(2020–ongoing); a series*
exploring the relationship between
nationalism and the performance
within the etiquette of displaying the
national flag. The Flagged Out *series*
is inspired particularly by the fusion
of the forced collectivity of national
identity with the national flag.

Land, Nation-State, Empire
was influenced by a series of tired,
torn and neglected flags observed
in the city streets in Italy, France
and the United Kingdom. Poised as
a reflection of political descent and
the possibility of the collapse of the
strict borders that contain the nation
state, Land, Nation-State, Empire *is an*
embodiment of a future that engages
with abolition and insurrection.

Land, Nation-State, Empire (2022) è un
tris di aste portabandiera in mogano
carbonizzato e di minacciosi uncini di
ferro, collassato sotto l'impatto degli
insurrezionisti che ci si aggrappano
disperatamente nel tentativo di
preservare quella fonte di potere ormai
vetusta. È il proseguimento di un filone
di opere o perturbazioni intitolato
Flagged Out (2020–in corso); una
serie che esplora il rapporto tra
nazionalismo e performance nel
protocollo di esibizione della bandiera
nazionale. La serie *Flagged Out* è
ispirata in particolare alla fusione
tra la collettività forzata dell'identità
nazionale e la bandiera nazionale.

Land, Nation-State, Empire è stata
influenzata da una serie di bandiere
stanche, lacerate, trascurate che ho
osservato per le vie cittadine in Italia,
Francia e Regno Unito. Pensato come
una riflessione sul declino politico
e la possibilità del collasso dei rigidi
confini che limitano lo stato nazione,
Land, Nation-State, Empire incarna
un futuro che affronta le possibilità
dell'abolizione e dell'insurrezione.

DOMINIQUE WHITE

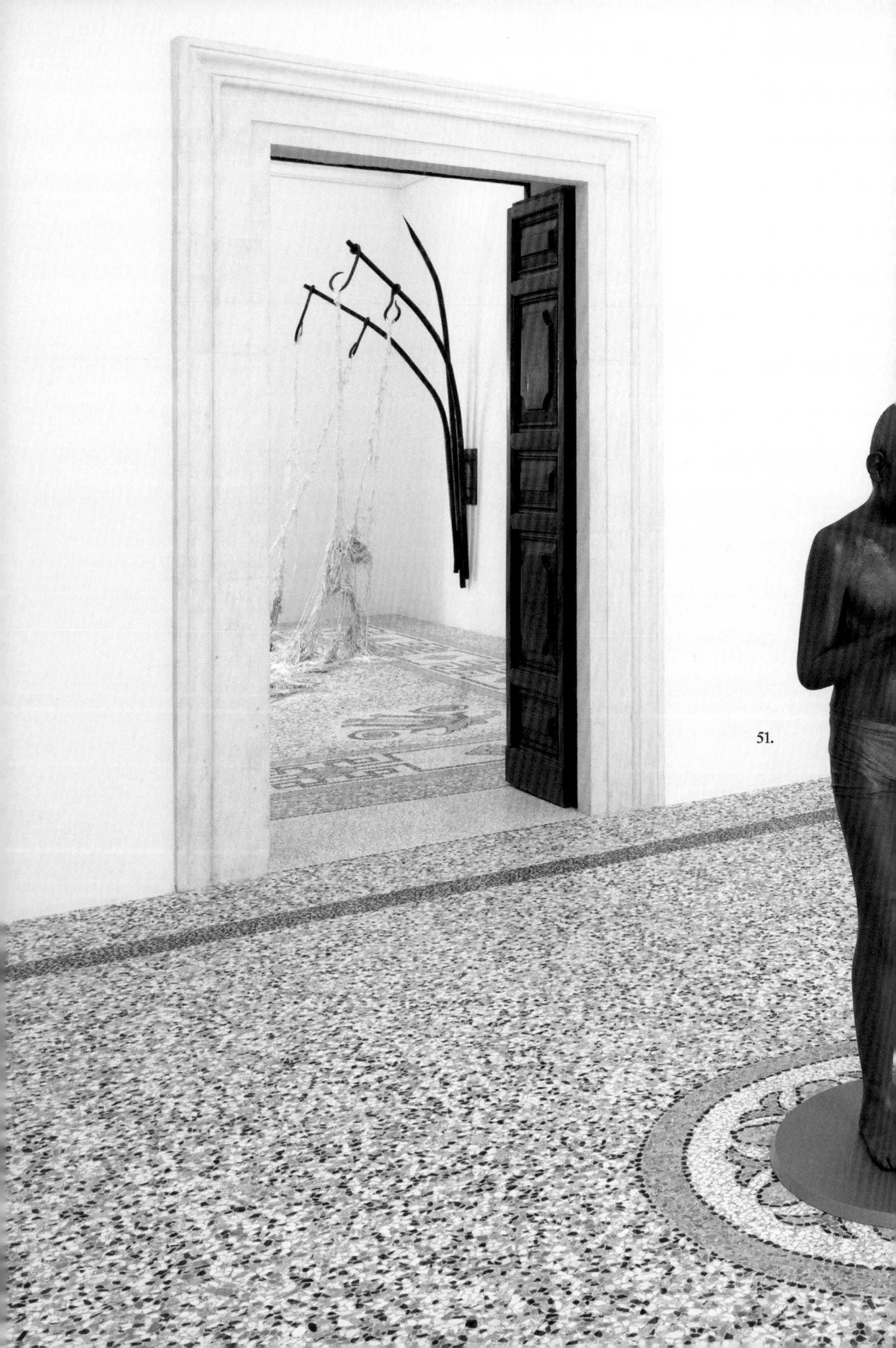

51.

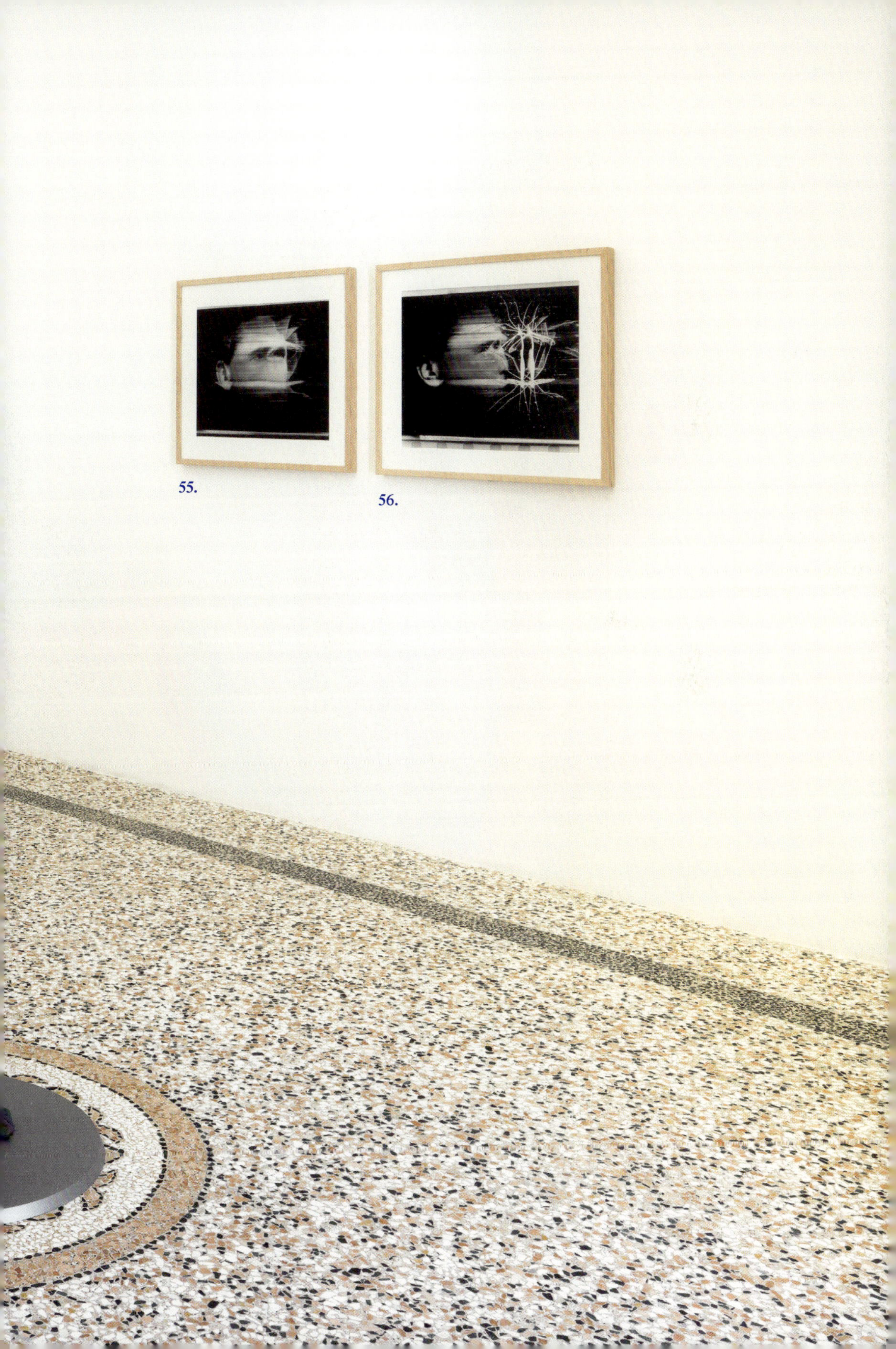

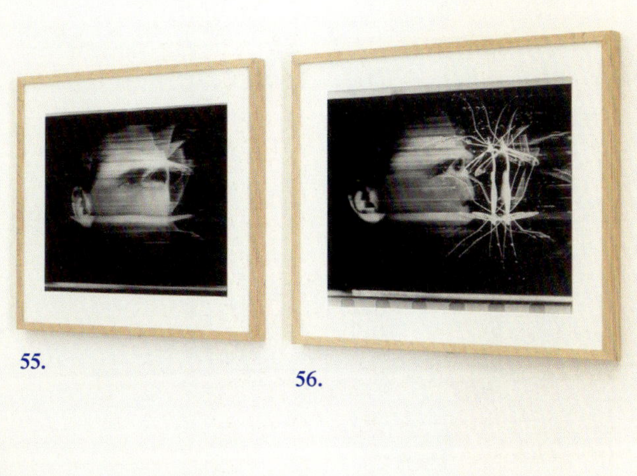

55.

56.

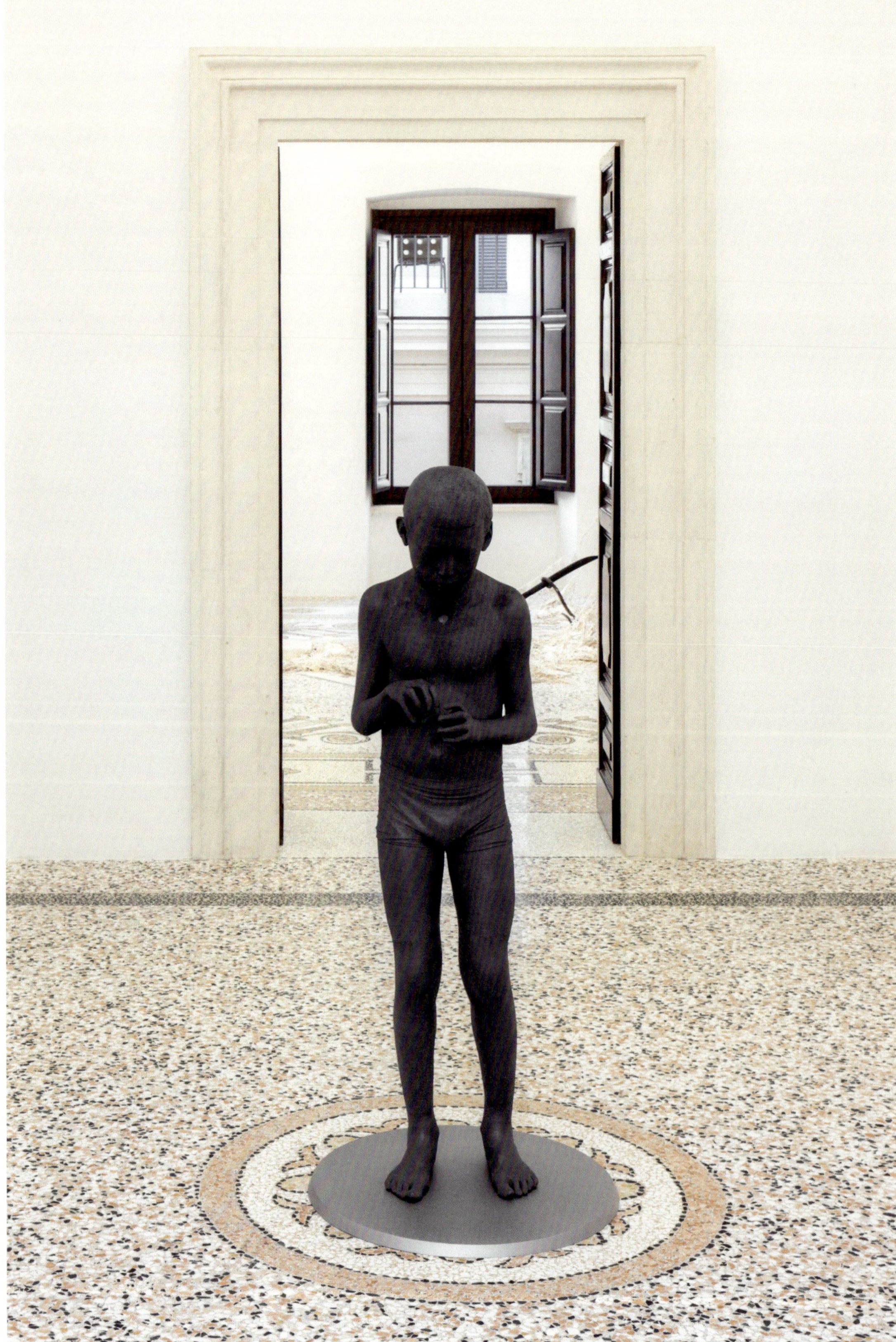

51.
Asian Boy, 2019–20

Stainless steel / Acciaio inossidabile
Courtesy: He Xiangyu

The work of Chinese artist He Xiangyu is a lyrical and often enigmatic meditation on the condition of individuals within the contexts of a globalized world. Through various techniques and media, the artist explores concepts such as solitude, mutual misunderstanding, and how the distance between people and cultures manifests itself in the individual body and sensitivity. Asian Boy *depicts a teenager who presents Asian traits; it is ambiguous whether it is a self-portrait of the artist in his youth or the representation of those feelings of hesitation and desire that characterize adolescence. Equally mysterious is the movement of his hands: he may be opening a Coca-Cola can, not shown to the viewer—to suggest the trepidation of an unknown experience or his venturing into a Western reality—or he may be undertaking some kind of destructive action, such as igniting an explosive device.*

Il lavoro dell'artista cinese He Xiangyu è una riflessione lirica e spesso enigmatica sulla condizione individuale nel contesto del mondo globalizzato. Attraverso una molteplicità di tecniche e di linguaggi, l'artista esplora concetti come la solitudine, l'incomprensione reciproca e i modi in cui la distanza tra persone e culture si manifesta nel corpo e nella sensibilità individuali. *Asian Boy* rappresenta un adolescente dai tratti asiatici, non è chiaro se si tratti di un autoritratto dell'artista nei suoi anni giovanili o la rappresentazione dei sentimenti di esitazione e desiderio che l'adolescenza porta con sé. Altrettanto misterioso è il gesto delle sue mani: potrebbe aprire una lattina di Coca Cola che non vediamo – come a suggerire l'affacciarsi a un'esperienza sconosciuta o ignota al mondo occidentale – o stare per compiere un gesto distruttivo, come innescare un ordigno esplosivo.

52.
Volto con archipendolo, 1975

53.–54.
Il volto dell'Epeira, 1992

55.–56.
Il volto e l'insetto, 1995

Photo finish photograph, silver salt print /
Fotografia fotofinish, stampa ai sali d'argento

For more than fifty years of work, Italian artist Paolo Gioli developed one of the most experimental artistic practices in Italy in the fields of photography, film, and painting. The works on display are part of the Fotofinish *series that Gioli began in 1972 when he started exploring the creative potential of a technique generally used at the finish line in sporting events. Gioli altered the internal mechanism of a 35 mm camera so the film would move through it as if it were a video camera. This process allowed him to create images that anticipated what would the computerized aesthetic later. These images portray plaster face casts, which the artist made mechanically interact with insects and pieces of shrubs: the result gives us the impression of a continuous mutation of the images between the world of humans, nature, and technology.*

Nel corso di oltre cinquant'anni, l'artista italiano Paolo Gioli ha dato vita a una delle pratiche artistiche più sperimentali in Italia nei campi della fotografia, del film e della pittura. Le opere in mostra fanno parte della serie *Fotofinish*, che l'artista ha iniziato nel 1972 sperimentando le possibilità espressive di una tecnica normalmente utilizzata negli arrivi di avvenimenti sportivi. Gioli ha alterato il meccanismo interno di una fotocamera 35 mm per poter muovere la pellicola come fosse una cinepresa, ottenendo immagini che prefigurano quella che, in anni successivi, sarebbe stata l'estetica computerizzata. Queste fotografie ritraggono maschere in gesso di volti reali, che l'artista fa interferire meccanicamente con insetti e frammenti di arbusti, generando l'impressione di una continua mutazione tra i mondi dell'umano, del naturale e del tecnologico.

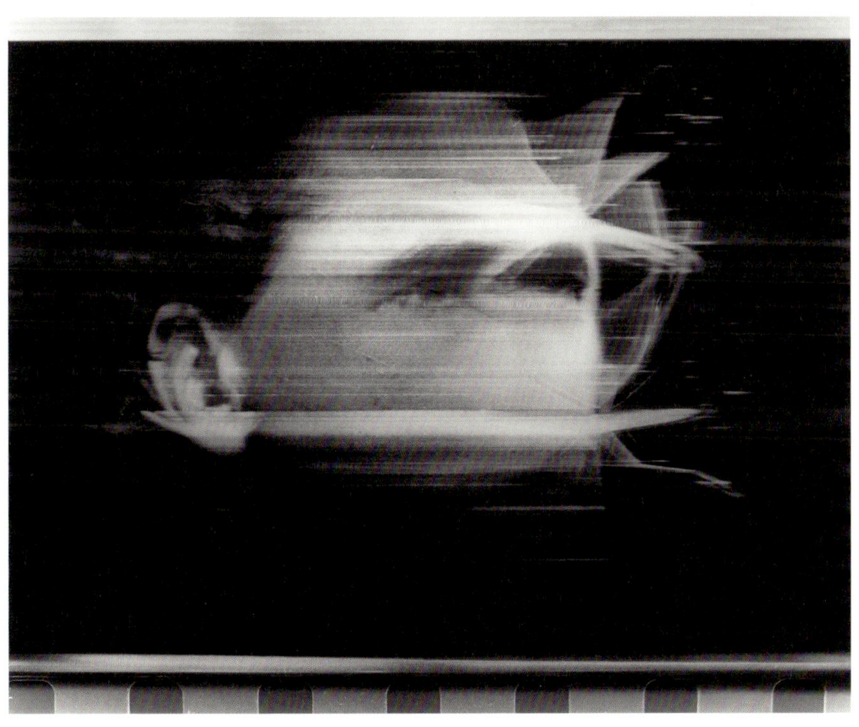

55.

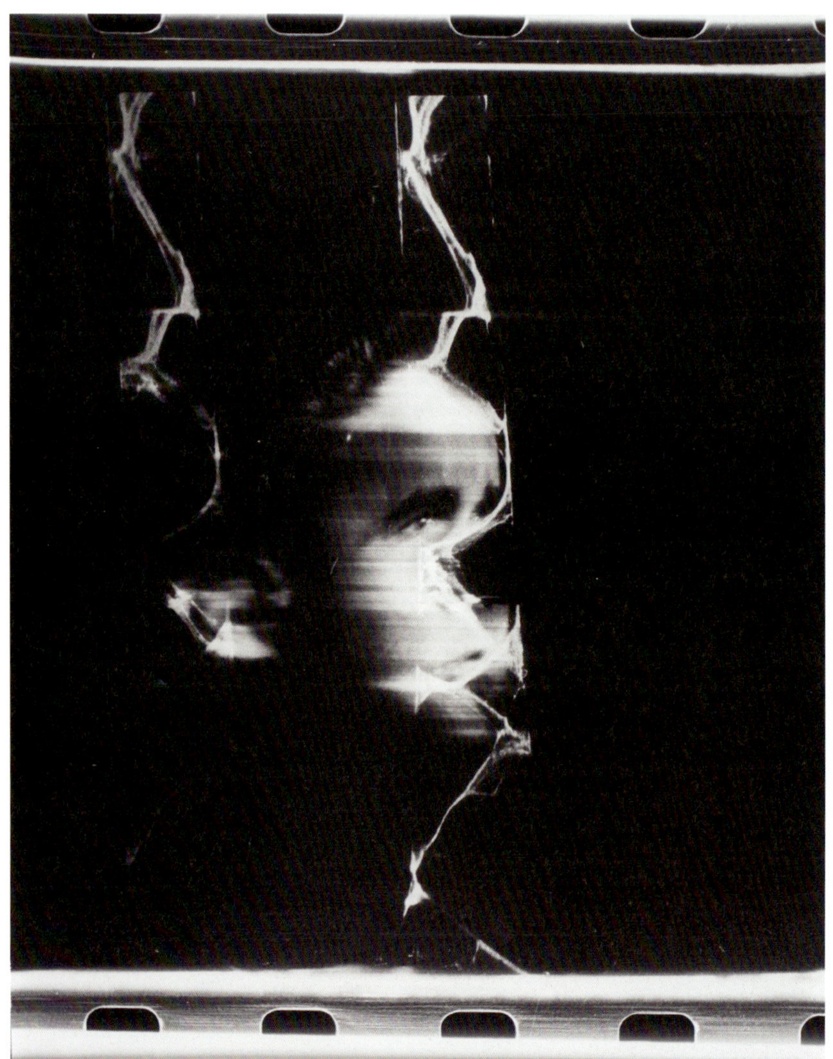

53.

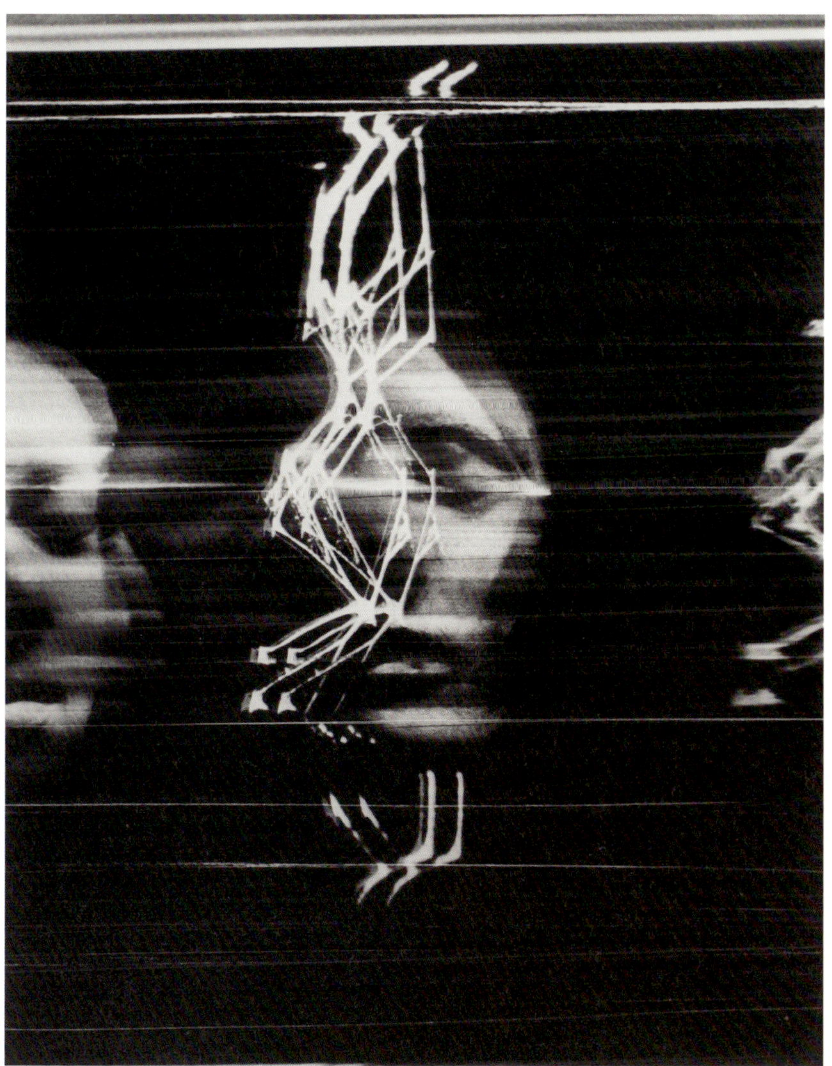

54.

Space C
Hana Miletić

Room 13
Paloma Varga Weisz

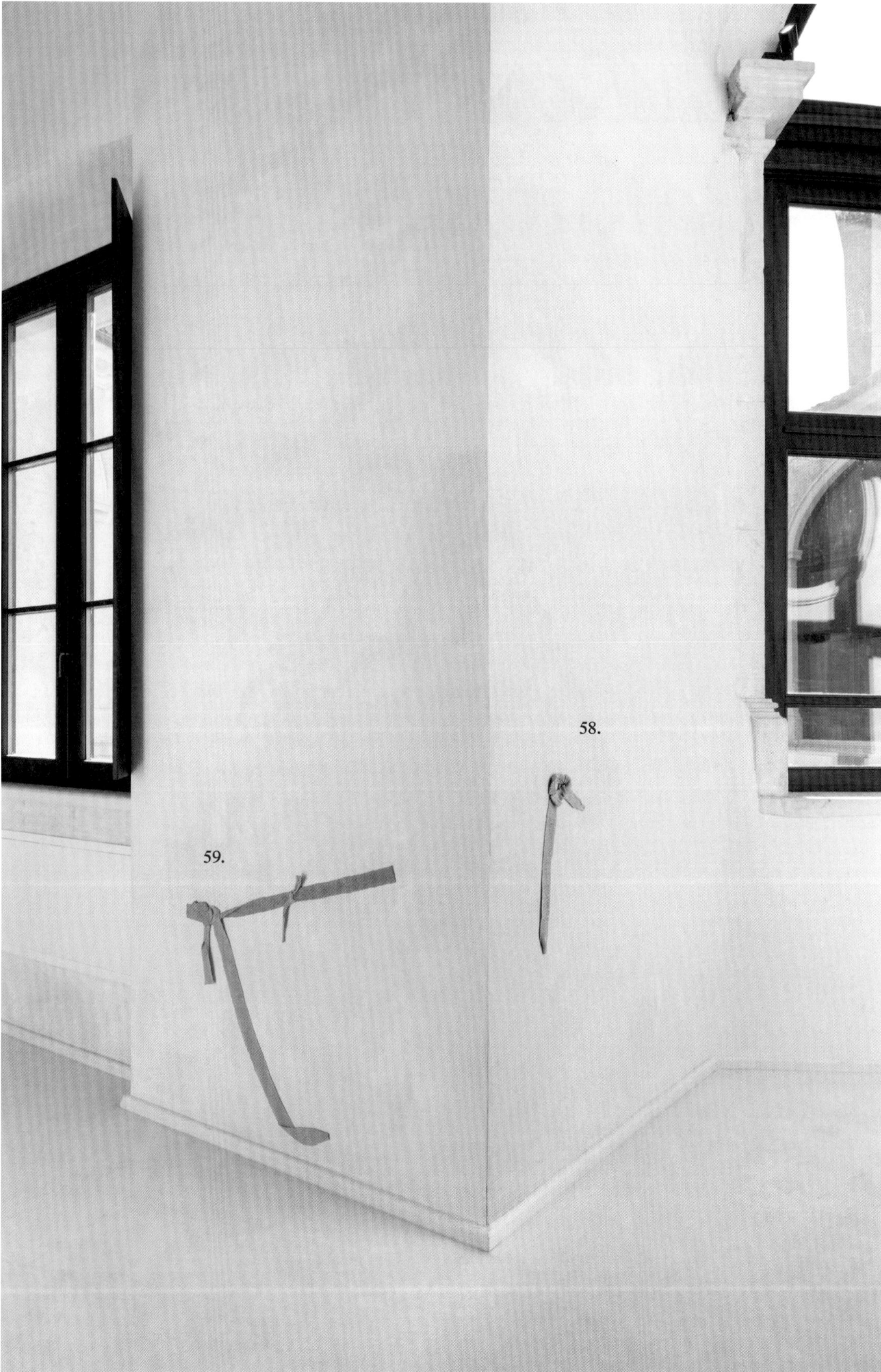
58.
59.

HANA MILETIĆ

57.
Materials, 2018–22

Hand-woven textile (bleached red organic cottolin, corn yellow recycled cotton and viscose, cream white Peace Silk, pale yellow raw silk, red organic cottolin and white organic cottolin) / Tessuto a mano (cotone organico rosso candeggiato, cotone riciclato giallo mais e viscosa, Peace Silk bianco panna, seta grezza giallo pallido, cotone biologico rosso e cotone biologico bianco).
Courtesy: Hana Miletić; The Approach, London

58.
Materials, 2022

Hand-woven textile (blue Peace Silk, pale blue Peace Silk and pale grey Peace Silk) / Tessuto a mano (Peace Silk blu, Peace Silk azzurro e Peace Silk grigio chiaro).
Courtesy: Hana Miletić; The Approach, London

59.
Materials, 2022

Hand-woven and hand-knit textile (blue and silver metal yarn, blue Peace Silk, pale blue Peace Silk, pale grey Peace Silk and variegated blue organic linen) / Tessuti intrecciati e lavorati a mano (filato di metallo blu e argento, Peace Silk blu, Peace Silk azzurro, Peace Silk grigio chiaro e lino biologico blu variegato). Courtesy: Hana Miletić; LambdaLambdaLambda, Prishtina/Bruxelles; The Approach, London

60.
Materials, 2022

Hand-woven textile, metal hooks (pale blue cottolin, basil green organic linen, blue Peace Silk, cobalt blue repurposed mercerised cotton, cotton pads, deep blue organic cottolin, fern green organic cottolin, grey organic cotton, ocean blue organic linen, silver grey mercerised cotton and silver metal yarn) / Tessuto a mano, ganci in metallo (cotone azzurro, lino biologico verde basilico, Peace Silk blu, cotone mercerizzato riproposto blu cobalto, batuffoli di cotone, cotone biologico blu intenso, cotone biologico verde felce, cotone biologico grigio, lino biologico blu oceano, cotone mercerizzato grigio argento e filato di metallo argentato).
Courtesy: Hana Miletić; LambdaLambdaLambda, Prishtina/Bruxelles; The Approach, London

In her installations and sculptures, Belgo-Croatian artist Hana Miletić explores weaving in its gestures and materials, investigating this activity's social and poetical implications. The artist seeks urban locations where repair work has been spontaneously carried out and takes pictures of various interventions, such as glass panels held together by adhesive tape or plastic sheets protecting a damaged building. She then retraces forms that she will reproduce via artisanal hand-weaving techniques, transforming the fragility of a temporary condition into something more precious and durable. The works presented here bear testimony to individual gestures of care which the artist documented in the Croatian cities of Zagreb and Sisak after the earthquakes that occurred in 2020. These woven creations now dress the walls of Palazzo Ardinghelli, establishing an imaginary dialogue between the cities of L'Aquila, Zagreb, and Sisak and weaving— materially and metaphorically—a tribute to those individual and collective endeavors to recover and transform.

Nelle sue installazioni e sculture, l'artista belgo-croata Hana Miletić esplora i gesti e i materiali della tessitura, indagandone le implicazioni sociali e poetiche. L'artista percorre la città alla ricerca di gesti spontanei di riparazione, fotografando situazioni come vetri tenuti insieme dal nastro adesivo o teli di plastica che proteggono un edificio danneggiato. Da queste fotografie, Miletić astrae forme che successivamente tesse artigianalmente, trasformando la fragilità di un gesto temporaneo in qualcosa di più prezioso e duraturo. Le opere qui esposte testimoniano gesti di cura individuali che l'artista ha documentato nelle città croate di Zagabria e Sisak dopo gli eventi sismici del 2020. Questi ricami ora adornano le pareti di Palazzo Ardinghelli, stabilendo un dialogo ideale tra L'Aquila, Zagabria e Sisak e tessendo – materialmente e metaforicamente – un omaggio ai gesti individuali e collettivi di recupero e trasformazione.

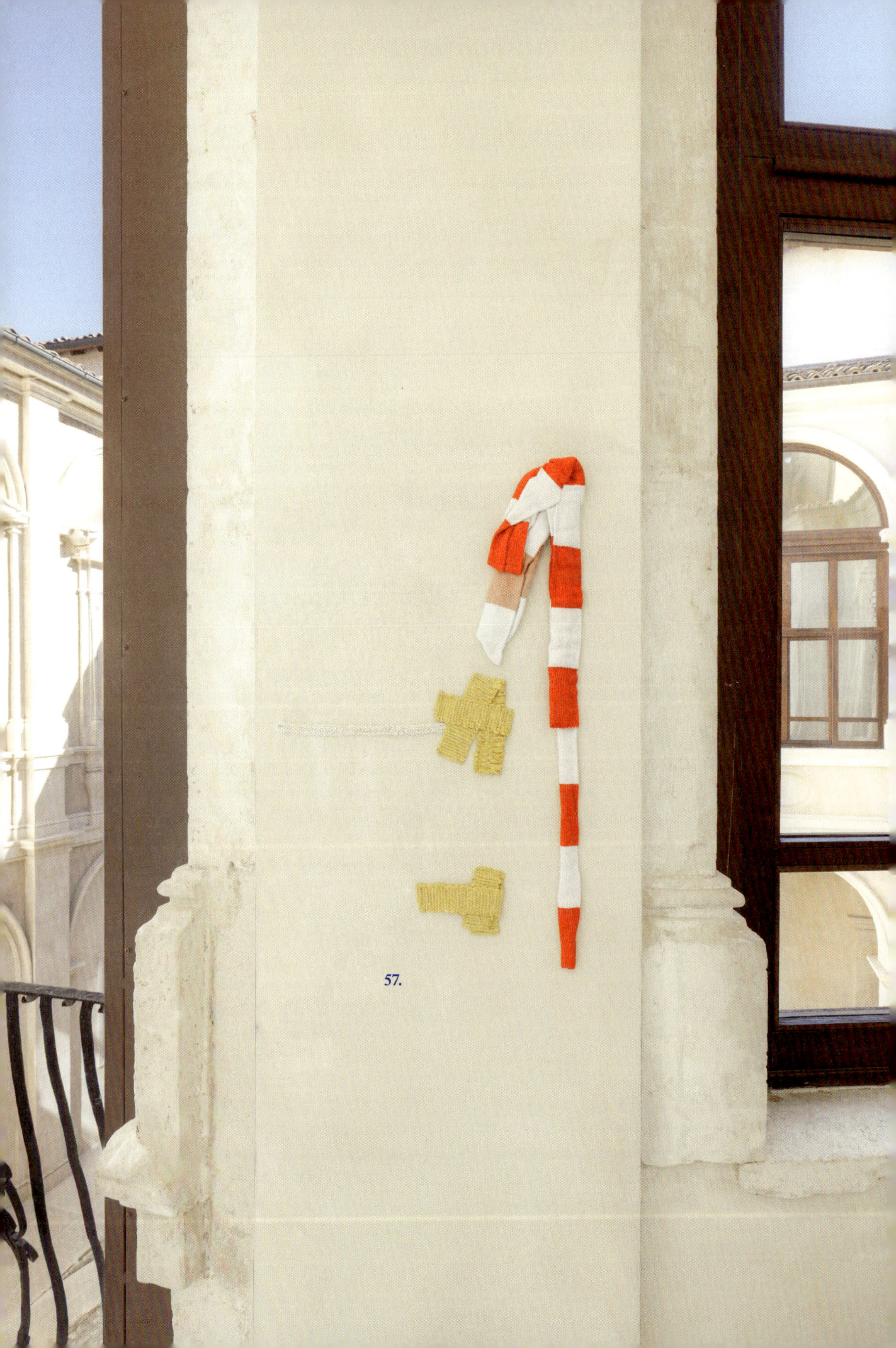

57.

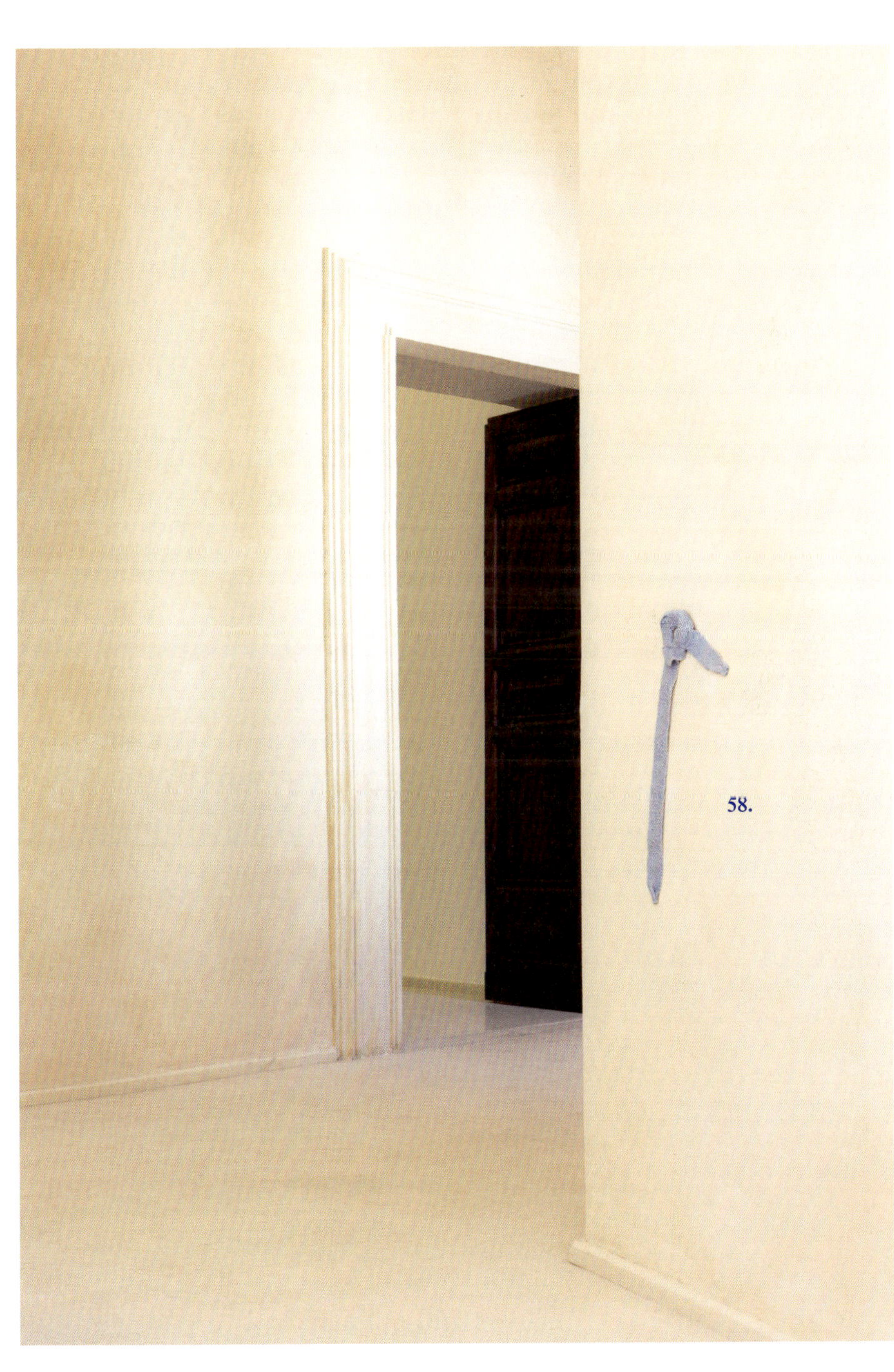

58.

The hand-woven and knit textile works are remakes of repairs and transformations from the public spaces of Zagreb and Sisak that I encountered when visiting these two cities after the earthquakes in 2020. Sisak is a smaller-sized city in central Croatia that relates to the capital city, Zagreb, in similar ways as L'Aquila does to Rome.

The pale blue and grey textiles refer to the same color ribbon that was knotted around a doorknob and a water pipe preventing visitors from walking into a depleted building; the red and white striped textile with yellow elements reimagines the framing in danger marker tape of a hand-written notice cautioning passersby about crumbling parts of the façade; while the large azure blue and silver grey textile with metal rings is a reproduction of the plastic sheet and tarpaulin used to cover and fill up a rooftop corner with missing roof tiles.

These woven ribbons, tapes, and tarpaulin have been attached to the hallway walls of Palazzo Ardinghelli in the same positions as the original transformations on the referenced buildings and houses in Croatia. By placing these hand-woven repairs here, I want to establish a dialogue between two geographically removed yet familiar practices of care and resilience.

Le opere tessili cucite a mano e lavorate a maglia riproducono le riparazioni e le trasformazioni degli spazi pubblici di Zagabria e Sisak in cui mi sono imbattuto visitando queste due città dopo i terremoti del 2020. Sisak è una città di dimensioni più piccole nell'entroterra croato, che ha un rapporto con la capitale per certi versi simile a quello dell'Aquila con Roma.

I tessuti azzurro pallido e grigi rimandano al colore delle fettucce legate attorno alla maniglia di una porta e una tubatura per impedire ai visitatori di entrare in un edificio sgombrato; i tessuti a strisce bianche e rosse con gli elementi gialli reinterpretano la cornice di nastro adesivo che segnala il pericolo in un cartello scritto a mano per avvertire i passanti di fare attenzione alle parti cedevoli di una facciata; mentre il grande tessuto blu acceso e grigio argentato con gli anelli di metallo è una riproduzione delle coperture di plastica e tela cerata usate per rivestire e riempire l'angolo di un tetto dove ci sono delle tegole mancanti.

Le fettucce intrecciate, i nastri e le tele cerate sono state appese alle pareti dei corridoi del Palazzo Ardighinelli nella stessa posizione in cui sui trovano negli edifici e nelle case di riferimento in Croazia per rimandare alla trasformazione originaria. Applicando queste riparazioni tessute a mano in questo luogo, volevo instaurare un dialogo tra due pratiche geograficamente distanti ma familiari di cura e resilienza.

HANA MILETIĆ

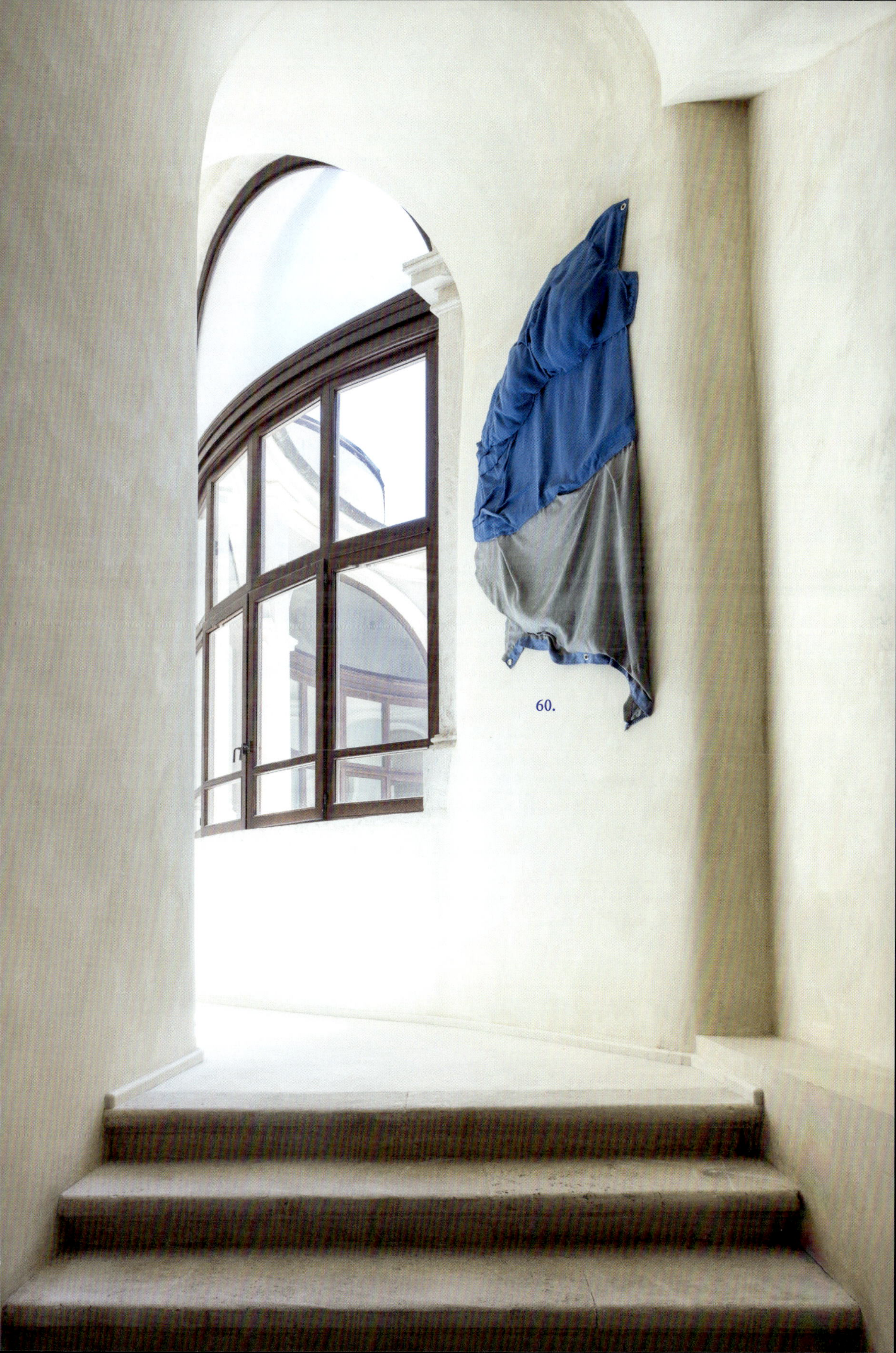
60.

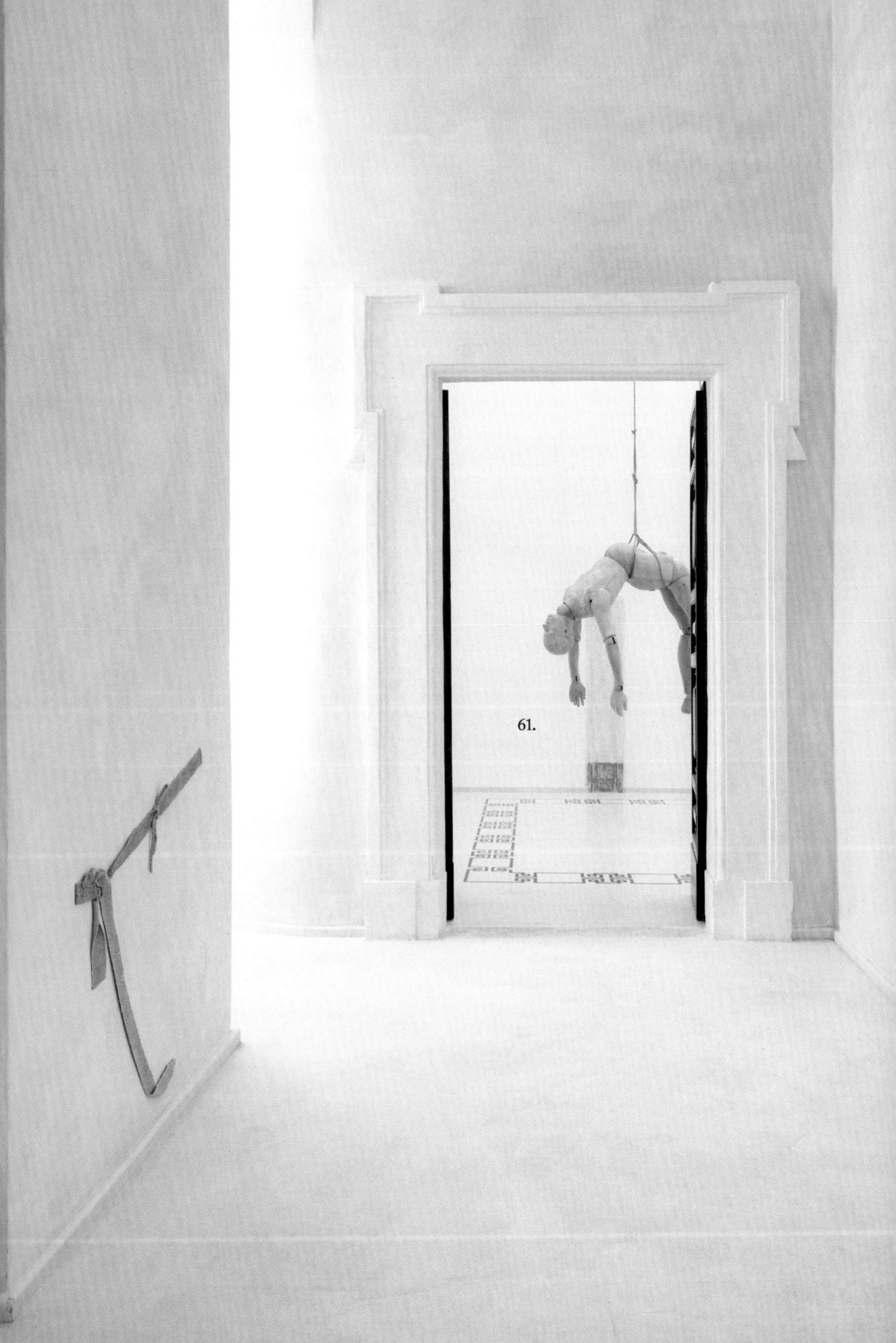
61.

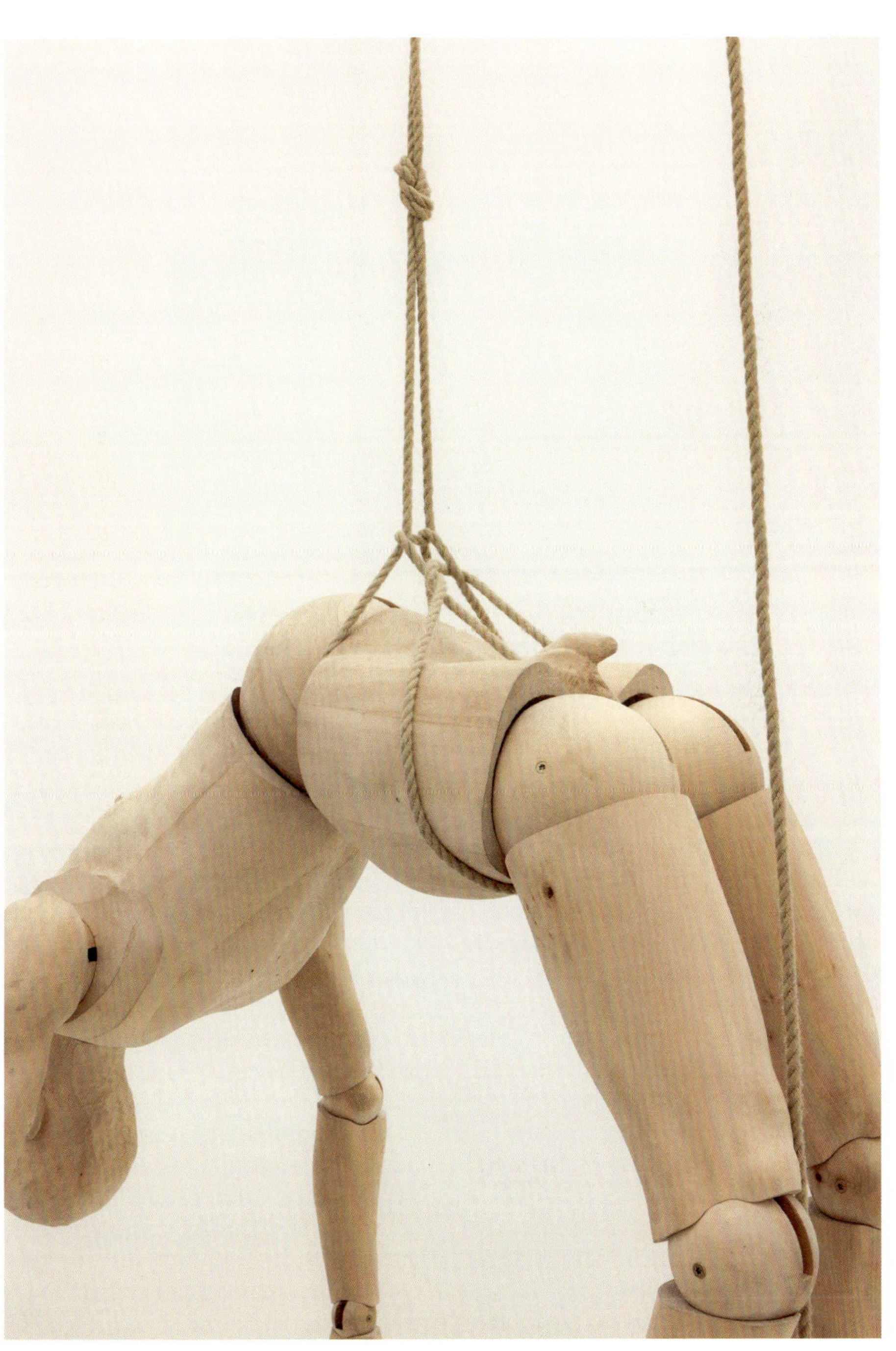

61.

Man, hanging, 2018

Limewood, hemp rope, various materials / Legno di tiglio, corda di canapa, materiali vari
Courtesy: Paloma Varga Weisz; MASSIMODECARLO

In her sculptures and drawings, German artist Paloma Varga Weisz develops surreal imagery in which memories of the past are permeated with psychological and formal tension. Her figures often transcend a purely human appearance and morph into animals and plants, reviving the ancient art of wood carving. Man, hanging *looks like a life-size version of an artist's mannequin, despite being made after casting a real man. An enigmatic transition between a body and its representation is then established by shifting the miniature model customarely used for real-life drawings into the disquieting proportions of a full-scale individual. Such ambiguity is further emphasized by the carefully sculpted limbs of the figure, resulting in a tense correlation between their artistic rendering and organic materiality. In its precarious position, suspended between a dire fate and possible salvation, the sculpture assumes a symbolic value for the human condition that is echoed throughout the exhibition.*

Nelle sue sculture e nei suoi disegni, l'artista tedesca Paloma Varga Weisz sviluppa un immaginario surreale, alimentato da profonde memorie del passato e permeato da tensioni psicologiche e formali. Spesso le sue figure trascendono le apparenze puramente umane e si aprono alla contaminazione con i mondi animali e vegetali, portando nel presente l'antica tecnica dell'intaglio del legno. *Man, Hanging* si presenta come la versione a grandezza naturale di un manichino d'artista, nonostante sia stato realizzato tramite il calco di un uomo. In questo modo viene stabilita una transizione enigmatica tra il corpo e la sua rappresentazione, trasformando la miniatura normalmente usata per il disegno dal vero, nelle dimensioni inquietanti di una persona reale. Questa ambiguità è ulteriormente sottolineata dalla verosimiglianza con cui sono scolpiti gli arti, in una tensione tra rappresentazione artistica e tangibilità organica. Nella precarietà della sua posizione, sospesa tra caduta e salvezza, la scultura assume il valore di simbolo di una condizione umana che percorre l'intera mostra.

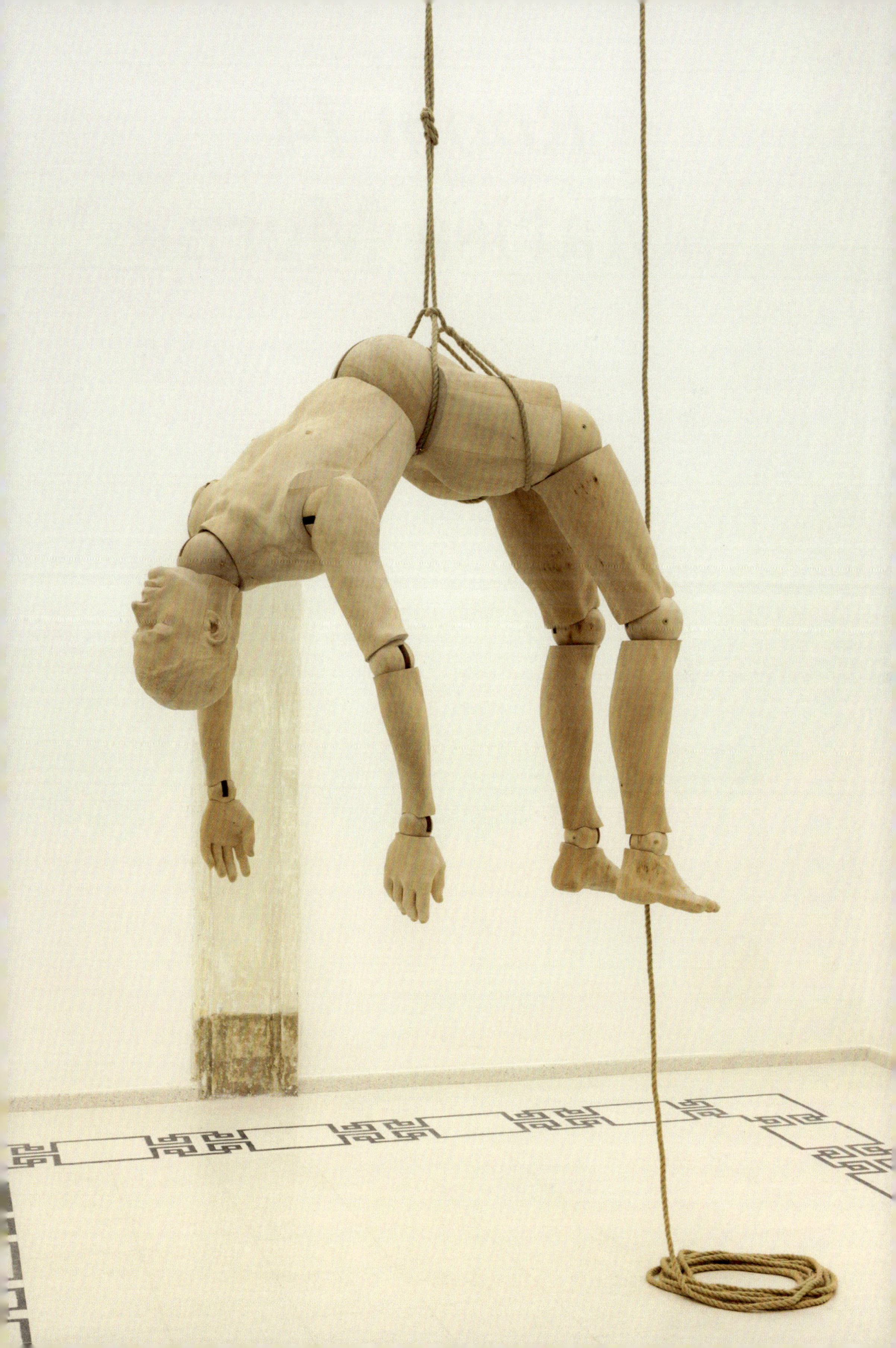

Room 14
Marisa Merz

Room 15
Luca Maria Patella

MARISA MERZ

62.
Senza titolo, 2009–10

Mixed media on paper, stone and clay, copper / Tecnica mista su carta, pietra e argilla, rame
MAXXI Collection / Collezione MAXXI

The practice of Italian artist Maris Merz pays attention to the intimate nature of making art in a continuous, almost ritualistic revisitation of her own visual repertoire. Although she has worked closely with the foremost exponents of Arte Povera, her works intentionally defy classification: they stem from the most personal inner experiences. They are often the result of a profound reflection on maternity as a metaphor for the creation process. This piece is an example from her late research, where Merz combines malleable materials to create a cosmos of angelic female figures reflected in a copper sheet on the ground, on which a small clay head has been placed. The celestial figures populating this small universe seem to engage in a sort of Sacred Conversation, reinforced by the use of the diptych—a compositional structure commonly found in the Italian artistic tradition. The concave shape creates a space of reflection where mysterious relationships between the elements in the piece become manifest, perhaps suggesting the progressive material transformation of the subject portrayed in a movement that traverses the canvas, sculpture, and installation.

La ricerca dell'artista italiana Marisa Merz pone attenzione all'intimità del gesto creativo, in un rituale continuo di ripetizione e riproposizione di un suo personale repertorio visivo. Pur avendo maturato la sua esperienza artistica a stretto contatto con gli esponenti dell'arte povera, le sue opere rimangono volutamente fuori da ogni tipo di classificazione e sono spesso il frutto di una profonda riflessione sul tema della maternità, intesa come metafora del processo di creazione e come presa di coscienza del proprio vissuto interiore. Nelle ultime ricerche, di cui fa parte l'opera in mostra, Merz combina materiali duttili creando un cosmo di figure femminili angelicate che si riflettono, in questo caso, in una lastra di rame posta a terra, su cui è collocata una testina in argilla. Le figure celestiali che popolano questo piccolo universo sembrano stabilire fra loro una sorta di Sacra Conversazione, sottolineata dall'uso di una struttura compositiva tipica della tradizione artistica italiana: il dittico. La forma concava crea uno spazio di riflessione in cui si stabiliscono misteriose relazioni tra gli elementi dell'opera, forse a suggerire una progressiva trasformazione materiale del soggetto ritratto, in un movimento che attraversa la tela, la scultura e l'installazione.

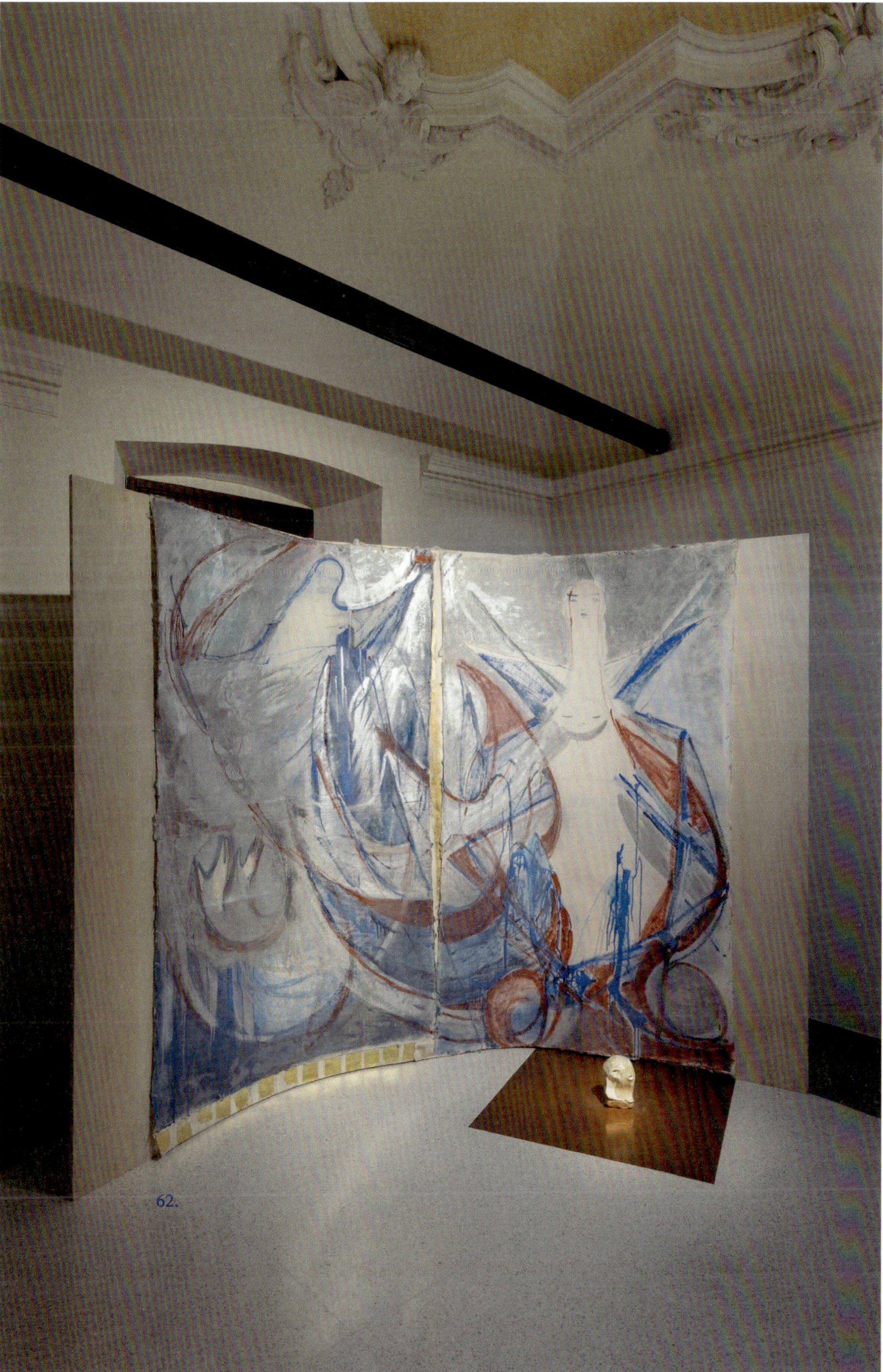

62.

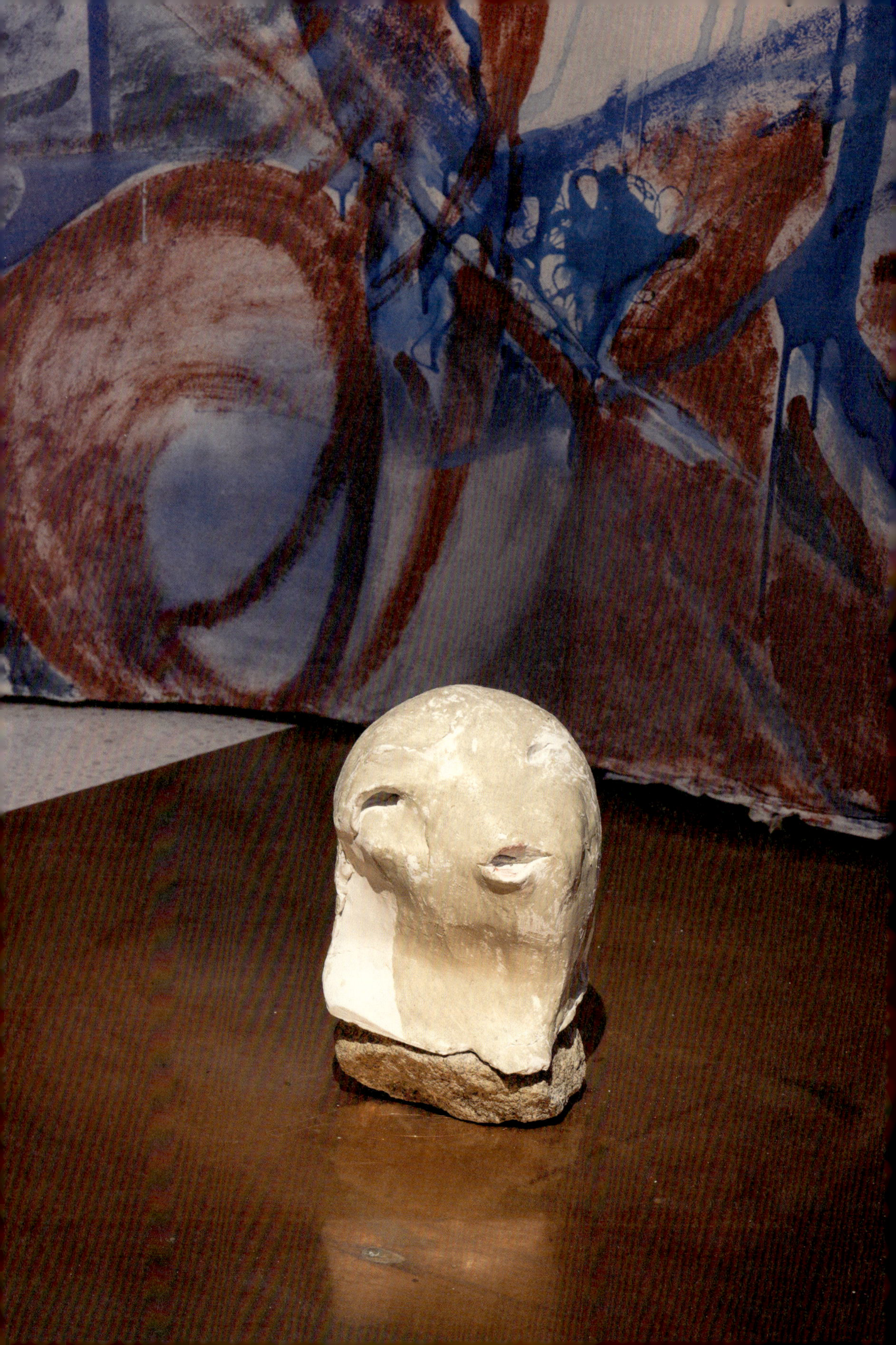

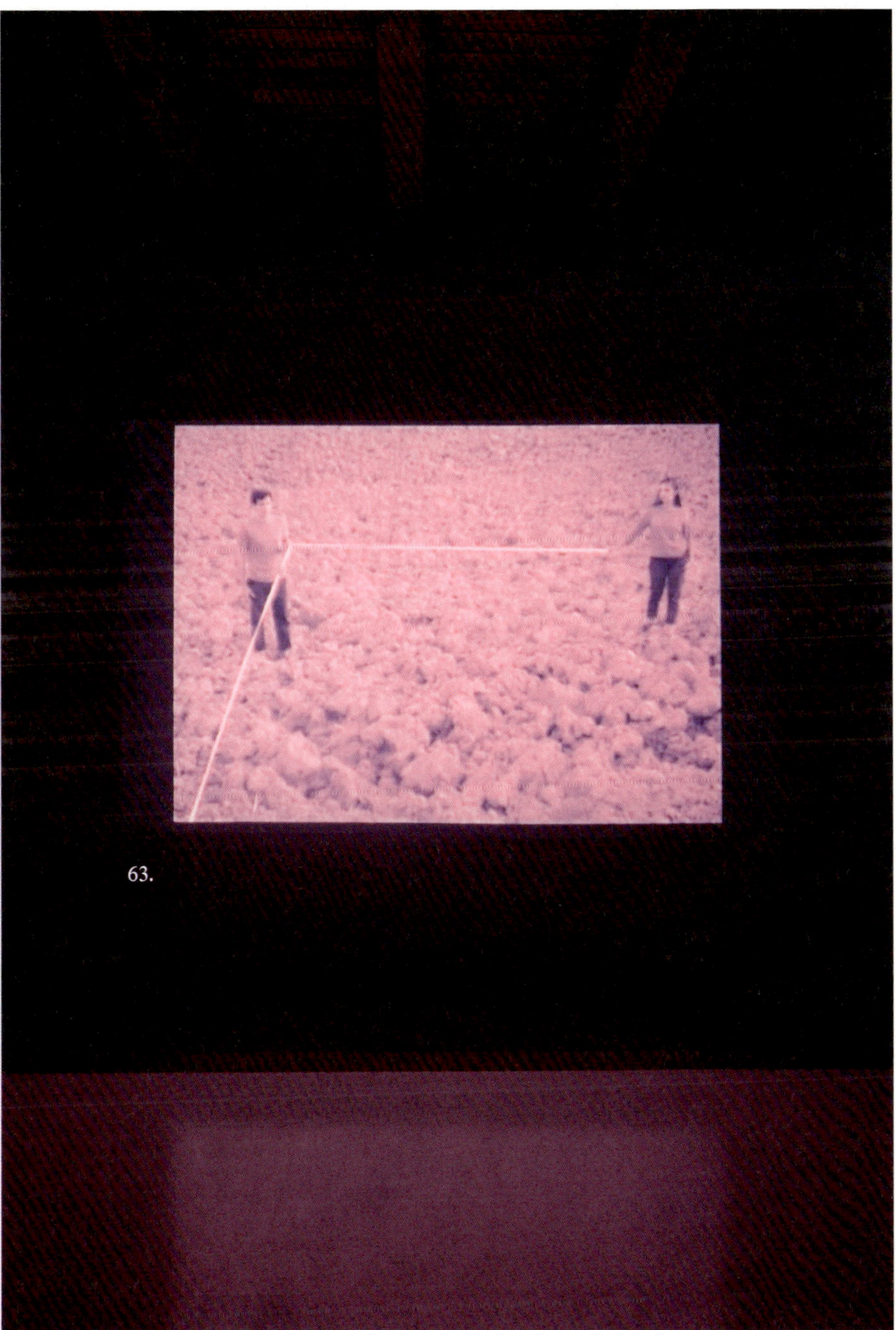

63.

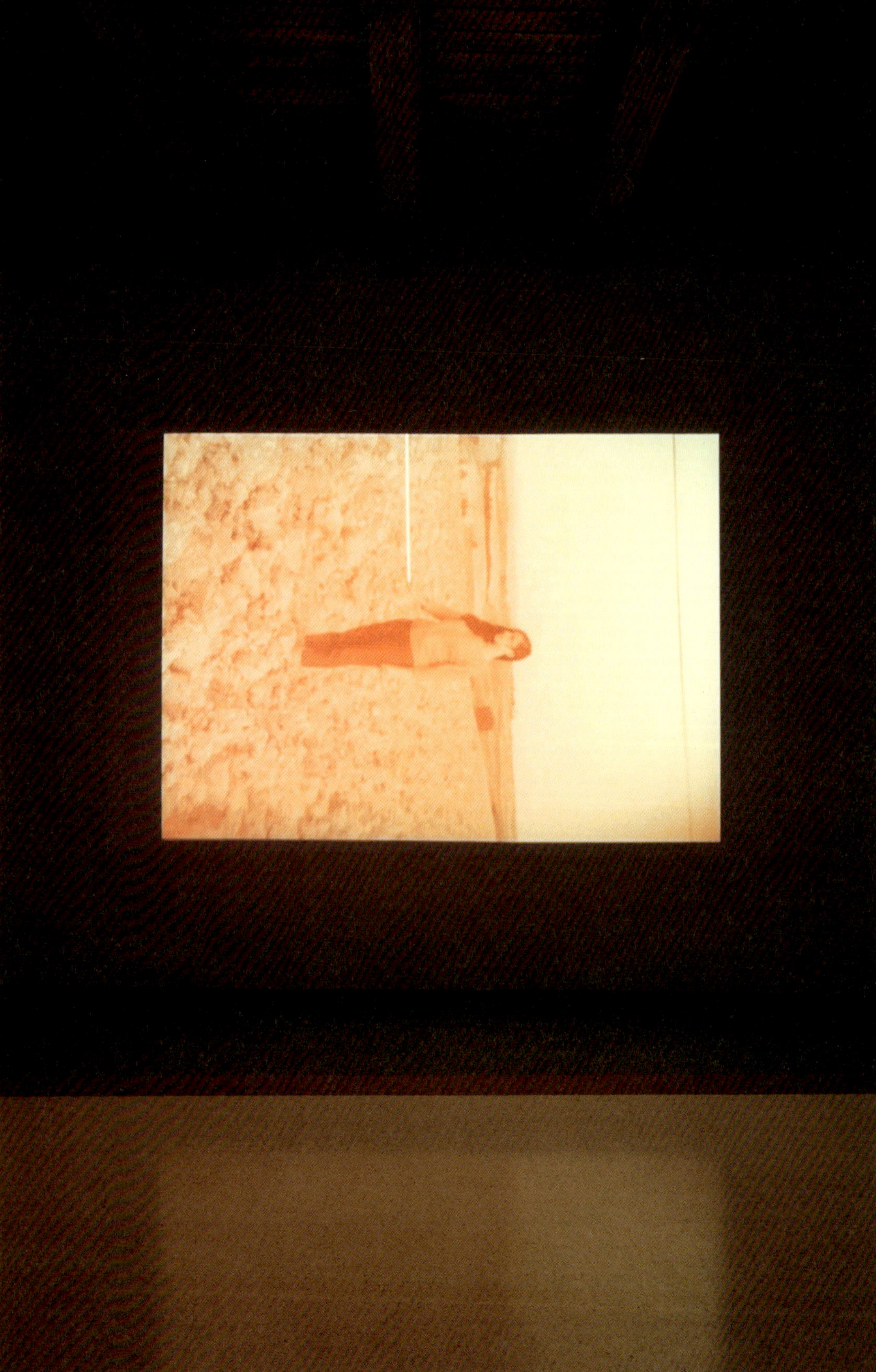

63.

Terra Animata, 1965–67

Film, 16 mm, b/w and color, 7', silent / Film, 16 mm, b/n e colore, 7', muto
Courtesy: Luca Maria Patella

Luca Maria Patella, an Italian artist with a multi-talented backgroung, uses various artistic languages from painting to sculpture, installations, photography, film, video, and graphic design. From the 1950s, he focused on developing his personal art-science, which took shape as an interdisciplinary exploration aimed at visual and technological experimentation— in particular, he invented devices to shoot and project film. His film Terra Animata [Animated Soil] *was shot on plowed fields where human characters hold tight lengths of white tape. The camera observes and follows the geometric arrangements of these lines and angles in space using quick vertical and horizontal movements. A precursor to the themes of Land Art, Patella uses his camera to analyze and measure not only the area of the landscape but also that of film. The red, pink, and orange tones add an alien, dreamlike dimension to the land, stones, and leaves in the scenes, shifting between the documentation and falsification of what is true.*

Artista italiano dalla formazione poliedrica, Luca Maria Patella ha lavorato con linguaggi artistici diversi che spaziano dalla pittura alla scultura, alle installazioni, così come alla fotografia, al film e al video, occupandosi anche di grafica. A partire dagli anni Cinquanta si dedica a un'arte-scienza di sua personale concezione attraverso la quale porta avanti una ricerca interdisciplinare volta alla sperimentazione visiva e tecnologica, in particolare con l'invenzione di apparecchi per la ripresa e la proiezione cinematografica. Il suo film *Terra Animata* è girato tra campi arati dove una serie di personaggi umani tengono tesi tra di loro dei nastri bianchi. La macchina da presa osserva e segue la disposizione geometrica di queste linee e angoli nello spazio attraverso rapidi movimenti verticali e orizzontali. In anticipo rispetto alle tematiche della land art, Patella utilizza la macchina da presa per analizzare e misurare non solo lo spazio del paesaggio, ma anche quello del film. Il viraggio in rosso, rosa, arancio aggiunge una dimensione aliena e onirica alla terra, alle pietre e alle foglie presenti sulla scena, in un'operazione che oscilla tra restituzione e falsificazione del vero.

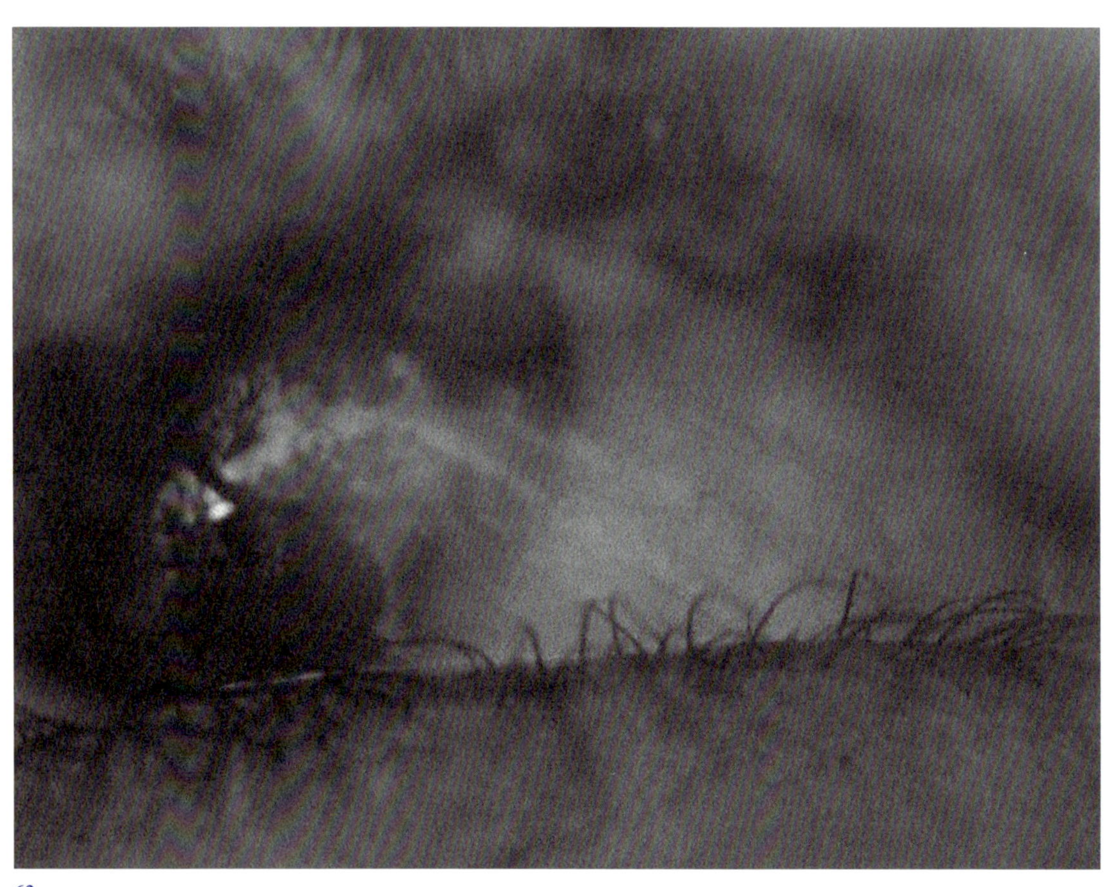

63.

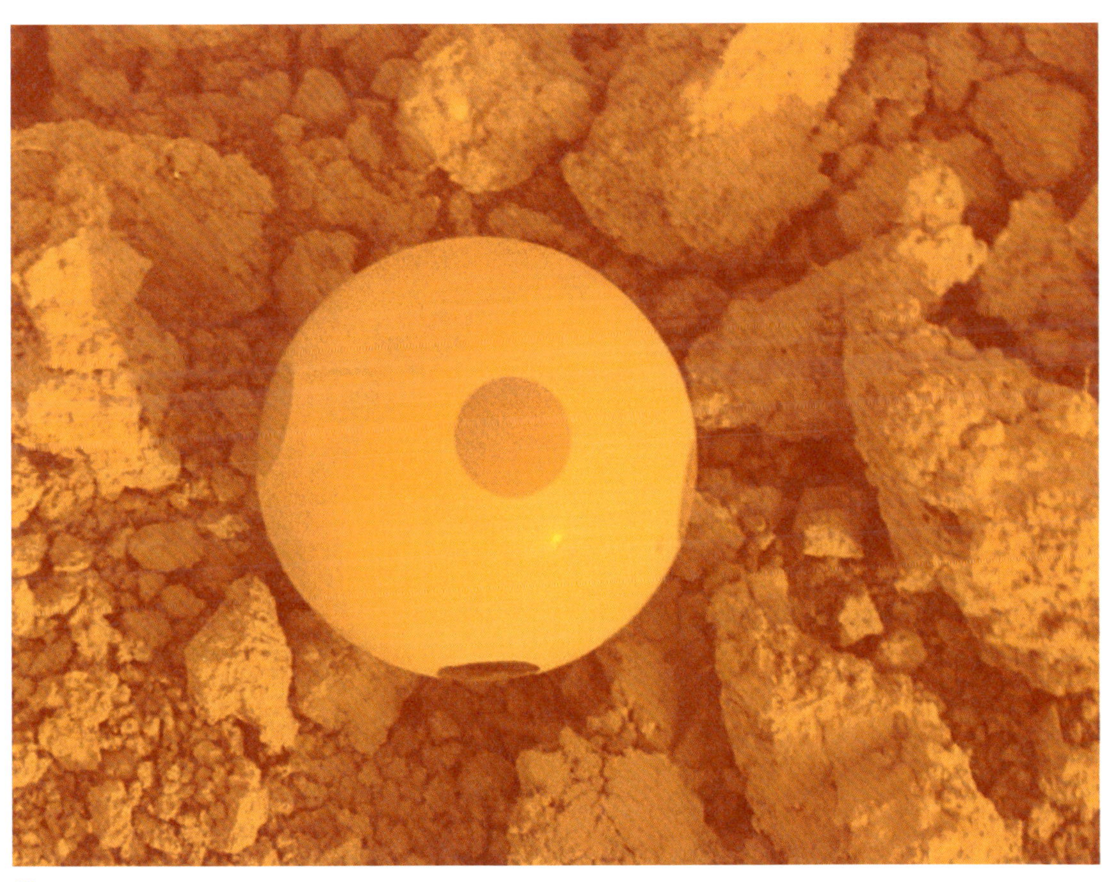

63.

DIPARTIMENTO MAXXI ARTE
MAXXI ART DEPARTMENT

Museo nazionale di arte
contemporanea
National Museum of
Contemporary Art

Direttore ad interim /
Interim Director
Bartolomeo Pietromarchi

Giulia Mastropietro
*(Assistente del Direttore /
Assistant to the Director)*

Eleonora Farina
(Curatore / Curator)

Ufficio patrimonio e catalogo /
Heritage and Catalog Office
Ilenia D'Ascoli
(Responsabile / Head)
Maura Favero

Centro archivi arte / Art
Archives Centre
Giulia Pedace *(Responsabile / Head)*
Giulia Cappelletti
(Catalogazione / Cataloging)
Valeria Dellino *(Image Licensing)*

Ufficio conservazione e
restauro / Conservation
and Restoration Office
Simona Brunetti
(Responsabile / Head)
Maria Cristina Lanza
Stefania Montorsi
Marta Sorrentino

Ufficio registrar / Registrars' Office
Roberta Magagnini *(Responsabile /
Head)*
Marta Cesaretti
Francesca Commone

UFFICI INTERDIPARTIMENTALI
INTERDEPARTMENTAL
OFFICES

Monia Trombetta
(Responsabile / Head)

Ufficio curatoriale /
Curatorial Office
Monia Trombetta *(Curatore /
Curator – Responsabile / Head)*
Giulia Ferracci *(Curatore / Curator)*
Luigia Lonardelli
(Curatore / Curator)
Elena Motisi *(Curatore / Curator)*
Anne Palopoli *(Curatore / Curator)*
Fanny Borel *(Assistente curatore

MAXXI L'Aquila / MAXXI
L'Aquila *Curator Assistant*)
Valeria Dellino *(Assistente
curatore / Curator Assistant)*
Donatella Saroli *(Ricerca /
Research)*

Ufficio mostre e allestimenti /
Exhibition Design Office

Monia Trombetta
(Responsabile / Head)
Silvia La Pergola *(Architetto senior /
Senior Architect – Coordinamento
con ufficio tecnico / Coordination
with Technical Office)*
Dolores Lettieri *(Architetto
senior / Senior Architect)*
Claudia Reale *(Architetto
senior / Senior Architect)*
Benedetta Marinucci
(Architetto / Architect)
Benedetto Turcano
(Architetto / Architect)

DIPARTIMENTO EDUCAZIONE,
FORMAZIONE, ANIMAZIONE
CULTURALE
EDUCATION, TRAINING AND
CULTURAL ENTERTAINMENT
DEPARTMENT

Irene de Vico Fallani
(Responsabile / Head)

Ufficio educazione /
Education Office
Marta Morelli
(Responsabile / Head)
Giovanna Cozzi
(MAXXI|MAXXI l'Aquila)
Stefania Napolitano
Irene Corsetti

Ufficio formazione / Training Office
Sofia Bilotta *(Responsabile / Head)*
Flavia Bagni
Giulia Catani
Marzia Ortolani

Ufficio public engagement
Sofia Bilotta *(Responsabile / Head)*
Silvia Garzilli

Ufficio alternanza scuola-
lavoro / Work Experience and
Career Exploration Program
Federico Borzelli *(Responsabile /
Head – MAXXI A[r]t Work project)*
Susanna Correrella

Ufficio programmi di
approfondimento / Public
Programs Office
Irene de Vico Fallani
(Responsabile / Head)
Stefano Gobbi
(MAXXI|MAXXI l'Aquila)
Carolina Latour
Giulia Lopalco

Ufficio editoria / Publishing Office
Flavia De Sanctis Mangelli
(Responsabile / Head)
Chiara Braidotti
Chiara Cottone
Maria Pia Verzillo

Biblioteca / Library
Francesco Longo
(Responsabile / Head)
Jacopo De Blasio

DIPARTIMENTO SVILUPPO
DEVELOPMENT DEPARTMENT

Lucia Urciuoli
(Responsabile / Head)

Ufficio eventi / Events Office
Viola Porfirio *(Coordinamento
temporaneo / Interim Coordination)*
Leandro Banchetti
Ludovica Persichetti

Ufficio marketing,
sviluppo e membership /
Marketing, Development
and Membership Office
Maria Carolina Profilo
(Responsabile / Head)
Camilla Fidenti
Beatrice Iori
Giulia Zappone

Ufficio progetti speciali /
Special Projects Office
Alessio Rosati
(Responsabile / Head)
Chiara Calabresi

MAXXI L'AQUILA
Direttore / Director
Bartolomeo Pietromarchi

Coordinatore gestionale /
Management Coordinator
Paolo Le Grazie

Progetto GRANDE MAXXI /
GRANDE MAXXI Project
Margherita Guccione *(Direttore
Scientifico / Scientific Director)*
Alessio Agresta
Marta Nuccitelli

Progetto Il MAXXI per AMATRICE /
MAXXI for AMATRICE project
Pietro Barrera *(Coordinatore /
Coordinator)*
Marzia Azzariti

DONATORI / DONORS
Amici del MAXXI /
Friends of MAXXI

PRESIDENTE / President
Adriana Rocca

Vice-Presidente / Vice-President
Alessia Antinori

Platino / Platinum
Eugenia d'Aurelio
Francesco Maria Giovannini
Adriana e / and Lodovico Rocca

Oro / Gold
Alessia Antinori
Roberta Armani
Enzo Benigni – Donatore
Fondatore / Founder Donor
Annibale Berlingieri – Donatore
Fondatore / Founder Donor
Renata Boccanelli
Beatrice Bordone Bulgari
Flaminia Cerasi
Alessandra Cerasi Barillari –
Donatore Fondatore / Founder
Donor
Daniela Comin
Pilar Crespi Robert – Donatore
Fondatore / Founder Donor
Anna d'Amelio Carbone –
Donatore Fondatore / Founder
Donor
Fabrizio e / and Elisabetta Di Amato
Erminia Di Biase – Donatore
Fondatore / Founder Donor
Yohan Benjamin Fadlun
Pepi Marchetti Franchi
Sophie Frydman
Daniela Memmo d'Amelio
Francesco Micheli
Noemia Osorio d'Amico
– Donatore Fondatore /
Founder Donor
Ugo Ossani e / and Manuela
Morgano Ossani
Marina Palma
Mirella Petteni Haggiag
Stefano Russo
Giuseppe e / and Benedetta
Scassellati Sforzolini
Isabella Seràgnoli
Massimo Sterpi – Donatore
Fondatore / Founder Donor

Argento / Silver
Anna Aliprandi Marzotto
Ludovica Amati
Francesca Antonacci
Mariolina Bassetti
Cristina Bastianello Ottieri
Lavinia Borea Carnacini
Massimo e / and Lorenza Caputi
Claudia Cornetto Bourlot
Alessandra Cravetto
Esther Crimi
Emanuela Da Rin
Iolanda de Blasio
Cristiane De Moustier
Luigi de Vecchi
Paola De Vincenti
Raffaella Docimo
Sabrina Florio
Marion Franchetti
Benedetta Geronzi
Anna Maria Giallombardo Gianni
Annette Gilka
GUCCI
Valentina Impallomeni
Roberto Lombardi
Paola Lucisano
Giovanmatteo Lucifero
Maria Fabiana Marenghi Vaselli
Matteo Marenghi Vaselli
Flaminia Marinaro
Patrizia Memmo
Francesco Modesti
Diana Molayem
Vincenzo Morichini – Donatore
Fondatore / Founder Donor
Barbara Napolitano
Gisella Nùvolone
Maria Soledad Olivera
Diamara Parodi Delfino
Gianluca Perrella
Chiara Pozzilli
Salvatore Puglisi Cosentino
Federico Scrocco
Paola Severino
Federica Tittarelli Cerasi
– Donatore Fondatore /
Founder Donor
Luisa Todini
Ludovica Tosti di Valminuta
Hendrik e / and Giacinta van
Riel – International Friend

Giovani / Young
Giovanna dell'Erba
Anastasia Diaz
Gregorio Minelli Vacchi

Membri Onorari /
Honorary Members
Gabriella Buontempo
Grazia Gian Ferrari
Paola Gian Ferrari Braghiroli
Piero Sartogo

American Friends of MAXXI

President
Ginevra Caltagirone

Co-President
Alessandra Rampogna

Board of Directors
Enrica Arengi Bentivoglio
Peter Brandt
Ginevra Caltagirone
Pilar Crespi Robert
Giorgio Gallenzi
Margherita Pignatelli
Alessandra Rampogna
Massimo Sterpi

Honorary Member
Giorgio Spanu

Gold
Francesca Bodini
Nancy Cain Marcus
Beatrice Del Favero
Kathy and Steven Guttman
Lisa Hedley
Andrew Lauren
Julie Minskoff
Claudine Nussdorf
Maribel Reyes
Nina Runsdorf
Carol Saper
Zach Sherman
Brian S. Snyder
Alice e / and Tommy Tisch
Leah Weiseberg

Si ringraziano tutti i donatori che
hanno scelto di rimanere anonimi /
Thanks to all the donors who have
chosen to remain anonymous

Soci
Founding members

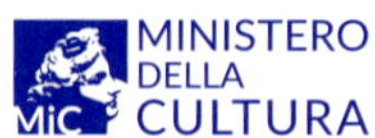

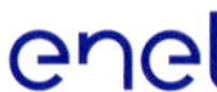

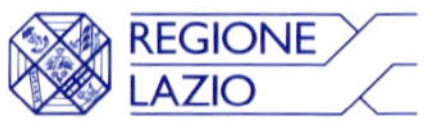

Afterimage

L'Aquila, MAXXI L'Aquila
02.06.2022–05.03.2023

A cura di / Curated by
Bartolomeo Pietromarchi,
Alessandro Rabottini

Ricerca / Curatorial
and Research Team
Fanny Borel, Bianca Stoppani
con la collaborazione di /
with the collaboration of
Simona Antonacci, Flavia Parisi

Testi interpretativi /
Interpretation Texts
Alessandro Rabottini,
Bianca Stoppani

Coordinamento generale /
General Coordination
Fanny Borel

Progetto di allestimento,
coordinamento tecnico /
Exhibition Design and
Technical Coordinator
Benedetto Turcano
con la collaborazione di /
with the collaboration of
Annamaria Ciccozzi

Conservazione e registrar /
Conservation and Registrar
Simona Brunetti *(Responsabile /
Head)*, Cinzia Damiani, Valentina
Petrilli *(restauro / restoration)*,
Maddalena Rossi *(restauro /
restoration)*

Ufficio Educazione /
Cultural Mediation
Giovanna Cozzi

Eventi inaugurali /
Opening Events
Viola Porfirio

Programmi di approfondimento /
Public Programs
Irene de Vico Fallani,
Stefano Gobbi

Ufficio Stampa / Press Office
Elisa Cerasoli

Ufficio Comunicazione /
Communications Office
Elisa Ingrosso

Ufficio Qualità dei servizi per il
pubblico / Public Service Quality
Stefania Calandriello

Coordinamento illuminotecnico /
Lighting Coordination
Paola Mastracci

Accessibilità e Sicurezza /
Accessibility and Safety
Elisabetta Virdia, Claudio Alagna

Allestimento / Exhibition set-up
Articolarte

Audiovideo / Audio
Visual Manga Soc. Coop

Progetto grafico / Graphic Design
Lorenzo Mason Studio
Lorenzo Mason, Simone Spinazzè

Produzione grafica /
Graphic Production
Graficakreativa

Handling e Trasporti
/ Handling and Transport
Trasportiamo

Produzione cornici
/ Frame Production
Passpartout Persia

Traduzioni / Translantions
Byron Education & Translation

Cablaggi e puntamenti /
Electrical Wiring and Lightning
Sater4Show

Supporti audio video /
Multimedia Supply
Manga Soc Coop

Assicurazione / Insurance
Willis
Towers Watson

Fotografie / Photographs
Andrea Rossetti

Si ringraziano i prestatori delle
opere in mostra / Thanks to the
lenders of the artworks on loan
in the exhibition

CATALOGO / CATALOGUE

A cura di / Edited by
Bartolomeo Pietromarchi,
Alessandro Rabottini

Responsabile editoriale /
Head of Publishing
Flavia De Sanctis Mangelli

Coordinamento editoriale /
Editorial Coordination
Chiara Cottone, Maria Pia Verzillo

Testi di / Texts by
Francesco Arena, Benni Bosetto,
Alessandro Giuli, Oliver Laric,
Hana Miletić, Luca Monterastelli,
Bartolomeo Pietromarchi,
Alessandro Rabottini,
Danh Vo, Dominique White

Schede / Introductory texts
Bianca Stoppani

Traduzioni / Translations
Alessandra Castellazzi,
Karen Tomatis, Simon Turner

Redazione / Copyediting
Chiara Braidotti

Progetto grafico / Graphic design
Lorenzo Mason Studio
Lorenzo Mason, Simone Spinazzè

Foto allestimento /
Installation views
Andrea Rossetti

Licensing
Valeria Dellino

Mousse Publishing

Editore e correzione bozze /
Publishing Editor and Proofreader
Agnese Cantelmi

Crediti fotografici / Photo credits
Archivio Fotografico – Cineteca
Nazionale Centro Sperimentale di
Cinematografia pp. 170, 171
Giorgio Benni pp. 47, 92
Roberto Galasso pp. 114, 115
Nina Lieska p. 102 (alto / top)
Jacopo Menzani, copertina / Cover
M3Studio p. 127
Roberto Marossi pp. 130, 131, 132, 133
Andrea Rossetti, retro di copertina /
Back Cover

© Thomas Demand, by SIAE 2023
© Marisa Merz, by SIAE 2023
© Mario Schifano, by SIAE 2023
© Paloma Varga-Weisz,
    by SIAE 2023

Pubblicato e distribuito da /
Published and distributed by

Mousse Publishing –
Contrappunto s.r.l.
via Piercandido Decembrio
28, 20137, Milan – Italy

Disponibile attraverso /
Available through

Mousse Publishing, Milano / Milan
moussemagazine.it

DAP | Distributed Art
Publishers, New York
artbook.com

Idea Books, Amsterdam
ideabooks.nl

Antenne Books, Londra / London
antennebooks.com

Les presses du réel, Digione / Dijon
lespressesdureel.com

Motto, Berlino / Berlin
mottodistribution.com

Prima edizione / First edition: 2023

978-88-6749-577-1

€ 27 / $ 30